チャン
Standard

東京外国語大学教授 **投野由紀夫** 編

CROWN Chunk Builder Standard

三省堂

デザイン	株式会社志岐デザイン事務所（萩原睦）
イラスト	ナイトウカズミ
編集協力	桃井秀知
英文校閲	Freya Martin
ナレーション	藤村由紀子　Rachel Walzer
	Howard Colefield　Peter Von Gomm
録音	株式会社巧芸創作
ＤＴＰ	株式会社アベル社　G-clef

まえがき

英語が得意でない人はたいてい「英語の文の組み立て（＝文法）がわからない」か「単語力が足りない」かのどちらかです。英語がある程度できる人は、この基礎は身についてきていますが、読めても喋れない、書けない、という発信能力を鍛える部分でうまくいかないことが多いのです。

この『クラウン チャンクで英単語』はチャンク（chunk）学習によってこれらの悩みを一石二鳥で解決しようという画期的な教材です。

チャンク（chunk）とは、take medicine（薬を飲む）のように1つの覚えるべき単語Y（たとえばmedicine）に対して、その単語を身につけるために最も適するパートナーで、かつすでに誰もが知っている基本単語（ここではtake）を組み合わせたX+Y（take medicine）のまとまりを表すようなフレーズのことです。

本書では、このチャンクの選定を私の専門のコーパス（大量の実際に使用された英語をコンピューター分析するための言語データベース）を使って教科書や入試問題を分析して行い、新しい単語Yと知っている単語Xの組み合わせで、どんどん発信語彙がついていくようにチャンクを配列しています。だまされたと思って、このチャンクを学んでみてください。一気に自分のアイデアを英語にしてみる「文の組み立て」と「単語力」が知らず知らずのうちに身についていくのを体感され、英語が苦手な人は骨組みと語彙の知識がつき、英語が得意な人もより発信力が身についてパワーアップするに違いありません。

チャンクの道も一歩から！　健闘を祈ります！

投野由紀夫

もくじ

フォーカスワード

（前置詞）

よく使うイディオム

記号一覧

名	名詞	=	同意語
動	動詞	⇔	反意語
形	形容詞	⇒	派生語·関連語
副	副詞	複	複数形
接	接続詞	発	発音注意
前	前置詞	ア	アクセント注意
助	助動詞	活用	動詞の活用
代	代名詞	変化	形容詞の比較級·最上級
間	間投詞	※	補足情報

本書の構成

Ⓐ Round

学習した日付を記入する欄です。頑張って最低３回繰り返しましょう。

Ⓑ チェックボックス

覚えたチャンク・単語にチェックをつけましょう。

Ⓒ チャンク

日本語→英語の順で示しています。日本語を見て、チャンクを言えるようになりましょう。チャンクでターゲットとなっている単語とその訳は赤字にしています。

Ⓓ 見出し語

チャンクでターゲットとなっている単語です。

Ⓔ 黙字

色を薄くして、発音されない字を示しています。

Ⓕ 発音記号・カナ発音

単語の読み方を示しています。カナ発音で太字になっているところは、アクセントをつけて読みます。
※カナ発音はおおよその目安です。

■メインページ

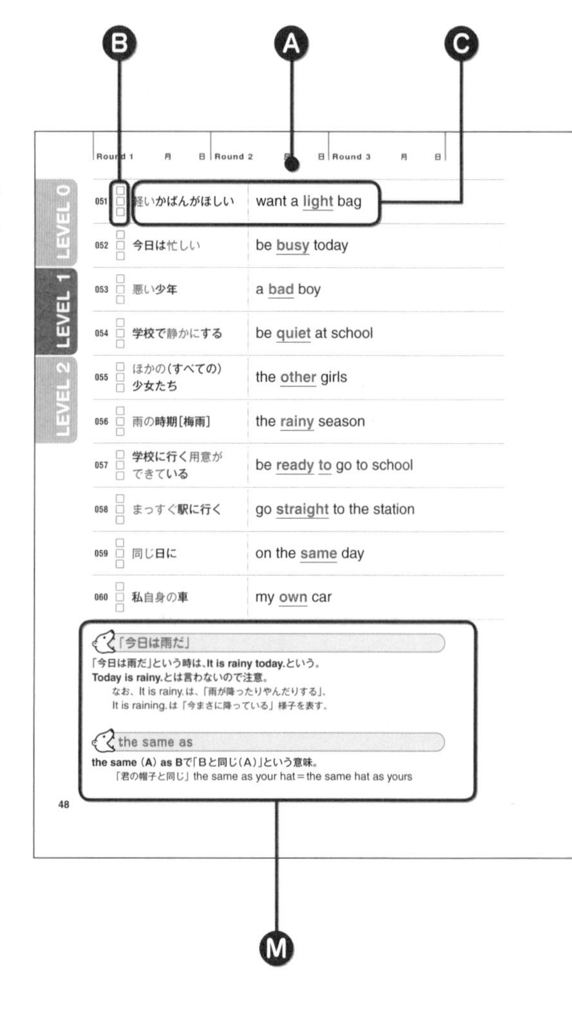

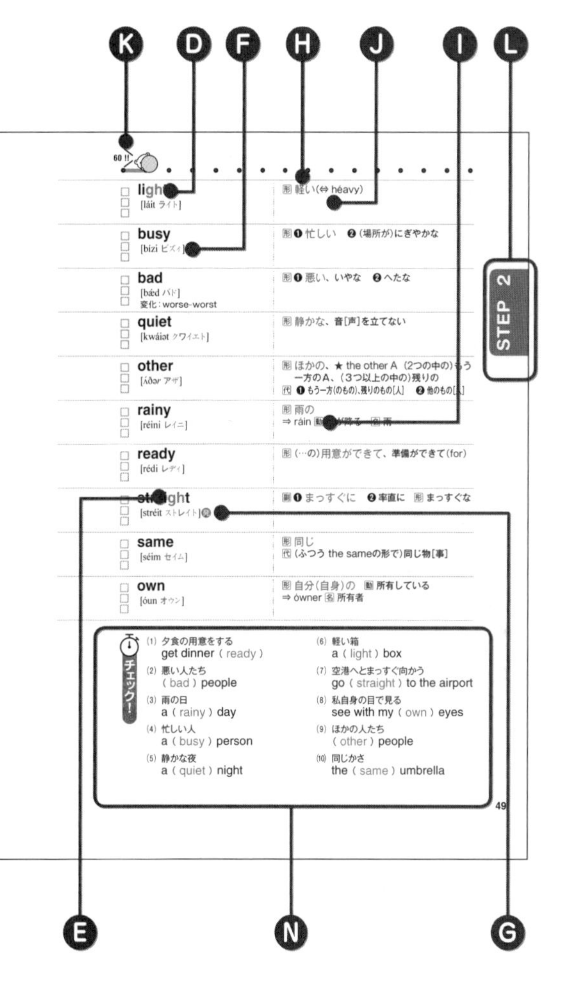

60 !!

□□□	light [láit ライト]	形 軽い(⇔ héavy)
□□□	busy [bízi ビズィ]	形 ❶ 忙しい ❷(場所が)にぎやかな
□□□	bad [bǽd バド] 変化：worse-worst	形 ❶ 悪い、いやな ❷ へたな
□□□	quiet [kwáiət クワイエト]	形 静かな、音[声]を立てない
□□□	other [ʌ́ðər アザ]	形 ほかの、★ the other A (2つの中の)もう一方のA、(3つ以上の中の)残りの 代 ❶ もう一方(のもの)、残りのもの[人] ❷ 他のもの[人]
□□□	rainy [réini レイニ]	形 雨の ⇒ ráin 動 雨が降る 名 雨
□□□	ready [rédi レディ]	形 (…の)用意ができて、準備ができて(for)
□□□	straight [stréit ストレイト] 発	副 ❶ まっすぐに ❷ 率直に 形 まっすぐな
□□□	same [séim セイム]	形 同じ 代 (ふつう the sameの形で)同じ物[事]
□□□	own [óun オウン]	形 自分(自身)の 動 所有している ⇒ ówner 名 所有者

チェック!

(1) 夕食の用意をする
get dinner (ready)

(2) 悪い人たち
(bad) people

(3) 雨の日
a (rainy) day

(4) 忙しい人
a (busy) person

(5) 静かな夜
a (quiet) night

(6) 軽い箱
a (light) box

(7) 空港へとまっすぐ向かう
go (straight) to the airport

(8) 私自身の目で見る
see with my (own) eyes

(9) ほかの人たち
(other) people

(10) 同じかさ
the (same) umbrella

49

STEP 2

Ⓖ発音・アクセント

発音やアクセントに注意すべき語に、それぞれ発・アアイコンをつけています。

Ⓗ意味

見出し語の中で、とくに覚えておくべき意味を赤字にしています。

Ⓘ⇒

派生語・関連語を示しています。

Ⓙ=・⇔

見出し語の類義語・反意語をそれぞれ示しています。

Ⓚ進度バー

どこまで学習したのかを示しています。STEP が進むごとにクマが変化します。

Ⓛ STEP

50 チャンクで 1STEP です。STEP1 ～ 15 まであります。

Ⓜコラム

単語の使い分け・語法などの情報が載っています。単語への理解を深めましょう。

Ⓝチェック！

単語が身についているか、別のチャンクで確認しましょう。

本書の構成

■フォーカスページ

英語の学習上、重要な語を特集したページです。

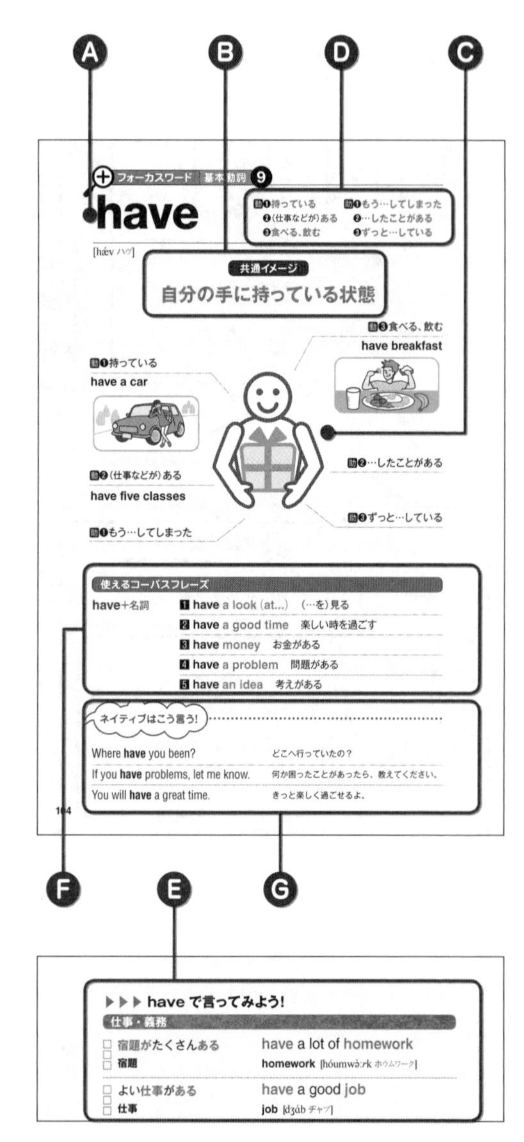

Ⓐ見出し語

取り上げている単語です。

Ⓑ共通イメージ

単語の意味がもつ共通の意味を表しています。

Ⓒイメージ図

単語の意味をイメージでとらえるためのイラストです。

Ⓓ意味

単語の意味が載っています。

Ⓔ○○で言ってみよう!

見出し語で表現できる主なフレーズを載せてあります。何度も繰り返して言ってみましょう。

Ⓕ使えるコーパスフレーズ

よく出てくるフレーズを示しています。

Ⓖネイティブはこう言う!

ネイティブがよく使う表現を紹介しています。

■例文ページ

各 STEP で学習したチャンクを、より着実に覚えるためのページです。何度も繰り返して、日本語から英語が言えるようになりましょう。

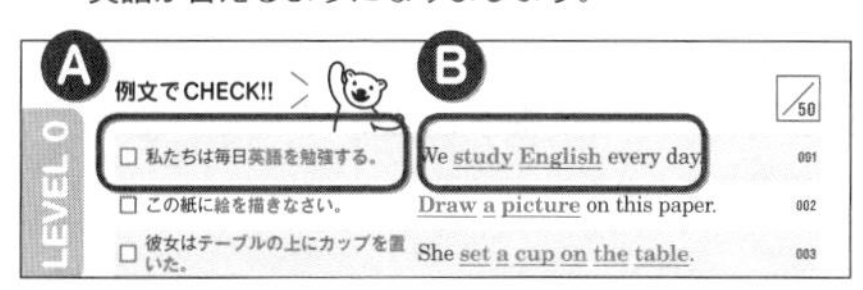

Ⓐ訳文

例文の訳です。チャンクの訳にあたる部分を赤字にしてあります。

Ⓑ例文

学習したチャンクを赤字にしてあります。

■よく使うイディオム

各ステップで学習した単語のイディオムをまとめたページです。

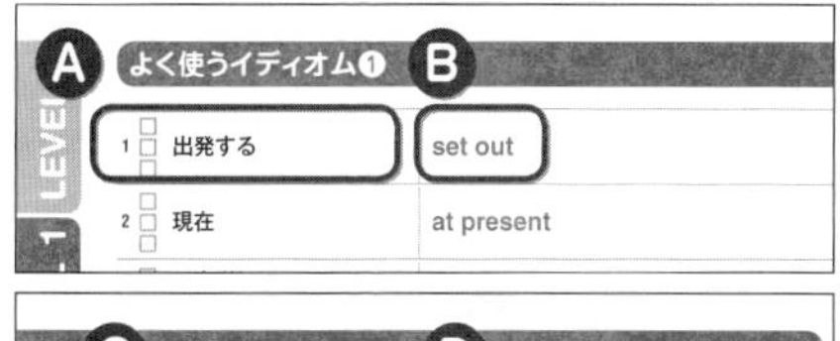

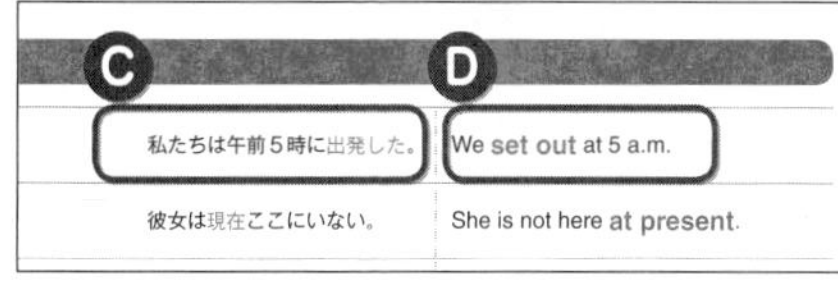

Ⓐ意味

イディオムの意味です。日本語から英語が言えるようになりましょう。

Ⓑ見出し語

学習済みの単語からなるイディオムです。

Ⓒ訳文

例文の訳です。イディオムの訳にあたる部分を赤字にしてあります。

Ⓓ例文

イディオムを使った例文です。イディオムの部分は赤字にしてあります。

■多義語

複数の意味をもつ単語を特集したページです。意外な意味をもつ単語もあるので、しっかり身につけましょう。

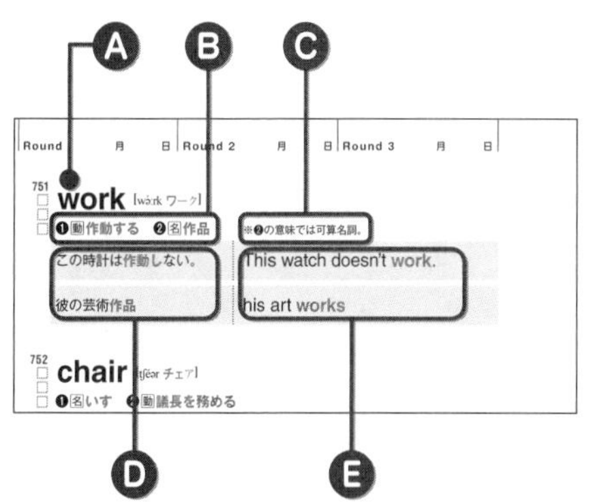

Ⓐ見出し語

取り上げる単語です。

Ⓑ意味

見出し語の意味です。

Ⓒ※

見出し語に関する補足事項です。

Ⓓ訳文

チャンクの訳です。見出し語の訳にあたる部分を赤字にしてあります。

Ⓔチャンク

各意味にチャンクをつけました。見出し語は赤字にしてあります。

本書の使い方

本書は普通の単語集とは構成が異なり、単語と単語の結びつきのセット＝チャンクの学習をメインに置いています。それゆえ以下のような手順で学習することで最大限の効果が出るように作られています。単に単語を丸暗記するのはやめて、もっと戦略的で効果的な語彙学習をしてみてください。

ステップ1

チャンクの英語から日本語にできるかをチェック

まず、見開きページの左側、チャンクの英語を見て意味がすぐに日本語で出てくるか確認してみましょう。もし、日本語訳が正しくできれば、そのチャンクに含まれる英単語は認識できていることになるので、ステップ3にすすみます。もしチャンクを正しく日本語にできないようならば、ステップ2を先におこなってください。

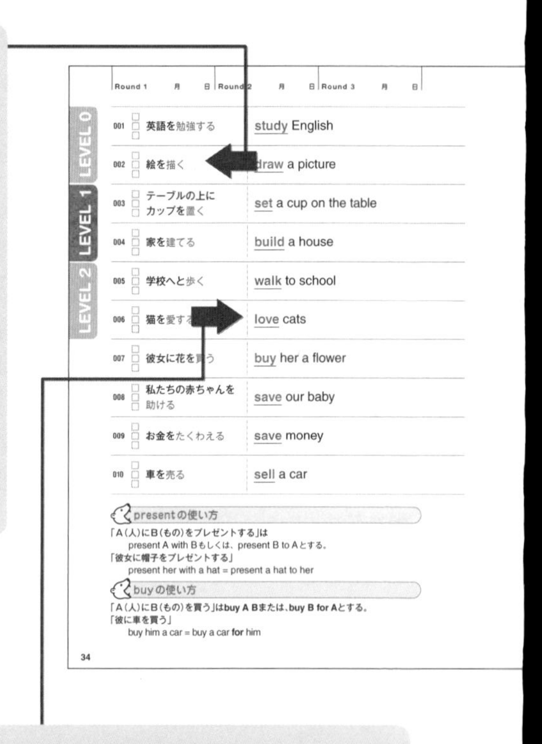

Round 1 月 日 | Round 2 月 日 | Round 3 月 日

LEVEL 0 / LEVEL 1 / LEVEL 2

001	英語を勉強する	study English
002	絵を描く	draw a picture
003	テーブルの上にカップを置く	set a cup on the table
004	家を建てる	build a house
005	学校へと歩く	walk to school
006	猫を愛する	love cats
007	彼女に花を買う	buy her a flower
008	私たちの赤ちゃんを助ける	save our baby
009	お金をたくわえる	save money
010	車を売る	sell a car

presentの使い方

「A(人)にB(もの)をプレゼントする」は present A with Bもしくは、present B to Aとする。

「彼女に帽子をプレゼントする」 present her with a hat = present a hat to her

buyの使い方

「A(人)にB(もの)を買う」は**buy A B**または、**buy B for A**とする。

「彼に車を買う」 buy him a car = buy a car **for** him

34

ステップ3

日本語の意味を見てチャンクが言えるか確認

今度は覚えた単語を組み込んだチャンク自体を覚えます。これも基本的にはステップ2と同様にまずは英語から日本語に、次に日本語から英語にできるかを何度も練習しましょう。この段階でもうその単語の使い方の最も典型的な例をマスターしていますので、相当力がついているはずです。

ステップ2
チャンクの英単語を確認

チャンクをすぐに日本語にできない場合は、右ページを見て、チャンクの中に出てくる単語の意味を覚えましょう。覚える際は、目で単語を見て耳で聞いて口で発音して手で実際に書いて、など多様なモードで記憶に留めるようにしてください。この場合、最初は英語→日本語の順で練習し、慣れてきたら日本語→英語で出てくるかチェックします。

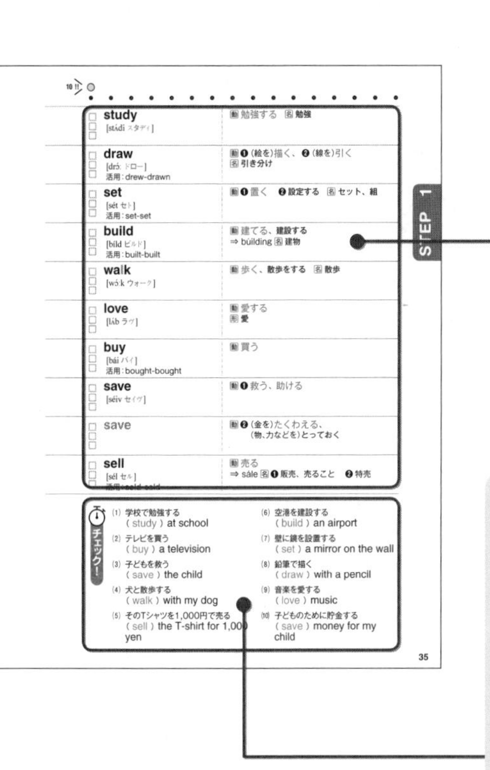

10 !!

STEP 1

study [stʌ́di スタディ]	動 勉強する 名 勉強
draw [drɔ́ː ドロー] 活用:drew-drawn	動❶(絵を)描く、❷(線を)引く 名 引き分け
set [sét セト] 活用:set-set	動❶置く ❷設定する 名 セット、組
build [bíld ビルド] 活用:built-built	動 建てる、建設する ⇒ building 名 建物
walk [wɔ́ːk ウォーク]	動 歩く、散歩をする 名 散歩
love [lʌ́v ラヴ]	動 愛する 名 愛
buy [bái バイ] 活用:bought-bought	動 買う
save [séiv セイヴ]	動❶救う、助ける
save	動❷(金を)たくわえる、(物、力などを)とっておく
sell [sél セル] 活用:sold-sold	動 売る ⇒ sále 名❶販売、売ること ❷特売

チェック!

(1) 学校で勉強する
(study) at school

(2) テレビを買う
(buy) a television

(3) 子どもを救う
(save) the child

(4) 犬と散歩する
(walk) with my dog

(5) そのTシャツを1,000円で売る
(sell) the T-shirt for 1,000 yen

(6) 空港を建設する
(build) an airport

(7) 壁に鏡を設置する
(set) a mirror on the wall

(8) 鉛筆で描く
(draw) with a pencil

(9) 音楽を愛する
(love) music

(10) 子どものために貯金する
(save) money for my child

35

ステップ4
チャンクを使えるか確認

そのページのチャンクがだいたい覚えられたら、右ページ下の練習問題をやってみましょう。これはチャンクをもとにターゲットの単語の活用をチェックするものです。満点を取ろうとする必要はなく、繰り返し同じ問題を何度もやってみることで記憶の定着を図ります。

ステップ5

チャンクを文レベルで使えるように練習

最後にチャンクの入った文レベルでの練習をします。これによって、チャンクを発信語彙として用いることのできるレベルにまで引き上げます。これも、日本語を見て英語を何度も口で言ってスペリングなどに注意して実際に書いてみてください。ここまでできれば、チャンクを使って自己表現するレベルにまで単語力が身についています。

例文でCHECK!! ／50

LEVEL 0 LEVEL 1 LEVEL 2

□	私たちは毎日英語を勉強する。	We study English every day.	001
□	この紙に絵を描きなさい。	Draw a picture on this paper.	002
□	彼女はテーブルの上にカップを置いた。	She set a cup on the table.	003
□	私たちはこの町に家を建てるつもりです。	We are going to build a house in this town.	004
□	彼女は友達と一緒に学校へと歩いた。	She walked to school with her friends.	005
□	彼女はとても猫を愛している。	She loves cats very much.	006
□	私はこの店で彼女に花を買います。	I will buy her a flower at this shop.	007
□	その犬が私たちの赤ちゃんを助けた。	The dog saved our baby.	008
□	私は自転車を買うためにお金をたくわえた。	I saved money to buy a bicycle.	009
□	彼は3,000ドルで車を売った。	He sold a car for 3,000 dollars.	010
□	私たちは壁の方へ机を動かした。	We moved the desk to the wall.	011
□	私の祖母は台所に野菜をたくわえた。	My grandmother stored vegetables in the kitchen.	012
□	私は今晩野球の試合を見ます。	I will watch a baseball game this evening.	013
□	私はみんなに自己紹介をした。	I introduced myself to everyone.	014
□	私は兄と部屋を共有している。	I share a room with my brother.	015
□	私たちは日本について話した。	We spoke about Japan.	016
□	私の妹が電話で話している。	My sister is talking on the phone.	017
□	私は友達に日本語を教える。	I teach Japanese to my friend.	018
□	私たちの猫は庭で遊んでいる。	Our cats are playing in the garden.	019
□	私の妹は午後にピアノを演奏する。	My sister plays the piano in the afternoon.	020
□	もし君がいくつかの鉛筆を持っていれば、私に1つください。	If you have any pencils, give one to me.	021
□	私には兄弟がひとりもいない。	I don't have any brothers.	022
□	どんな子どもでもこれをすることができる。	Any child can do this.	023
□	私の両親は中国に住んでいます。	Both my parents lives in China.	024
□	もう1杯のお茶はいかがですか。	Will you have another cup of tea?	025

44

※文にあわせて、時制や冠詞、単数／複数などチャンクを適宜変化させましょう。日本語に主語がない場合もあります。文意にあわせて、適当な主語を補うようにしてみましょう。

学習のヒント

1 音声データを活用しましょう

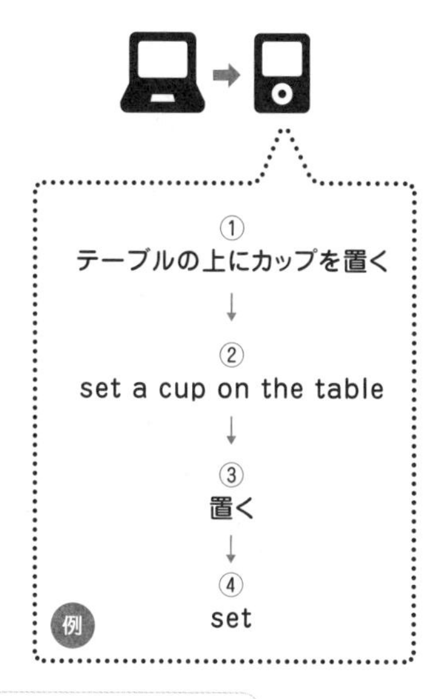

音声データは、学習の効率を考えて、以下のような順番で練習できるようになっています。

①チャンク日本語 → ②チャンク英語 → ③単語日本語 → ④単語英語

①まずチャンクの日本語を聞いて英語にできるかをトライして、②それを音声で確認します。③そのチャンク内のターゲットの単語を意識して、④日本語から英語にします。最終的に音声ファイルを聞くだけで練習できるように工夫されているので、ぜひ音声ファイルをスマホや iPod などに入れて、できるだけ多く接する機会を増やしてみてください。

下記 URL から、音声データを無料でダウンロードできます。
http://www.sanseido-publ.co.jp/chunk/

2 インターバルを置きながら復習します

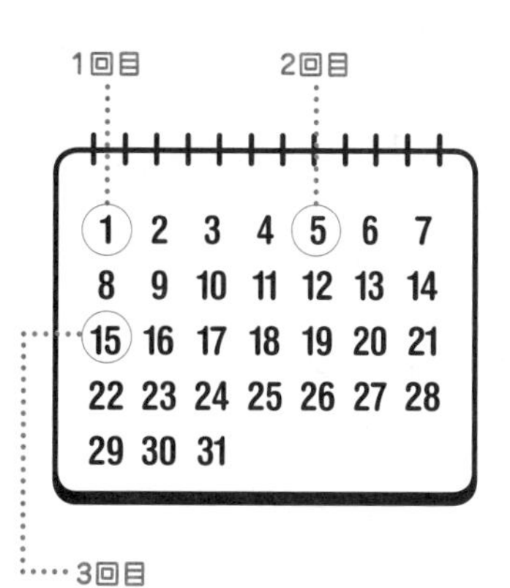

単語学習のポイントは、「忘れる頃に復習する」ということです。一度では単語は覚えられません。むしろ忘れる方がふつうです。記憶の研究ではできるだけマルチモードで脳に定着しやすくする、忘れそうになった頃に再生して復習する、というのが定番です。この本も目標を決めたらそれまでに最低4～5回は繰り返しましょう。そして、1回目と2回目のインターバルを基準に、3回目はその間隔の2乗、（3日だったら3の2乗で9日）開けて復習します。次は3乗で 27 日と言った具合です。試してみてください。

発音記号表

母音		子音	
/i: イー/	**meat** [mí:t ミート]	/p プ/	**pen** [pén ペン]
/i イ/	**big** [bíg ビグ]	/b ブ/	**busy** [bízi ビズィ]
/e エ/	**bed** [béd ベド]	/t ト/	**ten** [tén テン]
/æ ア/	**map** [mǽp マプ]	/d ド/	**day** [déi デイ]
/æア | ɑ: アー/	**ask** [ǽsk アスク]	/k ク/	**kitchen** [kítʃən キチン]
/ɑ: アー/	**farther** [fɑ́:*r*ðə*r* ファーザ]	/g グ/	**game** [géim ゲイム]
/ɑ ア| ɔ オ/	**hot** [hɑ́t ハト]	/ts ツ/	**cats** [kǽts キャツ]
/ʌ ア/	**cut** [kʌ́t カト]	/dz ヅ/	**goods** [gúdz グヅ]
/ɔ: オー/	**fall** [fɔ́:l フォール]	/f フ/	**food** [fú:d フード]
/ɔ: オー | ɔ オ/	**soft** [sɔ́:ft ソーフト]	/v ヴ/	**have** [hǽv ハヴ]
/u: ウー/	**school** [skú:l スクール]	/θ ス/	**thin** [θín スィン]
/u ウ/	**book** [búk ブク]	/ð ズ/	**this** [ðís ズィス]
/ə:*r* アー/	**hurt** [hə́:*r*t ハート]	/s ス/	**sea** [sí: スィー]
/ə*r* ア/	**over** [óuvə*r* オウヴァ]	/z ズ/	**zoo** [zú: ズー]
/ə ア/	**about** [əbáut アバウト]	/ʃ シュ/	**push** [púʃ プシュ]
/ei エイ/	**take** [téik テイク]	/ʒ ジュ/	**television** [téləvìʒən テレヴィジョン]
/ai アイ/	**high** [hái ハイ]	/h フ/	**hat** [hǽt ハト]
/ɔi オイ/	**voice** [vɔ́is ヴォイス]	/tʃ チ/	**chair** [tʃéə*r* チェア]
/ou オウ/	**note** [nóut ノウト]	/dʒ ヂ/	**just** [dʒʌ́st ヂャスト]
/au アウ/	**how** [háu ハウ]	/m ム,ン/	**meet** [mí:t ミート]
/iə*r* イア/	**ear** [íə*r* イア]	/n ヌ,ン/	**noon** [nú:n ヌーン]
/eə*r* エア/	**fair** [féə*r* フェア]	/ŋ ング/	**sing** [síŋ スィング]
		/l ル/	**leg** [lég レグ]

＊カナ発音はおおよその目安と考えてください。
＊/ə/はアクセントのないあいまいな発音で，この部分のカナ発音は，なるべくつづり字に合わせて「アイウエオ」としてあります。
＊イタリック体は，その音を発音する場合と発音しない場合があることを表しています。

CROWN Chunk Builder

Standard

LEVEL 1

高校標準

0001	賞を獲得する	win an **award**
0002	国民的な英雄	a national **hero**
0003	新車の模型	a **model** of a new car
0004	彼らより有利な立場にある	have an **advantage** over them
0005	状態がよい	be in good **condition**
0006	考えに沈む	be lost in **thought**
0007	多くの才能がある人	a person of many **talents**
0008	野心に満ちている	be full of **ambition**
0009	私たちの体にエネルギーを供給する	give **energy** to our body
0010	高等教育	higher **education**

awardとprize

▶**award**：優れた業績などに与えられる賞
▶**prize**：競争の勝者に与えられる賞
the first prize［× award］「一等賞」

heroとheroine

heroは本来、神話などに登場する「男性の主人公」を指す言葉。
女性の主人公はheroine［hérouin ヘロウイン］というつづりになる。
なお、heroineは麻薬の「ヘロイン」と同じ発音だが、麻薬の方のつづりはheroin。

□□□ **award** [əwɔ́ːrd アウォード]発	名 賞、賞品 動 (賞などを)与える
□□□ **hero** [híːrou ヒーロウ]	名 ❶ 英雄、偉人 ❷ (映画・小説などの)主人公 ⇒ héroine [hérouin ヘロウイン]ア 名 ヒロイン
□□□ **model** [mάdl マドル]	名 ❶ 模型、型　❷ 手本、模範 動 模範となる、モデルになる
□□□ **advantage** [ədvǽntidʒ アドヴァンティヂ]	名 有利な立場、利点(⇔ disadvántage) ⇒ advantágeous 形 有利な
□□□ **condition** [kəndíʃən コンディション]	名 ❶ 状態、状況　❷ 条件
□□□ **thought** [θɔ́ːt ソート]	名 (…についての)考え、思考(on、about) ⇒ think 動 考える
□□□ **talent** [tǽlənt タレント]	名 (…の)才能(for) ⇒ tálented 形 才能がある
□□□ **ambition** [æmbíʃən アンビション]	名 (…する[の])野心、大望(to *do*、for) ⇒ ambitious 形 野望のある、熱望して
□□□ **energy** [énərdʒi エナヂ]発ア	名 ❶ (電気、石油などの)エネルギー ❷ (人の)活力、勢力
□□□ **education** [èdʒəkéiʃən エヂュケイション]	名 教育 ⇒ éducate 動 教育する ⇒ educátional 形 教育の、教育的な

(1) 大きな利点
a great (advantage)

(2) 天候状態
weather (conditions)

(3) 優れた音楽の才能がある
have a great (talent) for music

(4) 特別賞を与える
give a special (award)

(5) 太陽からのエネルギー
(energy) from the sun

(6) その試合の英雄
the (hero) of the game

(7) よい教育
good (education)

(8) 医師になるという野心
(ambition) to be a doctor

(9) 古い型
an old (model)

(10) 深く考えて
in deep (thought)

Round 1　6 月 18 日 | Round 2　月　日 | Round 3　月　日

LEVEL 1 LEVEL 2

0011	率直な意見	a **frank** opinion
0012	賢明な決定	a **wise** decision
0013	気が変になる	go **crazy**
0014	その知らせに取り乱す	be **upset by** the news
0015	彼に対して怒る	get **mad at** him
0016	気持ちのよい季節	a **pleasant** season
0017	おだやかな心	a **gentle** heart
0018	ばかな間違い	a **silly** mistake
0019	雌ライオン	a **female** lion
0020	男子学生	a **male** student

wiseとsmart

▶**wise**：経験や知識が豊かで賢明なこと。

▶**smart**：知識の豊富さではなく、頭の回転が早く物分かりがいいこと。「ずる賢い」という意味にもなる。

a wise leader「賢明な指導者」

He is even smarter than his brother.「彼は兄よりもいっそう頭がよい。」

upsetのイメージ

upsetは、広く「平常心ではない状況」を表す。She is upset about you. と言うと、「彼女は君に腹を立てている。」という意味となるが、緊張や不安、気が動転しているようなときにも幅広く使える。

□□□ **frank** [frǽŋk フランク]	形 率直な ★ to be frank (with you) 率直に言えば ⇒ fránkly 副 率直に
□□□ **wise** [wáiz ワイズ]	形 賢明な、賢い ⇒ wísdom 名 知恵
□□□ **crazy** [kréizi クレイズィ]	形 ❶ 気が変な、正気でない ❷ (…に)熱狂した、夢中の(about)
□□□ **upset** [ʌ̀psét アプセト]	形 取り乱した、腹を立てた(by、about) 動 動転させる、うろたえさせる (活用:upset-upset)
□□□ **mad** [mǽd マド]	形 ❶ (…に対して)怒って(at) ❷ 気の狂った(ような)
□□□ **pleasant** [plézənt プレザント]発	形 気持ちのよい、楽しい ⇒ pléase 動 喜ばせる、満足させる ⇒ pléasure 名 満足
□□□ **gentle** [dʒéntl チェントル]	形 ❶ (人、態度が)おだやかな、やさしい ❷ (風などが)おだやかな、静かな ★ be gentle with A　Aにやさしい
□□□ **silly** [síli スィリ]	形 ばかな、愚かな
□□□ **female** [fí:meil フィーメイル]	形 女性の、雌の 名 女性、雌
□□□ **male** [méil メイル]	形 男性の、雄の 名 男性、雄

(1) 率直に言えば
to be (frank) with you

(2) 彼女の言葉に取り乱す
be (upset) by her words

(3) 雄の猫
a (male) cat

(4) 賢明な答え
a (wise) answer

(5) ばかなことを言う
say (silly) things

(6) 楽しい時を過ごす
have a (pleasant) time

(7) 動物にやさしい
be (gentle) with animals

(8) 女性のメンバー
a (female) member

(9) 正気でない考え
a (crazy) idea

(10) 彼女に対して怒っている
be (mad) at her

Round 1 6 月 18 日	Round 2 月 日	Round 3 月 日

0021	建築材料	building materials
0022	英語を学ぶ方法	a method of learning English
0023	高速で	at high speed
0024	多くの興味深い特徴	a lot of interesting features
0025	大学で建築学を学ぶ	study architecture at college
0026	脳の機能	brain functions
0027	人体の構造	the structure of the human body
0028	星の形	the shape of a star
0029	家の枠組み	the frame of a house
0030	薄い金属	thin metal

speedを使った表現

「低速で」はat (a) low speed、「高速で」はat (a) high speedだが、「高速で」は単にat speedともいう。
また、speedは「急ぐ、急がせる」という意味の動詞用法もあり、過去形・過去分詞形はsped [spéd スペド] となる。

shapeのもう一つの意味

shapeは、be in good[bad] shapeで「調子がよい[悪い]」という意味になる。体調のほか、This car is in bad shape.「この車はひどい状態だ。」のように、ものについても用いる。なお、日本語の「シェイプアップ」は和製英語。英語ではget in shape「体調を整える」という。

□□□ **material** [mətíəriəl マティアリアル]	名 ❶(金属、木などの)材料、原料 ❷(研究、執筆などの)資料
□□□ **method** [méθəd メソド]	名 方法
□□□ **speed** [spíːd スピード]	名 速度、速さ ⇒spéedy 形 速い、迅速な
□□□ **feature** [fíːtʃər フィーチャ]	名 特徴　動 呼び物にする
□□□ **architecture** [áːrkətèktʃər アーキテクチャ]ア	名 建築(学)、建築様式 ⇒ árchitect 名 建築家
□□□ **function** [fʌ́ŋkʃən ファンクション]	名 機能、役割 動 機能する、働く
□□□ **structure** [strʌ́ktʃər ストラクチャ]	名 構造
□□□ **shape** [ʃéip シェイプ]	名 ❶形　❷調子　★ be in good [bad] shape 調子がよい[悪い] 動 形作る
□□□ **frame** [fréim フレイム]	名 ❶枠組み、骨組み　❷(窓などの)枠、額縁 動 枠にはめる、組み立てる ⇒ frámework 名 枠組み
□□□ **metal** [métl メトル]	名 金属 ⇒ metállic 形 金属の

(1) 心臓の機能
the (function) of the heart

(2) 古い建築の様式
a style of old (architecture)

(3) 新製品の特徴
(feature) of the new product

(4) 金属製のドア
a (metal) door

(5) 船の骨組み
the (frame) of a ship

(6) 新しい方法を開発する
develop a new (method)

(7) 音の速度
the (speed) of sound

(8) 帽子をつくる材料
a (material) for making hats

(9) 奇妙な形
a strange (shape)

(10) DNAの構造
the (structure) of DNA

0031	片づいた部屋	a tidy room
0032	混んでいるバス	a crowded bus
0033	具体的な情報	specific information
0034	ふつうの生活を送る	live a normal life
0035	野生の鳥	wild birds
0036	雨でぬれている	be wet with rain
0037	空のびん	an empty bottle
0038	魚を生きたまま捕まえる	catch the fish alive
0039	寝入る	fall asleep
0040	新鮮な野菜	fresh vegetables

「片づける」

「片づける」は、tidy upやclean upというが、tidy upは「整理整とんする」、clean upは「汚れを取り除く」といった意味。したがって、掃除機や雑巾などで掃除するときは、clean upを用いるのがふつう。

alive、asleep

これらの形容詞は補語としてのみ用いるため、名詞の前には用いない。

「生きている魚」a living［×alive］fish
「眠っている少年」a sleeping［×asleep］boy

□□□ **tidy** [táidi タイディ]	形 片づいた、きちんとした 動 整理する、片づける(up)
□□□ **crowded** [kráudəd クラウデド]発	形 混んでいる ⇒ crówd 名 群衆　動 群がる
□□□ **specific** [spəsífik スペスィフィク]	形 具体的な、明確な ⇒ spécify 動 具体的に言う、明確に述べる
□□□ **normal** [nɔ́ːrməl ノーマル]	形 ❶ ふつうの、標準の ❷ 正常な、通常の(⇔ abnórmal)
□□□ **wild** [wáild ワイルド]	形 ❶ 野生の ❷ 未開の、自然のままの
□□□ **wet** [wét ウェト]	形 ぬれた、雨(降り)の(⇔ drý)
□□□ **empty** [émpti エンプティ]	形 空の、(家や部屋などが)空いている(⇔ fúll) 動 空にする
□□□ **alive** [əláiv アライヴ]発	形 生きている、活動している(⇔ déad)
□□□ **asleep** [əslíːp アスリープ]	形 寝て、眠って ⇒ sléepy 形 眠い、眠たがる
□□□ **fresh** [fréʃ フレシュ]	形 新鮮な、新しい

(1) ぐっすり寝ている
be fast (asleep)

(2) 新鮮な牛乳
(fresh) milk

(3) 人で混み合っている
be (crowded) with people

(4) 具体的なアイディア
a (specific) idea

(5) ものを片づけておく
keep things (tidy)

(6) ぬれた衣服
(wet) clothes

(7) 生き延びる
stay (alive)

(8) ふつうの方法で
in a (normal) way

(9) 野生の馬
a (wild) horse

(10) 空いている席を見つける
find an (empty) seat

0041	バッグに服を詰める	**pack** clothes into a bag
0042	駅へ急いで行く	**rush** to the station
0043	開始を遅らせる	**delay** the start
0044	教室に絵を展示する	**display** the paintings in the classroom
0045	彼とメールを交換する	**exchange** emails with him
0046	そのテレビ番組を録画する	**record** the TV program
0047	その仕事に申し込む	**apply for** the job
0048	ケーキを半分に分ける	**divide** the cake **into** halves
0049	30キロの重さがある	**weigh** 30 kg
0050	警察署から釈放される	be **released** from the police station

「両替する」

exchangeには「両替する」という意味もある。

I changed 1,000 yen. は「千円を小銭に両替した。」という意味。

I exchanged 1,000 yen. は「千円を他の国の通貨に両替した。」という意味。

apply toとapply for

▶**apply to A「A(団体など)に対して申し込む、応募する」**

▶**apply for A「A(ほしいもの)を求めて申し込む、応募する」**

He applied to the company for a job.

「彼はその会社に対して、職を求めて応募した。」

□□□	**pack** [pǽk パク]	動 詰める、荷造りする ★ pack A with B A(かばんなど)にBを詰める ⇒ páckage 名 荷物、(小)包
□□□	**rush** [rʌ́ʃ ラシュ]	動 急いで行く、勢いよく走る 名 殺到、突進
□□□	**delay** [diléi ディレイ]	動 遅らせる、延期する ★ be delayed 遅れる 名 遅れ、延期
□□□	**display** [displéi ディスプレイ]ア	動 展示する、陳列する 名 展示
□□□	**exchange** [ikstʃéindʒ イクスチェインヂ]	動 交換する、両替する ★ exchange A for B AをBと交換する[に両替する] 名 交換
□□□	**record** [rikɔ́ːrd リコード]ア	動 記録する、録音[画]する 名 [rékərd レコド] 記録、録音[画]
□□□	**apply** [əplái アプライ]	動 ❶ 申し込む(for)、(団体などに)志願する(to) ❷ あてはま[め]る、適用する ⇒ applicátion 名 ❶申し込み ❷適用、応用
□□□	**divide** [dəváid ディヴァイド]	動 (…に)分割する、分ける(into) ⇒ divísion 名 ❶分割 ❷部門
□□□	**weigh** [wéi ウェイ]	動 重さがある、重さをはかる ⇒ wéight 名 重さ、重量
□□□	**release** [rilíːs リリース]	動 ❶ 釈放する、解放する ❷ (ニュースなどを)発表する、発売する 名 ❶ 釈放、解放 ❷ 発売、公開

(1) いくつかの大学に志願する
(apply) to several colleges

(2) 食べ物を箱に詰める
(pack) food in a box

(3) 鳥を解放する
(release) a bird

(4) ドルを円に両替する
(exchange) dollars for yen

(5) 部屋から急いで出て行く
(rush) out of the room

(6) 多くの写真を展示する
(display) a lot of photos

(7) 3つのグループに分割する
(divide) into three groups

(8) バッグの重さをはかる
(weigh) the bag

(9) その出来事を記録する
(record) the event

(10) 決定を遅らせる
(delay) making a decision

LEVEL 1 LEVEL 2

□ 彼女はコンテストで賞を獲得した。	She won an award in the contest.	0001
□ 彼は日本の国民的な英雄だ。	He is a national hero of Japan.	0002
□ 彼らは私に新車の模型を見せてくれた。	They showed me a model of a new car.	0003
□ 私たちは彼らよりも大きく有利な立場にある。	We have a big advantage over them.	0004
□ この車は状態がよい。	This car is in good condition.	0005
□ 私は机に向かって考えに沈んだ。	I was lost in thought at my desk.	0006
□ 彼は多くの才能がある人だ。	He is a person of many talents.	0007
□ その幼い少年は野心に満ちていた。	The young boy was full of ambition.	0008
□ 脂肪は私たちの体にエネルギーを供給することができる。	Fats can give energy to our body.	0009
□ 彼女はロサンゼルスで高等教育を受けた。	She received higher education in Los Angeles.	0010
□ 君の率直な意見を私に話してくれ。	Tell me your frank opinion.	0011
□ 彼は賢明な決定をしたと思う。	I think he made a wise decision.	0012
□ 私はにおいのせいで気が変になった。	I went crazy because of the smell.	0013
□ 彼女はその知らせに本当に取り乱した。	She was really upset by the news.	0014
□ 彼が遅刻したので私たちは彼に対して怒った。	We got mad at him because he was late.	0015
□ 日本では春は気持ちのよい季節だ。	Spring is a pleasant season in Japan.	0016
□ その少女はおだやかな心の持ち主だった。	The girl had a gentle heart.	0017
□ ばかな間違いを二度とするな。	Don't make a silly mistake again.	0018
□ 丘の上に雌ライオンが見える。	I can see a female lion on the hill.	0019
□ これは男子学生用の制服です。	This is a uniform for male students.	0020
□ その会社は中国から建築材料の大半を輸入している。	The company imports most of the building materials from China.	0021
□ 英語の歌を歌うことは英語を学ぶよい方法だ。	Singing English songs is a good method of learning English.	0022
□ 彼は高速で運転していた。	He was driving at high speed.	0023
□ その新しいコンピューターは多くの興味深い特徴を備えている。	The new computer has a lot of interesting features.	0024
□ 私は大学で建築学を学びたい。	I want to study architecture at college.	0025

☐	脳の機能は男女で異なる。	Brain functions are different between women and men.	0026
☑	彼は人体の構造に関心がある。	He is interested in the structure of the human body.	0027
☐	その花は星の形をしている。	The flower has the shape of a star.	0028
☐	その家の枠組みは木で作られている。	The frame of the house is made of wood.	0029
☑	この箱は薄い金属で作られている。	This box is made of thin metal.	0030
☑	彼はとても片づいた部屋で暮らしている。	He lives in a very tidy room.	0031
☑	僕は混んでいるバスに乗りたくない。	I don't like riding a crowded bus.	0032
☑	もっと具体的な情報が必要だ。	I need more specific information.	0033
☐	その老人はふつうの生活を決して送らなかった。	The old man never lived a normal life.	0034
☑	私たちはあの島で多くの野生の鳥を見ることができる。	We can see many wild birds on that island.	0035
☐	彼女の髪は雨でぬれていた。	Her hair was wet with rain.	0036
☑	私は空のびんを捨てた。	I threw away an empty bottle.	0037
☑	彼女は川で魚を生きたまま捕まえた。	She caught the fish alive in the river.	0038
☐	私は授業中に寝入った。	I fell asleep during the class.	0039
☑	毎日新鮮な野菜を食べることが重要だ。	It is important to eat fresh vegetables every day.	0040
☑	私は彼女がバッグに服を詰めているのを見た。	I saw her packing clothes into a bag.	0041
☐	彼は終電に乗るために駅へ急いで行った。	He rushed to the station to catch the last train.	0042
☑	私たちはコンサートの開始を30分遅らせた。	We delayed the start of the concert by 30 minutes.	0043
☑	私たちは教室に絵を展示した。	We displayed our paintings in the classroom.	0044
☐	私は彼とメールを交換し始めた。	I began to exchange emails with him.	0045
☐	私の母がそのテレビ番組を録画したかもしれない。	My mother may have recorded the TV program.	0046
☐	だれもまだその仕事に申し込んでいない。	No one has applied for the job yet.	0047
☐	私たちはケーキをナイフで半分に分けた。	We divided the cake into halves with a knife.	0048
☑	私たちの犬は30キロの重さがある。	Our dog weighs 30 kg.	0049
☑	その泥棒は警察署から釈放された。	The thief was released from the police station.	0050

ask

❶たずねる ❷たのむ、求める ❸招く ❹要求する

[ǽsk アスク]

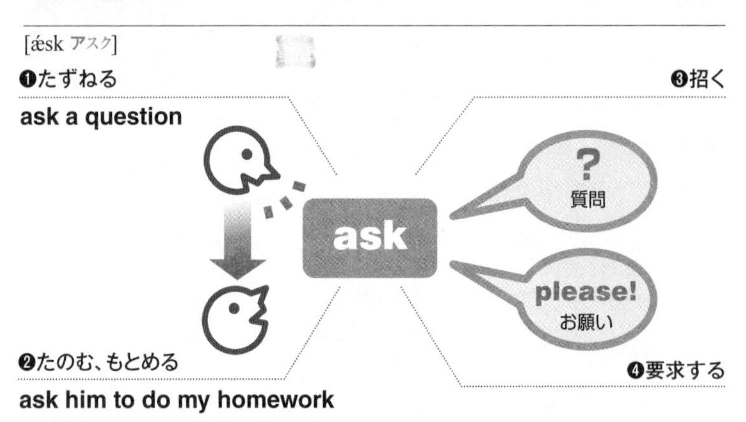

▶▶▶ ask で言ってみよう!

もの・こと

☐☐☐ 彼の名前をたずねる — ask his name
名前 — **name** [néim ネイム]

☐☐☐ 彼女の住所をたずねる — ask her address
住所 — **address** [ədrés アドレス]

人

☐☐☐ 医者にたずねる — ask a doctor
医者 — **doctor** [dáktər ダクタ]

☐☐☐ 先生に宿題についてたずねる — ask my teacher about homework
先生 — **teacher** [tíːtʃər ティーチャ]

依頼

☐☐☐ 彼の助言を求める — ask for his advice
助言 — **advice** [ədváis アドヴァイス]

☐☐☐ 彼に手伝ってくれとたのむ — ask him to help
手伝う — **help** [hélp ヘルプ]

come

❶来る　❷(相手の方へ)行く　❸めぐって来る　❹…(の状態)になる

[kʌ́m カム]

共通イメージ

話題の中心に向かって移動

❶来る
come to your house

❷(相手の方へ)行く

❸めぐって来る

❹…(の状態)になる
come true

▶▶▶ come で言ってみよう!

場所

□□□ ジミーといっしょにここに来る　come here with Jimmy
ここに　here [híər ヒア]

□□□ 駅に着く　come to the station
駅　station [stéiʃən ステイション]

□□□ おじの家に来る　come to my uncle's house
家　house [háus ハウス]

□□□ 私の部屋に入ってくる　come into my room
部屋　room [rú:m ルーム]

季節・時・順番

□□□ 春が来た　Spring has come.
春　spring [spríŋ スプリング]

□□□ 1位になる　come first
一番目、最初　first [fə́:rst ファースト]

0051	目標を達成する	achieve the goal
0052	自分の英語力をよりよくする	improve my English skill
0053	数が増える	increase in number
0054	価格を下げる	reduce the price
0055	心配を取り除く	remove worries
0056	薬を飲み込む	swallow the medicine
0057	仕事で成功する	succeed in business
0058	戦争を生き延びる	survive the war
0059	テレビを見て時間を浪費する	waste time watching TV
0060	チームを引退する	retire from the team

lower the price

increase＋前置詞

▶**increase in A**「Aが増える」
▶**increase by A**「Aの分増える」(byは差分を表す)
▶**increase to A**「増えてAになる」

Tourists increased **in** number.「観光客の数が増えた。」
The price increased **by** 50%.「価格が50%上昇した。」
His weight increased **to** 100 kg.「彼の体重は増えて100kgになった。」

STEP 2

□□□ **achieve** [ətʃíːv アチーヴ]	動 達成する、手に入れる ⇒ achíevement 名 達成、業績
□□□ **improve** [imprúːv インプルーヴ]	動 よりよくする、改善する ⇒ impróvement 名 改善
□□□ **increase** [inkríːs インクリース] ア	動 (…が)増える(in)、増やす 名 [ínkriːs インクリース] 増加
□□□ **reduce** [ridjúːs リデュース]	動 小さくする、減らす ★ reduce A to B　AをBに変える ⇒ redúction 名 減少
□□□ **remove** [rimúːv リムーヴ]	動 取り除く、かたづける ⇒ remóval 名 除去
□□□ **swallow** [swálou スワロウ]	動 飲み込む 名 飲むこと、一飲み
□□□ **succeed** [səksíːd サクスィード]	動 (…に)成功する(in) ⇒ succéss 名 成功
□□□ **survive** [sərváiv サヴァイヴ]	動 ❶ 生き延びる、生き残る ❷ (…より)長生きする ⇒ survíval 名 生存、生き残ること
□□□ **waste** [wéist ウェイスト]	動 浪費する、むだに使う 名 ❶ 浪費、むだ使い　❷ 廃棄物
□□□ **retire** [ritáiər リタイア]	動(…から)引退する(from) ⇒ retírement 名 引退

(1) 地震を生き延びる
(survive) the earthquake

(2) 平和を達成する
(achieve) peace

(3) 体重を5キロ減らす
(reduce) the weight by 5 kg

(4) 速度を増す
(increase) speed

(5) 65歳で引退する
(retire) at the age of 65

(6) テーブルから皿を取り除く
(remove) the dishes from the table

(7) 大金をむだに使う
(waste) a lot of money

(8) 人生で成功する
(succeed) in life

(9) 健康を改善する
(improve) my health

(10) 卵を飲み込む
(swallow) an egg

Round 1 6月18日	Round 2 月 日	Round 3 月 日

0061	彼が外国に行くのを許す	allow him to go abroad
0062	ベストを尽くすようにと彼を励ます	encourage him to do his best
0063	行くことを強制される	be forced to go
0064	彼を座席へ案内する	lead him to his seat
0065	彼が来るのを妨げる	prevent him from coming
0066	私に故郷を思い出させる	remind me of my hometown
0067	老婦人から金を奪う	rob an old woman of money
0068	すべてのニーズを満たす	satisfy all the needs
0069	２ドルかかる	cost two dollars
0070	彼の業績を称賛する	admire him for his achievements

無生物主語

remindは無生物主語を取る時には、目的語の人を主語として訳すと日本語らしい。

This photo reminds me of the trip.

「この写真は私にその旅行を思い出させる。」

→「この写真を見ると、私はその旅行を思い出す。」

satisfyingとsatisfied

いずれもsatisfy「満足させる」から派生した形容詞。satisfying「満足のいく」、satisfied「満足した（←満足させられた）」。

a satisfying result「満足のいく結果」

be satisfied with the result「その結果に満足している」

□□□ **allow** [əláu アラウ]発	動 許す(=permít、lét) ★ allow A to *do* Aが…するのを許す ⇒ allówance 名 許容
□□□ **encourage** [inkə́:ridʒ インカーリヂ]	動 励ます、勇気づける ★ encourage A to *do* …するようAを励ます ⇒ encóuragement 名 奨励
□□□ **force** [fɔ́:rs フォース]	動 強制する 名 力、暴力 ★ force A to *do* Aが…するのを強制する ⇒ fórceful 形 強力な
□□□ **lead** [lí:d リード] 活用：led-led[léd レド]	動 ❶(…へ)案内する、導く(to) ❷(…に)通じる(to) ⇒ léader 名 指導者、リーダー
□□□ **prevent** [privént プリヴェント]	動 妨げる、予防する ★ prevent A from *doing* Aが…するのを妨げる ⇒ prevéntion 名 予防、防ぐもの
□□□ **remind** [rimáind リマインド]	動 思い出させる ★ remind A of B AにBを思い出させる ⇒ remínder 名 思い出させるもの[人]
□□□ **rob** [rɑ́b ラブ]	動 奪う ★ rob A of B AからBを奪う ⇒ róbbery 名 強盗(事件) ⇒ róbber 名 強盗(犯)
□□□ **satisfy** [sǽtəsfài サティスファイ]	動 満たす、満足させる ⇒ satisfáction 名 満足 ⇒ satisfáctory 形 満足な
□□□ **cost** [kɔ́:st コースト] 活用：cost-cost	動 ❶(金などが)かかる ❷(時間、労力を)要する 名 ❶ 費用 ❷ 犠牲 ⇒ cóstly 形 高価な
□□□ **admire** [ədmáiər アドマイア]	動 称賛する、感心する ★ admire A for B AのBを称賛する ⇒ admirátion 名 称賛、感心

チェック！

(1) 老人の手を取って案内する
(lead) an old man by the hand

(2) 彼に宿題を思い出させる
(remind) him of his homework

(3) お金がかかりすぎる
(cost) too much

(4) 私から腕時計を奪う
(rob) me of my watch

(5) 彼にむりに同意させる
(force) him to agree

(6) 問題を予防する
(prevent) problems

(7) その知らせに勇気づけられる
be (encouraged) by the news

(8) 君の願いを満足させる
(satisfy) your wish

(9) 喫煙が許される
be (allowed) to smoke

(10) 絵を称賛する
(admire) the painting

Round 1　6 月 18 日　Round 2　　月　　日　Round 3　　月　　日

LEVEL 1 LEVEL 2

0071	孫が一人いる	have a **grandchild**
0072	光源	a **source** of light
0073	激しい嵐	a heavy **storm**
0074	高い波	tall **waves**
0075	岸に泳ぎ着く	swim to **shore**
0076	海岸沿いをドライブする	drive along the **coast**
0077	湾岸地域	the **bay** area
0078	谷の底	the bottom of the **valley**
0079	美しい風景	the beautiful **landscape**
0080	山道	a mountain **path**

stormの類義語

- **typhoon**「台風」(中国語のtai feng(大風)に由来する語)
- **hurricane**「ハリケーン」(アメリカ両大陸付近で発生する熱帯低気圧)
- **cyclone**「サイクロン」(インド洋、太平洋南部で発生する台風)

shoreとcoast

shoreは「海側から見た岸」、coastは「陸側から見た岸」を意味する。

I swam from the boat to (the) shore..「私はボートから岸へと泳いだ。」

We drove along the coast.「私たちは海岸沿いにドライブした。」

□□□ **grandchild** [grǽndtʃàild グランドチャイルド]	名 孫(⇔ grándparent)
□□□ **source** [sɔ́ːrs ソース]	名 ❶ 源、水源(地)　❷ 情報源
□□□ **storm** [stɔ́ːrm ストーム]	名 嵐
□□□ **wave** [wéiv ウェイヴ]	名 波 動 ❶ 振る、手を振る　❷ 揺れる
□□□ **shore** [ʃɔ́ːr ショー]	名 岸
□□□ **coast** [kóust コウスト]	名 海岸、沿岸(※ béachは「浜辺」)
□□□ **bay** [béi ベイ]	名 湾、入江
□□□ **valley** [vǽli ヴァリ]	名 谷
□□□ **landscape** [lǽndskèip ランドスケイプ]	名 風景、景色
□□□ **path** [pǽθ パス]	名 ❶ 小道　❷ 進路、軌道

(1) 深い谷
a deep (valley)

(2) 冬の嵐
a winter (storm)

(3) 水源
water (source)

(4) 湖への小道
a (path) to the lake

(5) 隠れた入江
a hidden (bay)

(6) 岸に向かってボートをこぐ
row a boat toward (shore)

(7) 変わりつつある風景
a changing (landscape)

(8) アメリカの西海岸
the west (coast) of the USA

(9) 孫を育てる
raise a (grandchild)

(10) 音波
a sound (wave)

Round 1 6 月 18 日 Round 2 月 日 Round 3 月 日

0081	日記をつける	keep a diary
0082	便利な表現	a useful expression
0083	小説を書く	write a novel
0084	最後の一節	the last passage
0085	文章を変更する	change the text
0086	その映画の題名	the title of the movie
0087	床のしみ	marks on the floor
0088	図表を描く	draw a chart
0089	３編の創作小説	three works of fiction
0090	母の肖像画	a portrait of my mother

textの動詞用法

textは「(携帯電話で) メールを書く、送信する」という意味がある。

He texts to me every day.「彼は毎日私にメールを書いてくる。」

He texted a photo to me.「彼は私に写真をメールで送信してきた。」

また、携帯のSMS (ショートメッセージ) でメッセージを送ることをtextingという。字数制限があるため、略語が使われることが多い。

How r u? ＝How are you?「元気ですか。」

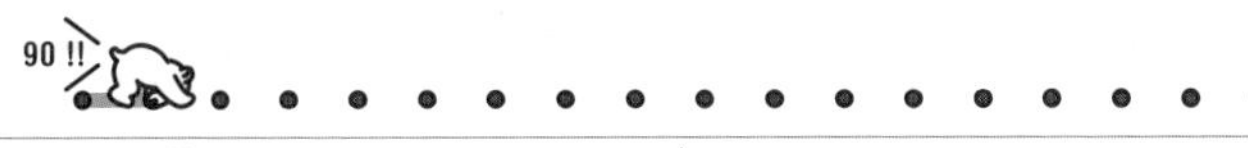

□□□ **diary** [dáiəri ダイアリ]	名 日記
□□□ **expression** [ikspréʃən イクスプレション]	名 表現 ⇒ expréss 動 表現する 名 急行
□□□ **novel** [nάvəl ナヴェル]	名 (長編)小説
□□□ **passage** [pǽsidʒ パスィヂ]	名 ❶ (文章の)一節 ❷ 通路、道
□□□ **text** [tékst テクスト]	名 ❶ 文章、本文 ❷ 文字列 動 ❶ メールを書く ❷ メールを送信する
□□□ **title** [táitl タイトル]	名 ❶ 題名 ❷ 肩書き、敬称
□□□ **mark** [mά:rk マーク]	名 ❶ しみ、しるし、跡 ❷ 記号
□□□ **chart** [tʃά:rt チャート]	名 図表、グラフ
□□□ **fiction** [fíkʃən フィクション]	名 創作(小説)、作り話
□□□ **portrait** [pɔ́:rtrət ポートレト]	名 肖像画 ⇒ portráy [pɔ:rtréi ポートレイ] 動 (絵画、彫刻などで)描写する

(1) 完全な創作
a complete (fiction)

(2) 指の跡をつける
put a finger (mark)

(3) 感謝の表現
an (expression) of thanks

(4) 新しい本の題名
the (title) of the new book

(5) 古い肖像画
an old (portrait)

(6) その本の本文
the (text) of the book

(7) 日記を書く
write a (diary)

(8) 天気図
a weather (chart)

(9) 大衆小説
a popular (novel)

(10) 彼女の詩の一節
a (passage) from her poem

Round 1 6 月 18 日 | Round 2 月 日 | Round 3 月 日

0091	素早い決定	a **quick** decision
0092	私たちの日常生活	our **daily** life
0093	即答	an **instant** answer
0094	幅の広い道路	a **wide** road
0095	パリへの定期便	**regular** flights to Paris
0096	別々の部屋で眠る	sleep in **separate** rooms
0097	突然の天気の変化	**sudden** change in the weather
0098	最終テスト	a **final** test
0099	近年	in **recent** years
0100	高齢者	**elderly** people

dailyの類語

- **weekly**「毎週(の)」cf. biweekly「一週おき(の)」
- **monthly**「毎月(の)」a monthly magazine「月刊誌」
- **yearly**「毎年(の)」an yearly event「毎年のイベント」

「老人」

「老人」をan old personと言うと、直接的すぎて失礼ととられる場合もある。代わりに、an elderly personやan older personがよく使われる。世界保健機関（WHO）の定義では、60歳から74歳までがelderly、75歳以上がagedとなっている。

□□□ **quick** [kwík クウィク]	形 素早い
□□□ **daily** [déili デイリ]	形 日常の、毎日の 副 毎日
□□□ **instant** [ínstənt インスタント]	形 即座の　名 瞬間 ⇒ ínstantly 副 すぐに
□□□ **wide** [wáid ワイド]	形 幅の広い ⇒ wídth [wídθ ウィドス] 名 広さ
□□□ **regular** [régjələr レギュラ]	形 ❶ 定期的な、いつもの ❷ 規則正しい、決まった ⇒ regulárity 名 規則性
□□□ **separate** [sépərət セパレト]	形 別々の、離れた 動 [sépəreit セパレイト] 隔てる、分ける ⇒ separátion 名 分離
□□□ **sudden** [sʌ́dn サドン]	形 突然の、思いがけない ⇒ súddenly 副 突然に、予期せず
□□□ **final** [fáinəl ファイナル]	形 最終の、最後の　名 (finalsで)決勝戦 ⇒ fínally 副 最後に、ついに
□□□ **recent** [rí:sənt リースント]	形 最近の ⇒ récently 副 最近(※ 過去形や現在完了形とともに用いる)
□□□ **elderly** [éldərli エルダリ]	形 高齢の、初老の 名 (the elderly)(集合的に)高齢者

(1) 最近のニュース
(recent) news

(2) 即座の決定を下す
make an (instant) decision

(3) 2つの別々の問題
two (separate) problems

(4) 最終的な解答
a (final) answer

(5) 日刊紙
a (daily) paper

(6) 突然のにわか雨
a (sudden) shower

(7) 高齢の両親
(elderly) parents

(8) 幅の広い川
a (wide) river

(9) 習得が素早い
be (quick) at learning

(10) いつもの客
a (regular) guest

例文でCHECK!! 

LEVEL 1 LEVEL 2

☑	私たちは目標を達成するために努力した。	We made efforts to achieve the goal.	0051
☑	私は自分の英語力をよりよくするためにアメリカ合衆国に滞在した。	I stayed in the USA to improve my English skills.	0052
☐	アジアからの日本への訪問客の数が増えている。	Asian visitors to Japan are increasing in number.	0053
☑	私たちは彼らに価格を下げるよう頼んだ。	We asked them to reduce the price.	0054
☐	彼女の笑顔は、私の心から心配を取り除いた。	Her smile removed worries from my mind.	0055
☑	私は水で薬を飲み込んだ。	I swallowed the medicine with water.	0056
☐	彼女の父は仕事で成功した。	Her father succeeded in business.	0057
☑	私たちの祖父は中国での戦争を生き延びた。	Our grandfather survived the war in China.	0058
☑	彼は息子に、テレビを見て時間を浪費しないよう言った。	He told his son not to waste time watching TV.	0059
☑	私は30歳でチームを引退した。	I retired from the team at the age of 30.	0060
☑	彼の両親は、彼が外国に行くことを許した。	His parents allowed him to go abroad.	0061
☑	私たちは試合でベストを尽くすよう彼を励ました。	We encouraged him to do his best at the match.	0062
☑	私たちはそこに行くことを強制された。	We were forced to go there.	0063
☐	その少女は彼を座席へ案内した。	The girl led him to his seat.	0064
☑	大雨が、彼が来るのを妨げた。	The heavy rain prevented him from coming.	0065
☑	この古い写真は私に故郷を思い出させる。	This old picture reminds me of my hometown.	0066
☐	彼らは老婦人から金を奪った。	They robbed an old woman of money.	0067
☐	このホテルは客のすべてのニーズを満たすだろう。	This hotel will satisfy all the needs of the guests.	0068
☑	この手紙を日本に送るには２ドルかかる。	It costs two dollars to send this letter to Japan.	0069
☐	先生は彼の業績を称賛した。	The teacher admired him for his achievements.	0070
☐	彼女は大阪に孫が一人いる。	She has a grandchild in Osaka.	0071
☑	月は光源ではない。	The moon is not a source of light.	0072
☑	激しい嵐が昨夜その市を襲った。	A heavy storm hit the city last night.	0073
☐	海の上に高い波が見えた。	Tall waves were seen on the sea.	0074
☐	その少年はついに岸に泳ぎ着いた。	The boy swam to shore at last.	0075

	日本語	English	No.
□	私たちは海岸沿いをドライブして楽しんだ。	We enjoyed driving along the coast.	0076
□	政府は湾岸地域を開発している。	The government is developing the bay area.	0077
☑	彼らの家は谷の底にある。	Their house is at the bottom of the valley.	0078
□	私は美しい草原の風景を決して忘れないだろう。	I will never forget the beautiful landscape of the fields.	0079
□	彼らは湖へ続く山道を歩いた。	They walked along a mountain path to a lake.	0080
☑	私は毎日日記をつけている。	I keep a diary every day.	0081
☑	これは手紙を書くのに便利な表現だ。	This is a useful expression to write a letter.	0082
□	彼は初めての小説を書き始めた。	He began to write his first novel.	0083
☑	その本の最後の一節は衝撃的だ。	The last passage of the book is shocking.	0084
□	彼は自分の小説の文章を何度も変更した。	He changed the text of his novel many times.	0085
☑	私はその映画の題名を思い出せない。	I cannot remember the title of the movie.	0086
☑	彼女は床のしみをきれいにすることができなかった。	She couldn't clean the marks on the floor.	0087
☑	私はコンピューター上で図表を描いた。	I drew a chart on the computer.	0088
□	私は夏休みの間３編の創作小説を読んだ。	I read three works of fiction during the summer vacation.	0089
☑	君に私の母の肖像画を見せよう。	I will show you a portrait of my mother.	0090
□	議長は素早い決定を下した。	The chairman gave a quick decision.	0091
☑	私たちの日常生活はとても退屈だ。	Our daily life is very boring.	0092
□	彼は即答を求めた。	He asked for an instant answer.	0093
☑	私は幅の広い道路でだけ運転できる。	I can only drive on a wide road.	0094
☑	私たちはパリへの定期便がない。	We have no regular flights to Paris.	0095
□	彼らはみな別々の部屋で寝る。	They all sleep in separate rooms.	0096
□	私は突然の天気の変化でかぜを引いた。	I caught a cold because of the sudden change in the weather.	0097
□	私たちは１月に最終テストを受ける予定だ。	We will take a final test in January.	0098
□	近年、サッカーは日本で人気になっている。	In recent years, soccer has become popular in Japan.	0099
□	この町では多くの高齢者が一人暮らしをしている。	Many elderly people live alone in this town.	0100

do

❶する、行う　❷終える　❸…に…をもたらす　❹間に合う

[dú: ドゥー]

❶する、行う
❷終える
❸…に…をもたらす
❹間に合う

助動詞として
Do you …?（疑問文）
I don't …（否定文）
Don't …（否定の命令）

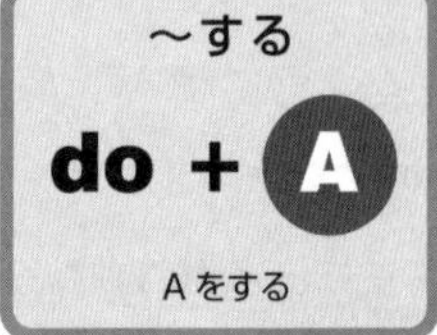

▶▶▶ do で言ってみよう!

動作の対象

□ 宿題をする	do my homework
□ 宿題	**homework** [hóumwə̀:*r*k ホウムワーク]
□ 悪いことをする	do bad things
□ 物事、物	**thing** [θíŋ スィング]
□ 自分の仕事を先にする	do my job first
□ 仕事	**job** [dʒáb ヂャブ]
□ 最善を尽くす	do my best
□ 最善	**best** [bést ベスト]
□ 庭の手入れをする	do the garden
□ 庭	**garden** [gá:*r*dn ガードン]
□ 料理をする	do the cooking
□ 料理	**cooking** [kúkiŋ クキング]
□ 皿洗いをする	do the dishes
□ 皿	**dish** [díʃ ディシュ]

feel

❶感じる
❷(痛み・感情など)を感じる
❸思う

[fi:l フィール]

共通イメージ

ハートでいろいろ感じている

❶感じる
feel good

❷(痛み・感情など)を感じる
feel a pain

❸思う

▶▶▶ feel で言ってみよう!

感情

☐ とてもうれしく感じる　feel very happy
☐
☐ うれしい　happy [hǽpi ハピ]

☐ 孤独を感じる　feel alone
☐
☐ ひとりで、孤独で　alone [əlóun アロウン]

☐ 怒りを感じる　feel angry
☐
☐ 怒って　angry [ǽŋgri アングリ]

感覚

☐ 疲れを感じる　feel tired
☐
☐ 疲れた　tired [táiərd タイアド]

☐ 空腹を覚える　feel hungry
☐
☐ 空腹な　hungry [hʌ́ŋgri ハングリ]

☐ とても寒く感じる　feel very cold
☐
☐ 寒い　cold [kóuld コウルド]

0101	交通事故の割合	the **rate** of traffic accidents
0102	通路側の席	an **aisle** seat
0103	安全地帯	a safety **zone**
0104	位置を変える	change the **position**
0105	サハラ砂漠	the Sahara **Desert**
0106	洪水を引き起こす	cause a **flood**
0107	太陽の熱	the **heat** of the sun
0108	北米大陸	the North American **Continent**
0109	広範囲の知識	a wide **range** of knowledge
0110	石の土台	a stone **base**

rateとratio

rate「率」と似た単語にratio「比」がある。

▶**ratio**：２つのものの比

▶**rate**：全体に占める割合

at the ratio of 4：3「4：3の割合で」

at the rate of 10%「10%の割合で」

floodのもう一つの意味

floodには「押し寄せる」という意味もある。

People flooded to the store.「人々は店に押し寄せた。」

□□□ **rate** [réit レイト]	名 ❶割合、率　❷速度 ★ at the rate of A　Aの割合で
□□□ **aisle** [áil アイル]発	名 (乗り物、劇場などの)通路(※ 座席間の通路をいう)
□□□ **zone** [zóun ゾウン]	名 地帯、区域
□□□ **position** [pəzíʃən ポズィション]	名 ❶位置　❷立場、職
□□□ **desert** [dézərt デザト]ア	名 砂漠 動 [dizə́:rt ディザート] 見捨てる
□□□ **flood** [flʌ́d フラド]発	名 洪水 動 ❶氾濫する、氾濫させる ❷(大勢で)どっと押し寄せる
□□□ **heat** [hí:t ヒート]	名 熱、暑さ 動 熱する
□□□ **continent** [kántənənt カンティネント]	名 大陸 ⇒ continéntal 形 大陸の
□□□ **range** [réindʒ レインヂ]	名 範囲 動 及んでいる、範囲にわたる
□□□ **base** [béis ベイス]	名 土台、ふもと 動 基礎を置く ⇒ básic 形 基本的な

(1) 夏の暑さ
the summer (heat)

(2) 山のふもとで
at the (base) of the mountain

(3) 砂漠を横切って移動する
travel across the (desert)

(4) 大陸の東海岸
the east coast of the (continent)

(5) 教会の通路
the (aisle) of the church

(6) 洪水で破壊される
be destroyed by the (flood)

(7) 出生率
the birth (rate)

(8) 森林地帯
a forest (zone)

(9) 低い位置で
in a low (position)

(10) 正常範囲内で
within the normal (range)

0111	自動車事故	a car **accident**
0112	外国の情勢	foreign **affairs**
0113	犯罪を予防する	prevent **crimes**
0114	その問題を議論する	discuss the **issue**
0115	その爆弾で死ぬ	be killed by the **bomb**
0116	殺人事件	a **murder** case
0117	銃を持ち運ぶ	carry a **gun**
0118	秘密を守る	keep a **secret**
0119	解答への手掛かり	a **clue to** the answer
0120	わなにかかる	fall into a **trap**

affairのもう一つの意味

affairには、①出来事、②醜聞、スキャンダルという意味もある。

a happy affair「楽しい出来事」

the Watergate affairs「ウォーターゲート事件」

（アメリカ民主党本部の盗聴にはじまりニクソン大統領の辞職をもたらしたスキャンダル）

secretary

secretary「秘書、書記」はsecretの派生語で、「秘密文書を扱う者」が原義。日本語の秘書というイメージとは異なり、国家や国際機関のトップを指すときにも用いられる。

□□□ **accident** [ǽksədənt アクスィデント]	名 事故
□□□ **affair** [əféər アフェア]	名 ❶ (ふつうaffairs)情勢、問題 ❷ 事務、業務
□□□ **crime** [kráim クライム]	名 犯罪 ⇒ críminal 名 犯罪者　形 犯罪の
□□□ **issue** [íʃuː イシュー]	名 ❶ 問題(点) ❷ 発行(物)、(新聞・雑誌などの)号 動 発行する
□□□ **bomb** [bám バム] 発	名 爆弾
□□□ **murder** [mə́ːrdər マーダ]	名 殺人 ⇒ múrderer 名 殺人者
□□□ **gun** [gʌ́n ガン]	名 銃
□□□ **secret** [síːkrət スィークレト]	名 秘密
□□□ **clue** [klúː クルー]	名 (…への)手掛かり(to)
□□□ **trap** [trǽp トラプ]	名 わな、策略 動 わなにかける

チェック!

(1) 事故で亡くなる
die in an (accident)

(2) 教育に関する問題
an (issue) on education

(3) 高い犯罪率
a high (crime) rate

(4) わなを仕掛ける
set a (trap)

(5) 国際情勢
international (affairs)

(6) 爆弾を落とす
drop a (bomb)

(7) 手掛かりを見つけ出す
find a (clue)

(8) 銃を発砲する
fire a (gun)

(9) 彼を殺人へかき立てる
drive him to (murder)

(10) 秘密のうちに結婚する
get married in (secret)

No.	日本語	English
0121	一人でいるのを嫌う	dislike being alone
0122	それが本当かどうか疑う	doubt if it is true
0123	彼女の美しさをうらやむ	envy her for her beauty
0124	奇妙な音を怖がる	be frightened by the strange sound
0125	満員電車が嫌いだ	hate crowded trains
0126	遅くに働くのがいやだ	hate working late
0127	甘い味がする	taste sweet
0128	１枚の紙を３つに裂く	split a piece of paper into three
0129	壁にお知らせを掲示する	post a notice on the wall
0130	どろぼうを追いかける	chase a thief

likeとdislike

likeは後ろにto不定詞、-ing形を両方とるが、dislikeは原則として-ing形しか取らない。これは、to不定詞がもともと「…に近づく、これから…する」というイメージを持っているから。好きなものには近づくが、嫌いなものには近づかない、という心理が働いているのかもしれない。

ヘイト・スピーチ

人種や宗教、国籍などを理由にした差別や憎悪を表す表現を、hate speech「ヘイト・スピーチ、憎悪表現」という。ヘイト・スピーチは言論の自由の例外として規制されるべきだ、という考えが世界に広まりつつあるが、何がヘイト・スピーチに当たるかは意見がかならずしも一致していない。

□□□ **dislike** [disláik ディスライク]	動 嫌う　★ dislike *doing*　…するのを嫌う 名 嫌悪（of、for）
□□□ **doubt** [dáut ダウト] 発	動（…かどうか）疑う、疑問に思う （if [whether] 節） 名 疑い
□□□ **envy** [énvi エンヴィ]	動 うらやむ　★ envy A for B　AのBをうらやむ 名 うらやみ、ねたみ ⇒ énvious 形 うらやんでいる（of）
□□□ **frighten** [fráitn フライトン]	動 怖がらせる、（ひどく）びっくりさせる ⇒ fríghtening 形 おびえさせる ⇒ fríghtened 形 おびえた
□□□ **hate** [héit ヘイト]	動 ❶（ひどく）嫌う、憎む
□□□ **hate**	動 ❷（…するのが）いやだ（*doing*、to *do*） 名 憎しみ ⇒ hátred [héitrəd ヘイトレド] 名 憎しみ
□□□ **taste** [téist テイスト]	動 ❶ 味がする　★ taste C　Cの味がする ❷ 味わう、味を見る 名 ❶ 味　❷ 好み、趣味
□□□ **split** [splít スプリト] 活用：split-split	動（…に）裂く（into）、分割する
□□□ **post** [póust ポウスト]	動 ❶（ポスターなどを）掲示する ❷ 郵便を出す 名 ❶ 郵便　❷ 地位、職
□□□ **chase** [tʃéis チェイス]	動 追いかける、追跡する 名 追跡

(1) 自分の目を疑う
(doubt) my eyes

(2) よい味がする
(taste) good

(3) 医者に行くのを嫌う
(dislike) seeing the doctor

(4) グループを2つに分割する
(split) the group into two

(5) 人と会うのがいやだ
(hate) to meet people

(6) メッセージを掲示する
(post) a message

(7) 彼の成功をうらやむ
(envy) his success

(8) 子どもを怖がらせる
(frighten) the children

(9) 猫を追いかける
(chase) a cat

(10) 戦争を憎む
(hate) war

Round 1 6 月 18 日 Round 2 月 日 Round 3 月 日

0131	緊急の場合には	in case of **emergency**
0132	逃亡する	make an **escape**
0133	言論の自由を奨励する	encourage **freedom** of speech
0134	自由の国	a country of **liberty**
0135	強い個性をもつ女性	a woman with a strong **personality**
0136	優雅に踊る	dance with **grace**
0137	私たちの仕事に誇りをもつ	take **pride** in our work
0138	安全のため	for the **sake** of safety
0139	他人と調和して暮らす	live in **harmony** with others
0140	その先生に敬意を表して	in **honor** of the teacher

for the sake of A

for the sake of Aは「Aのために」の意味。目的や利益を表すときに用いる。

He worked hard for the sake of his family.

「彼は家族のために一生懸命働いた。」

He worked hard for his family. もほぼ同意だが、for the sake of his familyのほうが強調した言い方。

honorのイディオム

in honor of Aで「Aを記念して、Aを祝って」の意味。Aには人や出来事がくる。

He made a speech in honor of our victory.

「彼は勝利を祝ってスピーチをした。」

□□□ **emergency** [iməːrdʒənsi イマーヂェンスィ]	名 緊急(事態)、非常時 形 緊急の、非常の
□□□ **escape** [iskéip イスケイプ]	名 逃亡 動 (…から)逃げる (from)、(…を)免れる (*doing*)
□□□ **freedom** [fríːdəm フリーダム]	名 自由 ⇒ frée 形 自由な
□□□ **liberty** [líbərti リバティ]	名 (制約から解放された)自由 ⇒ líberal 形 ❶ 自由主義の ❷ 気前のよい ⇒ líberate 動 解放する
□□□ **personality** [pəːrsənǽləti パーソナリティ]	名 ❶ 個性、人格 ❷ 有名人 ⇒ pérsonal 形 個人の、個人的な
□□□ **grace** [gréis グレイス]	名 優雅、優美 ⇒ gráceful 形 優雅な、優美な
□□□ **pride** [práid プライド]	名 誇り、自尊心 ⇒ próud 形 誇りに思って ★ be proud of A Aを誇りに思う
□□□ **sake** [séik セイク]	名 ため、利益 ★ for the sake of A Aのため
□□□ **harmony** [háːrməni ハーモニ]	名 調和
□□□ **honor** [ánər アナ] 発	名 ❶ 敬意、尊敬 ❷ 名誉(⇔ dishónor) 動 名誉を与える ★ be honored to *do* …して光栄に思う

チェック！

(1) 私たちの子どもたちのために
for the (sake) of our children

(2) 優雅にほほえむ
smile with (grace)

(3) 自分の誇りが傷つく
hurt my (pride)

(4) 表現の自由
(freedom) of expression

(5) 個性がほとんどない
have little (personality)

(6) 色の調和
(harmony) of colors

(7) 自由を求めて戦う
fight for (liberty)

(8) 夏の暑さからの逃亡
(escape) from the summer heat

(9) 非常階段
(emergency) stairs

(10) 王に敬意を払う
pay (honor) to the king

0141	テレビメディア	the TV **media**
0142	彼と雑談をする	have a **chat** with him
0143	語彙が豊富である	have a large **vocabulary**
0144	制度の再検討	a **review** of the system
0145	戦争の結果として	**as a consequence of** war
0146	五感	the five **senses**
0147	自然からひらめきを得る	get **inspiration** from nature
0148	会社のイメージを傷つける	hurt the company's **image**
0149	白と黒の対照	the **contrast** between black and white
0150	音のする方向へ行く	go **in the direction of** the sound

vocabulary

vocabulary「語彙」は本来不可算名詞だが、「ある人が知っている語彙」という時は、可算名詞となる。「語彙が豊富である」は、have a large［rich、wide］vocabulary。ただし、後者の場合も「ある人が知っている全単語」という意味なので、× He has many vocabularies. のように複数形にはしない。

senseのイディオム

- **have a good sense**「センスがよい、感覚がよい」
- **make sense（of A）**「（Aが）意味をなす、わかる」
- **in a sense**「ある意味」

□□□ **media** [mídiə ミーディア]発	名 メディア(※ 本来はmédium の複数形だが、単複両方に用いる)
□□□ **chat** [tʃǽt チャト]	名 雑談、おしゃべり 動 雑談する
□□□ **vocabulary** [voukǽbjəlèri ヴォウキャビュレリ]ア	名 語彙
□□□ **review** [rivjúː リヴュー]	名 ❶ 再検討　❷ 批評　❸ 復習 動 ❶ 見直す、再検討する　❷ 復習する
□□□ **consequence** [kάnsəkwèns カンスィクウェンス]ア	名 結果　★ as a consequence of A　Aの結果として
□□□ **sense** [séns センス]	名 ❶ 感覚、感じ　❷ 意味 ⇒ sénsitive 形 敏感な
□□□ **inspiration** [ìnspəréiʃən インスピレイション]	名 ひらめき、インスピレーション ⇒ inspíre 動 ❶ (人を)奮起させる ❷ ひらめきを与える
□□□ **image** [ímidʒ イミヂ]発ア	名 ❶ イメージ、印象　❷ 像　❸ 映像 ⇒ imágine 動 想像する ⇒ imaginátion 名 想像(力)
□□□ **contrast** [kάntræst カントラスト]ア	名 対照　★ in contrast to A　Aと対照的に 動 [kəntrǽst コントラスト] 対照をなす、対照させる
□□□ **direction** [dərékʃən ディレクション]	名 ❶ 方向　❷ 指示 ★ in the direction of A　Aの方向に ⇒ diréct 形 直接的な 動 (注意などを)向ける

(1) 豊かな語彙
rich (vocabulary)

(2) よい結果をもたらす
have good (consequences)

(3) ニュースメディア
news (media)

(4) お茶を飲みながらの雑談
a (chat) over a cup of tea

(5) 視覚
the (sense) of sight

(6) 事実の再検討
a (review) of the facts

(7) 方向感覚
the sense of (direction)

(8) よいイメージを与える
present a good (image)

(9) 京都と対照的に
in (contrast) to Kyoto

(10) 突然のひらめきを得る
have a sudden (inspiration)

例文でCHECK!!

/50

LEVEL 1

LEVEL 2

□	この国では**交通事故の割合**がとても高い。	**The rate of traffic accidents** is very high in this country.	0101
□	私は**通路側の席**に座りたいと思います。	I would like to have **an aisle seat**.	0102
□	私たちは**安全地帯**に車を停めた。	We parked the car in **a safety zone**.	0103
□	彼はカメラの**位置を変えた**。	He **changed the position** of the camera.	0104
□	**サハラ砂漠**は世界最大の砂漠である。	**The Sahara Desert** is the biggest desert in the world.	0105
□	大雨がこの地域で**洪水を引き起こした**。	Heavy rains **caused a flood** in this area.	0106
□	**太陽の熱**は夏の間とても強い。	**The heat of the sun** is very strong during summer.	0107
□	**北米大陸**で一番長い川はミシシッピ川だ。	The longest river in **the North American Continent** is the Mississippi River.	0108
□	彼は本を読んで**広範囲の知識**を身につけた。	He learned **a wide range of knowledge** by reading books.	0109
□	その家は**石の土台**の上に建っている。	The house is on **a stone base**.	0110
□	私たちは病院の前で**自動車事故**を見た。	We saw **a car accident** in front of the hospital.	0111
□	私は**外国の情勢**に興味がある。	I am interested in **foreign affairs**.	0112
□	政府は**犯罪を予防する**ために努力している。	The government is making efforts to **prevent crimes**.	0113
□	私は両親と**その問題を議論した**。	I **discussed the issue** with my parents.	0114
□	多くの人々が**その爆弾で死んだ**。	Many people **were killed by the bomb**.	0115
□	私たちは**その殺人事件**の真実を知る必要がある。	We need to know the facts of **the murder case**.	0116
□	日本では**銃を持ち運ぶ**ことはできない。	You cannot **carry a gun** in Japan.	0117
□	**秘密を守る**ことは難しい。	It is difficult to **keep a secret**.	0118
□	先生は私たちに**解答への手掛かり**を与えてくれた。	The teacher gave us **a clue to the answer**.	0119
□	そのライオンは**わなにかかった**。	The lion **fell into a trap**.	0120
□	彼女は休日に**一人でいるのを嫌う**。	She **dislikes being alone** on holidays.	0121
□	私は**それが本当かどうか**をまだ**疑っている**。	I still **doubt if it is true**.	0122
□	**彼女の美しさをうらやんだ**少女たちもいた。	Some girls **envied her for her beauty**.	0123
□	その猫は**奇妙な音を怖がった**。	The cat **was frightened by the strange sound**.	0124
□	私は朝の**満員電車が嫌いだ**。	I **hate crowded trains** in the morning.	0125

□ 私の父は遅くに働くのがいやだ。	My father hates working late.	0126
□ そのお茶は少し甘い味がする。	The tea tastes a little sweet.	0127
□ 私は1枚の紙を3つに裂くように言われた。	I was told to split a piece of paper into three.	0128
□ 私たちは壁にパーティーのお知らせを掲示した。	We posted a notice about the party on the wall.	0129
□ 警察はどろぼうを追いかけている。	The police are chasing a thief.	0130
□ 緊急の場合には、いつでも私に電話してください。	In case of emergency, please call me any time.	0131
□ 私は窓から逃亡しようとした。	I tried to make my escape through the window.	0132
□ 政府は言論の自由を奨励するべきだ。	The government should encourage freedom of speech.	0133
□ アメリカ合衆国は自由の国だ。	The USA is a country of liberty.	0134
□ 私たちの新しい指導者は強い個性をもつ女性だ。	Our new leader is a woman with a strong personality.	0135
□ その男女は優雅に踊った。	The man and the woman danced with grace.	0136
□ 私たちは自分たちの仕事に大いに誇りをもっている。	We take great pride in our work.	0137
□ 君は安全のためにもっとゆっくり運転するべきだ。	You should drive slower for the sake of safety.	0138
□ 彼は他人と調和して暮らそうとした。	He tried to live in harmony with others.	0139
□ 私たちはその先生に敬意を表してパーティーを開いた。	We had a party in honor of the teacher.	0140
□ テレビメディアは私たちの意見を多くのやり方で形成する。	The TV media forms our opinions in many ways.	0141
□ 私は教室で彼と雑談をした。	I had a chat with him in the classroom.	0142
□ 私たちの英語の先生は語彙が豊富である。	Our English teacher has a large vocabulary.	0143
□ その制度の再検討が必要だと私たちは思う。	We think a review of the system is necessary.	0144
□ 多くの人々が戦争の結果として殺された。	A lot of people have been killed as a consequence of war.	0145
□ 視覚は五感の一つである。	Sight is one of the five senses.	0146
□ その芸術家は自然からひらめきを得た。	The artist got inspiration from nature.	0147
□ その事故はその会社のイメージを傷つけた。	The accident hurt the company's image.	0148
□ 彼の絵は、白と黒の対照を示していた。	His painting showed the contrast between black and white.	0149
□ その犬は、音のする方向へ行った。	The dog went in the direction of the sound.	0150

フォーカスワード 基本動詞 5

find

❶見つける
❷わかる

[fáind ファインド]

共通イメージ

探していたものを見つける

❶見つける
find gold

❷わかる
find the movie interesting

▶▶▶ find で言ってみよう!

身の回りのもの・場所

☐ かぎを見つける — find a key
☐ かぎ — key [kí: キー]

☐ 私のめがねが見つからない — cannot find my glasses
☐ めがね — glasses [glǽsəz グラスィズ]

☐ 昼食を取るのによい場所を見つける — find a nice place for lunch
☐ 場所 — place [pléis プレイス]

☐ 最寄りの駅を見つける — find the nearest station
☐ 駅 — station [stéiʃən ステイション]

抽象的なもの・評価

☐ よりよい方法を見つける — find a better way
☐ 方法 — way [wéi ウェイ]

☐ 手紙を書く時間を見つける — find the time to write a letter
☐ 時間 — time [táim タイム]

☐ その本がおもしろいことがわかる — find the book interesting
☐ おもしろい — interesting [íntərəstiŋ インタレスティング]

get

❶手に入れる、得る　❸受け取る
❷買う　❹…になる

[gét ゲト]

共通イメージ

手に入れる、手に入れて（結果的に）変化する

▶▶▶ get で言ってみよう！

有益なもの

□□□ 彼の助けを得る　get his help
助け　**help** [hélp ヘルプ]

□□□ 彼女からその情報を得る　get the information from her
情報　**information** [ìnfərméiʃən インフォメイション]

□□□ 少し眠る　get some sleep
眠り　**sleep** [slí:p スリープ]

感覚

□□□ 夕方に暗くなる　get dark in the evening
暗い　**dark** [dá:rk ダーク]

到達点

□□□ 7時に家に着く　get home at seven
家に、家へ　**home** [hóum ホウム]

□□□ 町に到着する　get to the town
町　**town** [táun タウン]

Round 1 6 月 18 日 | Round 2 月 日 | Round 3 月 日

0151	反対側に	on the opposite side
0152	試合の勝利を確信している	be confident of winning the game
0153	彼女の親切に感謝する	be grateful to her for her kindness
0154	できるだけ早く	as soon as possible
0155	雨が降りそうだ	be likely to rain
0156	健康にとって基本的なものである	be basic to health
0157	内部の部品	inner parts
0158	その年の後半	the latter half of the year
0159	最新のニュース	the latest news
0160	日本独特である	be unique to Japan

confidentの派生語

confide in Aで「A（人）を信頼する、（信頼して）A（人）に秘密を打ち明ける」という意味。

She confided in me about her secret.
「彼女は秘密について私に打ち明けた。」

confidentialは形容詞で「機密の、秘密を打ち明ける」という意味。手紙にconfidentialと書くと、「親展」（名宛人以外は開封しないでほしいという意味）となる。

I had a confidential talk with a friend.
「私は友だちと打ち明け話をした。」

□□□ **opposite** [ápəzət アポズィト]	形 (…の)反対の(to) ⇒ oppóse 動 反対する ⇒ opposítion 名 反対
□□□ **confident** [kánfədənt カンフィデント]	形 (…を)確信した(about、of、that節) ⇒ cónfidence 名 ❶ 自信、確信 ❷ (…への)信頼(in)
□□□ **grateful** [gréitfəl グレイトフル]	形 感謝して ★ be grateful to A for B A(人など)のBに感謝する
□□□ **possible** [pásəbl パスィブル]	形 ❶ 可能な ❷ ありうる ★ as A as possible できるだけA
□□□ **likely** [láikli ライクリ]	形 ありそうな ★ be likely to *do* …しそうである
□□□ **basic** [béisik ベイスィク]	形 基本的な ⇒ báse 名 基本、土台 ⇒ básis 名 基盤
□□□ **inner** [ínə*r* イナ]	形 ❶ 内部の、内側の(⇔ óuter) ❷ 精神的な、内面的な
□□□ **latter** [lǽtə*r* ラタ]	形 後の、後者の(⇔ fórmer)(※ late の比較級の一つ) 名 後者
□□□ **latest** [léitəst レイテスト]	形 最新の(※ late の最上級の一つ)
□□□ **unique** [juːníːk ユーニーク]発	形 ❶ (…に)独特の、特有の(to) ❷ 比類がない、優れた

(1) このチャンスに感謝する
be (grateful) for the chance

(2) 内部のトラブル
(inner) trouble

(3) 反対の意味
an (opposite) meaning

(4) 彼の能力を確信している
be (confident) about his ability

(5) 試合に勝ちそうだ
be (likely) to win the game

(6) 彼女の最新の本
her (latest) book

(7) その物語の後半部分
the (latter) part of the story

(8) その計画を可能にする
make the plan (possible)

(9) 基本的な考え方
a (basic) idea

(10) 彼女の独特の声
her (unique) voice

STEP 4

0161	歯医者に行く	go to the **dentist**
0162	胃が強い	have a strong **stomach**
0163	彼女の全力でたたく	hit with all her **strength**
0164	彼女の目に涙を浮かべながら	with **tears** in her eyes
0165	痛みを大いに感じる	feel a lot of **pain**
0166	血を見る	see **blood**
0167	汗でびっしょりである	be covered with **sweat**
0168	性差	**gender** differences
0169	若い夫婦	a young **couple**
0170	議論をする	have a **discussion**

tearのイディオム

▶ **shed a tear[tears]**「涙を流す」

a tearとすると、「ポロリと一粒の涙がこぼれる」、tearsとすると「ポロポロ涙を流す」というイメージ。

shedは「(血や涙を) 流す、光を発する」といった意味を持つ動詞。(活用はshed-shed)。shed tearsに加えて、shed light on A「Aに光を当てる、Aを明らかにする」をおぼえておきたい。

▶ **break[burst]into tears**「突然わっと泣き出す」

なお、tearには「涙がでる」という意味の動詞用法もあり、この場合の発音は、名詞と同様に[tíər ティア]。

dentist [déntist デンティスト]	名 歯医者、歯科医 ⇒ déntal 形 歯の、歯医者の
stomach [stʌ́mək スタマク]発	名 胃、腹(部) ⇒ stómachache 名 腹痛、胃痛
strength [stréŋkθ ストレングス]	名 (肉体的な)力、強さ
tear [tíər ティア]発	名 涙 動 [téər テア] 裂く、破れる
pain [péin ペイン]	名 ❶ 痛み　❷ (pains)苦労、面倒 ★ take pains　苦労する
blood [blʌ́d ブラド]発	名 血 ⇒ bléed 動 出血する
sweat [swét スウェト]発	名 汗 動 汗をかく
gender [dʒéndər ヂェンダ]	名 性、性別(※ 社会的、文化的な意味で用いる。生物学的な意味での「性」はsex。)
couple [kʌ́pl カプル]	名 ❶ 夫婦、カップル　❷ 2つ、1組 ★ a couple of A　1組の[2つの、いくつかの]A
discussion [diskʌ́ʃən ディスカション]	名 議論、話し合い ⇒ discúss 動 議論する

(1) 痛みで泣く
cry with (pain)

(2) 男性
the male (gender)

(3) チームの強さ
the (strength) of the team

(4) 集団で議論する
hold a group (discussion)

(5) 汗を洗い流す
wash away the (sweat)

(6) 腹がいっぱいである
have a full (stomach)

(7) 私の血液型
my (blood) type

(8) 喜びの涙
(tears) of joy

(9) 結婚した夫婦
a married (couple)

(10) 歯医者になる
become a (dentist)

0171	その小道をたどる	follow the **track**
0172	勘定を払う	pay the **bill**
0173	5ドル紙幣を両替する	change a five-dollar **bill**
0174	電車の運賃	the train **fare**
0175	入場料	the entrance **fee**
0176	多額のお金	a large **sum** of money
0177	2と3の合計	the **sum** of 2 and 3
0178	教育の価値	the **value** of education
0179	大資産家	a man of great **wealth**
0180	予算内で生活する	live within a **budget**

fareとfee、priceとcost

▶**fare**「乗り物の運賃」
▶**fee**「専門家のサービスに払う報酬、入場料」
▶**price**「物の値段」
▶**cost**「物の値段、かかった費用」

the taxi fare「タクシー代」
the lecture fee「講演の謝礼」
the price of a car「車の値段」
the cost of living「生活費」

□□□	**track** [træk トラク]	名 ❶ 小道　❷ 足跡 動 あとを追う
□□□	**bill** [bíl ビル]	名 ❶ 勘定(書き)、請求書
□□□	**bill**	名 ❷ 紙幣
□□□	**fare** [féər フェア]	名 (乗り物の)運賃
□□□	**fee** [fíː フィー]	名 (手数料、入場料などの)料金、報酬
□□□	**sum** [sʌ́m サム]	名 ❶ 金額
□□□	**sum**	名 ❷ 合計、和 動 ❶ 合計する　❷ 要約する
□□□	**value** [vǽljuː ヴァリュー]	名 ❶ 価値　❷ 価格 動 評価する ⇒ váluable 形 価値のある
□□□	**wealth** [wélθ ウェルス]	名 資産、富 ⇒ wéalthy 形 豊かな、裕福な
□□□	**budget** [bʌ́dʒət バヂェト]	名 予算

(1) 価値が上がる
increase in (value)

(2) 10ドル紙幣
a 10 dollar (bill)

(3) 合計を求める
find the (sum)

(4) 森の中の小道
a (track) through the woods

(5) 医師の診察報酬
the doctor's (fee)

(6) 富を得る
gain (wealth)

(7) 水道料金の請求書
a water (bill)

(8) タクシーの運賃
the taxi (fare)

(9) 予算を立てる
plan a (budget)

(10) 10ドルの金額
the (sum) of 10 dollars

Round 1 6 月 18 日 Round 2 月 日 Round 3 月 日

LEVEL 1 LEVEL 2

0181	☑☐☐	紙の上に正方形を描く	draw a **square** on paper
0182	☑☐☐	社会に対する危険	a danger to **society**
0183	☐☐☐	彼女の心の状態	her **state** of mind
0184	☑☐☐	人口が多い	have a large **population**
0185	☐☐☐	日本の一国民	a Japanese **citizen**
0186	☑☐☐	裁判所の判決	the decision of the **court**
0187	☐☐☐	大勢の人々	a **crowd** of people
0188	☑☐☐	世界最大の国家	the largest **nation** in the world
0189	☑☐☐	次期大統領	the next **president**
0190	☑☐☐	大きな結婚式を挙げる	have a big **wedding**

state、nationとcountry

▶**state**：政治的な面に着目した「国」

▶**nation**：文化や民族の共同体としての「国」

▶**country**：地理的な面に着目した「国」

nation-state「国民国家」は、単一民族によって構成される国家のことをいう。スコットランドやカナダのケベック州などに見られる独立の動きは、nation-stateの考え方による場合が多い。

□□□ **square** [skwéər スクウェア]	名 ❶ 正方形　❷ 平方、2乗　❸ 広場
□□□ **society** [səsáiəti ソサイアティ]	名 ❶ 社会　❷ 協会、クラブ ⇒ sócial 形 社会的な
□□□ **state** [stéit ステイト]	名 ❶ 状態　❷ 国家、州 動 述べる ⇒ státement 名 記述、声明
□□□ **population** [pὰpjəléiʃən パピュレイション]	名 ❶ 人口 ❷ (ある地域の)全住民、人々
□□□ **citizen** [sítəzən スィティズン]	名 国民、市民
□□□ **court** [kɔ́ːrt コート]	名 ❶ 裁判所、法廷 ❷ (テニス、バスケットボールなどの)コート、中庭
□□□ **crowd** [kráud クラウド]	名 大勢、群衆　★ a crowd of A 大勢のA 動 群がる ⇒ crówded 形 混雑した
□□□ **nation** [néiʃən ネイション]	名 ❶ 国家　❷ 国民 ⇒nátional 形 国家の、国民の
□□□ **president** [prézədənt プレズィデント]	名 ❶ (the president)大統領　❷ 社長、会長
□□□ **wedding** [wédiŋ ウェディング]	名 結婚式、婚礼

(1) 初代大統領
the first (President)

(2) 怒った群衆
an angry (crowd)

(3) 結婚指輪
the (wedding) ring

(4) 人間社会の発展
the development of human (society)

(5) 裁判所に出頭する
appear in (court)

(6) 国の半分
half of the (nation)

(7) 正方形の布
a (square) of cloth

(8) ひどい状態で
in a bad (state)

(9) 善良な市民
a good (citizen)

(10) 人口の増加
an increase in (population)

0191	子どもたちを助けるボランティア	a **volunteer** to help children
0192	課題に直面する	face a **challenge**
0193	状況に依存する	depend on the **context**
0194	解決策を見つける	find a **solution**
0195	他人を判断する彼のやり方	his **manner** of judging others
0196	成長戦略を立てる	develop a growth **strategy**
0197	高いレベルの知能	a high level of **intelligence**
0198	目標を達成する	meet the **target**
0199	委員会の一員	a member of the **committee**
0200	植物の研究をする	do **research into** plants

challangeの語法

日本語で「チャレンジする」というと、「難問にチャレンジする」といったイメージがあるが、英語ではそのような意味はない。
chellangeは、人を目的語にとって、「人に挑戦する」という意味になる。

He chellanged me in the tennis match.「彼はテニスの試合で私に挑戦した。」

また、「異議を唱える、疑う」という意味もある。このときは、目的語に人以外のものが来る。

They all chellanged my idea.「彼らはみな、私の考えに異議を唱えた。」

□□□ **volunteer** [vàləntíər ヴァランティア]ア	名 ボランティア 動 ❶★ volunteer to *do* 進んで…する ❷ボランティア活動をする
□□□ **challenge** [tʃǽləndʒ チャレンヂ]	名 ❶課題 ❷挑戦 ❸異議 動 ❶異議を唱える ❷挑む ★ challenge A to B A(人)にBを挑む
□□□ **context** [kántekst カンテクスト]	名 ❶状況、背景 ❷前後関係、文脈
□□□ **solution** [səlúːʃən ソルーション]	名 ❶解決、解決策 ❷溶液 ⇒ sólve 動 解決する
□□□ **manner** [mǽnər マナ]	名 ❶やり方、方法 ❷(manners)行儀、礼儀作法
□□□ **strategy** [strǽtədʒi ストラテヂ]	名 戦略、計画
□□□ **intelligence** [intélədʒəns インテリヂェンス]ア	名 知能、知性 ⇒ intélligent 形 知的な、知能が高い
□□□ **target** [táːrgət ターゲト]	名 ❶(達成)目標 ❷的 動 目標にする、狙う
□□□ **committee** [kəmíti コミティ]ア	名 委員会、(集合的に)委員
□□□ **research** [risə́ːrtʃ リサーチ]	名 (…の)研究、調査(into、on) 動 研究する、調査する

チェック!

(1) 変な話し方をする
speak in a strange (manner)

(2) イベントのボランティア
a (volunteer) for the event

(3) 教育に関する委員会
a (committee) on education

(4) 健康を改善するという課題
the (challenge) of improving health

(5) 社会問題に対する解決策
a (solution) to social problems

(6) その事件の社会的状況
the social (context) of the event

(7) 知性をほとんど示さない
show little (intelligence)

(8) 販売戦略
sales (strategy)

(9) 調査を行う
carry out (research)

(10) 目標を設定する
set a (target)

例文でCHECK!!

/50

□	彼らは通りの反対側に住んでいる。	They live on the opposite side of the street.	0151
□	私は試合の勝利を確信している。	I am confident of winning the game.	0152
□	私たちは彼女の親切に感謝している。	We are grateful to her for her kindness.	0153
□	できるだけ早くここに来なさい。	Come here as soon as possible.	0154
□	まもなく雨が降りそうだ。	It is likely to rain soon.	0155
□	よい食べ物は、健康にとって基本的なものである。	Good food is basic to health.	0156
□	私は内部の部品のいくつかをなくした。	I lost some of the inner parts.	0157
□	その年の後半はとても寒かった。	The latter half of the year was very cold.	0158
□	君はインターネット上でいつも最新のニュースを見ることができる。	You can always see the latest news on the Internet.	0159
□	この習慣は日本独特である。	This custom is unique to Japan.	0160
□	私は明日歯医者に行かなければならない。	I must go to the dentist tomorrow.	0161
□	彼は胃が強く、何でも食べる。	He has a strong stomach and eats everything.	0162
□	彼女は私を全力でたたいた。	She hit me with all her strength.	0163
□	彼女は目に涙を浮かべながらドアを閉めた。	She closed the door with tears in her eyes.	0164
□	私は首に痛みを大いに感じた。	I felt a lot of pain in my neck.	0165
□	彼は血を見てショックを受けた。	He was shocked to see blood.	0166
□	選手たちは汗でびっしょりであった。	The players were covered with sweat.	0167
□	性差はヨーロッパよりもアジアのほうが大きい。	Gender differences are larger in Asia than in Europe.	0168
□	若い夫婦が私の隣に座った。	A young couple sat next to me.	0169
□	私たちはその問題について議論をした。	We had a discussion about the problem.	0170
□	私たちは地図上でその小道をたどった。	We followed the track on the map.	0171
□	だれが勘定を払うんだい。	Who is going to pay the bill?	0172
□	5ドル紙幣を両替していただけませんか。	Could you change a five-dollar bill?	0173
□	空港から駅までの電車の運賃は20ドルです。	The train fare from the airport to the station is 20 dollars.	0174
□	入場料は、子どもは無料です。	The entrance fee is free for children.	0175

Round 1	月	日	Round 2	月	日	Round 3	月	日

□	彼は**多額のお金**の入ったバッグを見つけた。	He found a bag with **a large sum of money**.	0176
□	**2と3の合計**は何ですか。	What is **the sum of 2 and 3**?	0177
□	私の両親は**教育の価値**を信じている。	My parents believe in **the value of education**.	0178
□	その老人は**大資産家**だ。	The old man is **a man of great wealth**.	0179
□	私にとって**予算内で生活する**のは難しかった。	It was difficult for me to **live within a budget**.	0180
□	その少女は**紙の上に正方形を描いた**。	The girl **drew a square on paper**.	0181
□	彼らは喫煙は**社会に対する危険**だと信じている。	They believe smoking is **a danger to society**.	0182
□	この写真は**彼女の心の状態**を示している。	This photo shows **her state of mind**.	0183
□	パリは**人口が多い**。	Paris **has a large population**.	0184
□	外国人が**日本の一国民**になるのは難しい。	It is not easy for a foreigner to become **a Japanese citizen**.	0185
□	私たちは**裁判所の判決**にがっかりした。	We were disappointed with **the decision of the court**.	0186
□	**大勢の人々**がその通りに集まった。	**A crowd of people** gathered in the street.	0187
□	**世界最大の国家**はロシアだ。	**The largest nation in the world** is Russia.	0188
□	彼はアメリカ合衆国の**次期大統領**になるだろう。	He will be **the next president** of the USA.	0189
□	私たちは先月**大きな結婚式を挙げた**。	We **had a big wedding** last month.	0190
□	私は親のいない**子どもたちを助けるボランティア**として働いている。	I work as **a volunteer to help children** without parents.	0191
□	私たちは低い出生率という**課題に直面している**。	We are **facing the challenge** of low birth rate.	0192
□	その単語の意味は**状況に依存する**。	The meaning of the word **depends on the context**.	0193
□	私たちはその問題への**解決策を見つけた**。	We **found a solution** to the problem.	0194
□	私は**他人を判断する彼のやり方**が好きではない。	I don't like **his manner of judging others**.	0195
□	政府は次の5年間の**成長戦略を立てた**。	The government has **developed a growth strategy** for the next five years.	0196
□	一部の猿は**高いレベルの知能**を示す。	Some monkeys show **a high level of intelligence**.	0197
□	私たちは**目標を達成する**ためにより一層働かなければならない。	We must work harder to **meet the target**.	0198
□	私は3年間ずっと**委員会の一員**だ。	I have been **a member of the committee** for three years.	0199
□	私たちは毎日**植物の研究をした**。	We **did research into plants** every day.	0200

give

❶与える
❷渡す
❸伝える
❹(会などを)開く

[gív ギヴ]

共通イメージ

相手に与える

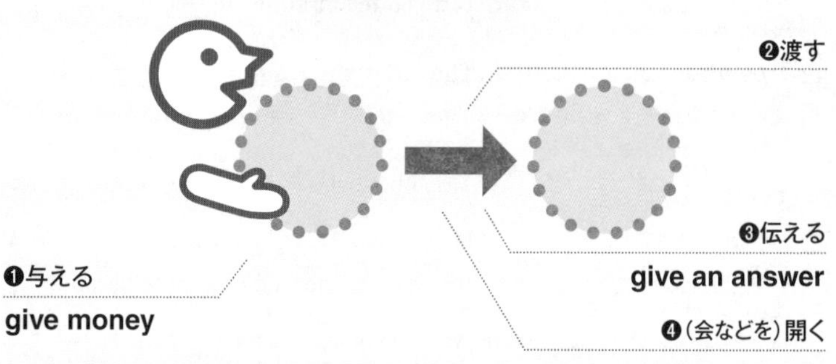

▶▶▶ give で言ってみよう!

有益なもの

□□□ 彼女に贈り物をする
give her a present
プレゼント、贈り物
present [préznt プレズント]

□□□ その時計を息子にあげる
give the watch to my son
時計
watch [wátʃ ワチ]

□□□ 切符を二枚もらう
give me two tickets
切符
ticket [tíkət ティケト]

□□□ 彼女に花をあげる
give her a flower
花
flower [fláuər フラウア]

コミュニケーション

□□□ 彼に私の名前を言う
give my name to him
名前
name [néim ネイム]

□□□ 彼にその情報を伝える
give him the information
情報
information [ìnfərméiʃən インフォメイション]

go

[góu ゴウ]

❶行く
❷…になる
❸(物事が)…に進行する
❹(機械などが)動く

共通イメージ

話題の中心が別の場所に移動する

場所，状態

❶行く
go to school

❷…になる
go bad

❸(物事が)…に進行する

状態の変化の場合は become と同じ意味

❹(機械などが)動く

▶▶▶ go で言ってみよう!

場所

□ イタリアに行く　go to Italy
□
□ イタリア　Italy [ítəli イタリ]

□ 学校に行く　go to school
□
□ 学校　school [skúːl スクール]

目的

□ 昼食を食べに行く　go for lunch
□
□ 昼食　lunch [lʌ́ntʃ ランチ]

□ 川で魚釣りをしに行く　go fishing in the river
□
□ 魚釣りをする　fish [fíʃ フィシュ]

□ 買い物に行く　go shopping
□
□ 買い物　shopping [ʃɑ́piŋ シャピング]

Round 1 6 月 18 日 | Round 2 月 日 | Round 3 月 日

LEVEL 1 LEVEL 2

0201	右腕を曲げる	**bend** my right arm
0202	リンゴをかじる	**bite** an apple
0203	お湯をわかす	**boil** water
0204	首都に侵入する	**invade** the capital
0205	さまざまな色を混ぜる	**mix** different colors
0206	ボールをころがして穴に入れる	**roll** a ball into a hole
0207	その計画をだめにする	**ruin** the plan
0208	氷の上をすべる	**slide** on the ice
0209	水を床にこぼす	**spill** water on the floor
0210	自分の頭をぶつける	**strike** my head

spill

spillは「秘密を漏らす」という意味もある。とくに、spill the beansで「秘密を漏らす」という表現は、口語でよく用いられる。
このイディオムの由来は諸説あるが、古代ギリシアの秘密投票に白豆と黒豆が用いられており、その豆をこぼしてしまうと、だれが何に投票したかがわかってしまう、という故事にもとづくというのが有力説である。

□□□ **bend** [bénd ベンド] 活用：bent-bent	動 曲げる、曲がる
□□□ **bite** [báit バイト] 活用：bit-bitten[bit]	動 かじる、かむ 名 ❶かむこと　❷ひとかじり、食事
□□□ **boil** [bɔ́il ボイル]	動 ❶わかす、(卵を)ゆでる、煮る ❷わく、煮える
□□□ **invade** [invéid インヴェイド]	動 侵入する、侵略する ⇒ invásion 名 侵略、侵入
□□□ **mix** [míks ミクス]	動 ❶混ぜる、混ざる ❷(人と)打ち解けてつきあう ⇒ míxture 名 混合、混ぜること
□□□ **roll** [róul ロウル]	動 ❶ころがす、ころがる　❷巻く 名 巻いたもの、一巻き
□□□ **ruin** [rúːən ルーイン]	動 だめにする、破壊する 名 ❶(ruins)廃墟　❷破壊
□□□ **slide** [sláid スライド] 活用：slid-slid	動 ❶すべる、すべらせる ❷悪化する、衰退する 名 すべること、滑走
□□□ **spill** [spíl スピル] 活用：spilled[spilt]-spilled[spilt]	動 こぼす、こぼれる
□□□ **strike** [stráik ストライク] 活用：struck-struck[stricken]	動 ❶ぶつける、ぶつかる ❷打つ、たたく 名 ストライキ

(1) 卵をゆでる
(boil) an egg

(2) その国を侵略する
(invade) the country

(3) 水とオレンジジュースを混ぜる
(mix) water and orange juice

(4) 犬にかまれる
be (bitten) by a dog

(5) 丘をすべり降りる
(slide) down the hill

(6) 岩にぶつかる
(strike) a rock

(7) 規則を曲げる
(bend) the rules

(8) 自分の健康をだめにする
(ruin) my health

(9) コーヒーをテーブルにこぼす
(spill) coffee on the table

(10) 丘を転がり落ちる
(roll) down the hill

0211	星の動き	the **movement** of stars
0212	流行を追う	follow **fashion**
0213	機嫌が悪い	be in a bad **mood**
0214	変なふるまい	strange **behavior**
0215	あなたの人生に影響を与える	**have an effect on** your life
0216	ビジネスに影響を及ぼす	have **an influence on** business
0217	血圧	blood **pressure**
0218	勉強する目的で	**for the purpose of** studying
0219	二国間の競争	**competition** between the two countries
0220	読者に強い影響を与える	have a great **impact on** readers

influenceとeffect

influenceは「影響」を表す一般的な語。effectは、影響を与えた結果として変化が見られる、つまり「効果」を意味するときによく用いる。

TV can have a bad influence on children.
「テレビは子どもたちに悪影響を及ぼすことがある。」
This medicine had no effect on me.
「この薬は私には効果がなかった。」

はじめの文は、テレビが悪影響を与えた結果、子どもの言動にどのような変化があるかまでは言っていない。一方、二番目の文は、「病気を治す」という結果を生むかどうかを問題にしている。

□□□ **movement** [múːvmənt ムーヴメント]	名 ❶動き、動作　❷運動、活動
□□□ **fashion** [fǽʃən ファション]	名 ❶流行　❷やり方 ⇒ fáshionable 流行の
□□□ **mood** [múːd ムード]	名 ❶（一時的な）気分、機嫌 ❷（社会、人々の）感情、雰囲気
□□□ **behavior** [bihéivjər ビヘイヴャ] 発	名 ふるまい、行動 ⇒ beháve 動 ふるまう ★ behave oneself 行儀よくする
□□□ **effect** [ifékt イフェクト]	名 ❶（…への）影響、効果（on）　❷結果 ★ have an effect on A Aに影響を与える ⇒ efféctive 形 効果がある、有効な
□□□ **influence** [ínfluəns インフルエンス]	名（…への）影響（力）（on） 動 影響を及ぼす ⇒ influéntial 形 影響力がある
□□□ **pressure** [préʃər プレシャ]	名 圧力、重圧、圧迫 ⇒ préss 動 押す
□□□ **purpose** [pə́ːrpəs パーパス]	名 目的　★ for the purpose of A Aの目的で
□□□ **competition** [kàmpətíʃən カンペティション]	名 ❶競争、争い　❷試合 ⇒ compéte 動 競争する
□□□ **impact** [ímpækt インパクト] ア	名 ❶（…への）（強い）影響（on）　❷衝撃 動 [impǽkt インパクト] 影響を与える

(1) 悪い影響
a bad (influence)

(2) 流行している
be in (fashion)

(3) 彼の訪問の目的
the (purpose) of his visit

(4) 健康によい効果をもたらす
have a good (effect) on health

(5) パーティーでの彼らのふるまい
their (behavior) at the party

(6) ゆっくりした動き
slow (movement)

(7) 変化への圧力
(pressure) for change

(8) 賞をかけた競争
(competition) for a prize

(9) テレビの強い影響
the (impact) of television

(10) 気分を害する
break the (mood)

0221	30パーセント増加する	increase by 30 **percent**
0222	1ポンドにつき1ドルの費用がかかる	cost one dollar a **pound**
0223	21世紀	the twenty-first **century**
0224	質を高める	improve the **quality**
0225	真実を見出す	discover the **truth**
0226	リズムに合わせて踊る	dance to the **rhythm**
0227	平均50通のメールを受けとる	get 50 emails **on average**
0228	少しの希望	**a bit of** hope
0229	大規模に	on a large **scale**
0230	レポートの要約	the **summary** of the report

「世紀」について

21世紀は、2001年から2100年までの100年間を指す。紀元1世紀は1年から100年、紀元前一世紀は紀元前1年から紀元前100年を指すので、「西暦0年」は、暦上は存在しない。もっとも天文学などでは、紀元前1年を「西暦0年」とすることはある。
紀元0年は、キリストが誕生した年とされており、「紀元前」はBC（=Before Christ)、「紀元後」はAD（Anno Domini、ラテン語で「主の年」）という。しかし、研究によると、西暦を制定した当時の計算違いで、キリストの生誕年は実際には異なっているという説が有力である。いずれにせよ、西暦はキリスト教的世界観を強く反映している。現在でも、異なる暦を用いている国は多い。たとえばイスラム教世界ではヒジュラ暦、ネパールではビクラム暦が使われている。

□□□ **percent** [pərsént パセント]	名 パーセント、割合
□□□ **pound** [páund パウンド]発	名 ❶ ポンド(重さの単位、約453.59g) ❷ ポンド(英国の貨幣単位)
□□□ **century** [séntʃəri センチュリ]	名 世紀、100年
□□□ **quality** [kwáləti クワリティ]	名 質(⇔ quántity 量) 形 良質の
□□□ **truth** [trú:θ トルース]	名 真実 ⇒ trúe 形 本当の
□□□ **rhythm** [ríðm リズム]発	名 リズム
□□□ **average** [ǽvəridʒ アヴェリヂ]ア	名 平均 形 平均の ★ on average 平均して
□□□ **bit** [bít ビト]	名 少し ★ a bit of A 少しのA ★ a bit (副詞的に)少し、やや
□□□ **scale** [skéil スケイル]	名 ❶ 規模、段階 ❷ 物差し
□□□ **summary** [sʌ́məri サマリ]	名 要約 ⇒ súm 動 要約する(up) 名 ❶ 金額、合計(額) ❷ 要約

(1) ポンド単位で売る
sell by the (pound)

(2) 真実を言う
tell the (truth)

(3) 3人の平均を取る
take an (average) of three people

(4) リズムを感じる
feel the (rhythm)

(5) 彼の小説の要約
a (summary) of his novel

(6) 小規模に
on a small (scale)

(7) 体脂肪の割合
the (percent) of body fat

(8) 19世紀末に
in the late 19th (century)

(9) 少しのお金
a (bit) of money

(10) 製品の質
the (quality) of the products

0231	予定がいっぱいである	have a full **schedule**
0232	私たちの記念日を祝う	celebrate our **anniversary**
0233	君にお願いをする	ask a **favor** of you
0234	旅に出る	go on a **journey**
0235	すっかり開花して	in full **blossom**
0236	自由の女神像	the **Statue** of Liberty
0237	美術展を開催する	hold an art **exhibition**
0238	飛行機の乗客たち	plane **passengers**
0239	現場へ駆けつける	rush to the **scene**
0240	幹線道路で行く	go on the **highway**

anniversary

anniversaryは「毎年の記念日」という意味。second、thirdなどをつけると、「○周年記念日」といった言い方になる。

the 10th anniversary of our wedding「結婚10周年記念日」

highway

日本ではhighwayというと「(有料の) 高速道路」の意味だが、アメリカでは「(無料の) 公道、幹線道路」の意味になる。アメリカでは「高速道路」をfreewayというが、これは有料、無料にかかわらず、決まった地点だけで出入りができる道路のこと。

□□□ **schedule** [skédʒuːl スケヂュール]	名 予定(表)、スケジュール
□□□ **anniversary** [ænəvə́ːrsəri アニヴァーサリ]	名 記念日
□□□ **favor** [féivər フェイヴァ]	名 お願い、親切な行為 ★ ask a favor of A　Aにお願いをする ★ *do* a favor of A　Aに親切にする
□□□ **journey** [dʒə́ːrni ヂャーニ]	名 (長い)旅
□□□ **blossom** [blɑ́səm ブラソム]	名 (特に果樹の)花 (※ 観賞用の花はblóomという) 動 開花する(＝blóom)
□□□ **statue** [stǽtʃuː スタチュー]	名 像、彫像
□□□ **exhibition** [èksəbíʃən エクスィビション] 発	名 展示会、展覧会 ⇒ exhíbit 動 展示する
□□□ **passenger** [pǽsəndʒər パセンヂャ] ア	名 乗客、旅客
□□□ **scene** [síːn スィーン]	名 ❶ 現場、場面　❷ 景色 ⇒ scénery 名 景色(※ 不可算名詞)
□□□ **highway** [háiwèi ハイウェイ]	名 幹線道路、本道

(1) 3か月の旅
a three-month (journey)

(2) 君に親切にする
do a (favor) for you

(3) 一日の予定を立てる
make a (schedule) for the day

(4) 幹線道路での事故
a (highway) accident

(5) 美しい花
a beautiful (blossom)

(6) 50周年記念日パーティー
a 50th (anniversary) party

(7) 東京へ行く乗客
a (passenger) for Tokyo

(8) 事故の現場
the (scene) of the accident

(9) 絵の展覧会
an (exhibition) of paintings

(10) 石像
a stone (statue)

Round 1 6 月 18 日 | Round 2 月 日 | Round 3 月 日

LEVEL 1 LEVEL 2

0241	医療器具	a medical instrument
0242	封筒を開ける	open the envelope
0243	電池で動く	work on batteries
0244	一つの家具	a piece of furniture
0245	香水をつける	put on perfume
0246	大きな冷蔵庫を買う	buy a large refrigerator
0247	切手を貼る	put a stamp
0248	金の皿	a gold plate
0249	軽い夕食を取る	have a light supper
0250	健康食	a healthy diet

furniture

furnitureは、もともと「家に備え付けられたもの」という意味の集合名詞（不可算名詞）。「一つの家具」という時は、×a furnitureとは言わず、a piece of furnitureという。

diet

ダイエットはもともと「食事」という意味だが、転じて「（治療や減量のための）規定食、食餌制限」といった意味で用いるようになった。「ダイエットをしている[する]」はbe [go] on a dietという。
なお、the Dietと大文字にすると「（日本などの）国会」という全く違った意味になる。
　a member of the Diet「国会議員」

□□□	**instrument** [ínstrumənt インストルメント]㋐	名 ❶ 器具　❷ 楽器
□□□	**envelope** [énvəlòup エンヴェロウプ]	名 封筒
□□□	**battery** [bǽtəri バテリ]	名 電池
□□□	**furniture** [fə́ːrnitʃər ファーニチャ]	名 家具(※ 不可算名詞) ⇒ fúrnish 動 備え付ける
□□□	**perfume** [pə́ːrfjuːm パーフューム]㋐	名 香水
□□□	**refrigerator** [rifrídʒərèitər リフリヂャレイタ]㋐	名 冷蔵庫(= frídge)
□□□	**stamp** [stǽmp スタンプ]	名 ❶ 切手　❷ スタンプ 動 ❶ 切手を貼る、スタンプを押す ❷ 踏みつける
□□□	**plate** [pléit プレイト]	名 (取り)皿、平皿 ⇒ dísh 名 (大)皿、料理
□□□	**supper** [sʌ́pər サパ]	名 (軽い)夕食
□□□	**diet** [dáiət ダイエト]	名 ❶ 食事、日常の食べ物 ❷ (減量などのための)規定食、ダイエット

(1) 肉食
a meat (diet)

(2) 切手を収集する
collect (stamps)

(3) 夕食に牛肉を食べる
have beef for (supper)

(4) 封筒に彼の名前を書く
write his name on the (envelope)

(5) すばらしい香水
a wonderful (perfume)

(6) 単純な器具
a simple (instrument)

(7) 皿を割る
break a (plate)

(8) 多くの家具を持っている
have a lot of (furniture)

(9) 壊れた冷蔵庫
a broken (refrigerator)

(10) 電池を交換する
change (batteries)

例文でCHECK!!

/50

□ 私はペンを拾うために右腕を曲げた。	I bent my right arm to pick up a pen.	0201
□ その猿はリンゴをかじっていた。	The monkey was biting an apple.	0202
□ お茶を入れるためにお湯をわかしてください。	Please boil water to make tea.	0203
□ 兵士たちは首都に侵入した。	The soldiers invaded the capital.	0204
□ 私は新しい色を作るためにさまざまな色を混ぜた。	I mixed different colors to make a new color.	0205
□ その猫はボールをころがして穴に入れた。	The cat rolled a ball into a hole.	0206
□ 一つの小さな失敗がその計画をだめにした。	One small mistake ruined the plan.	0207
□ その車は氷の上をすべって木にぶつかった。	The car slid on the ice and hit a tree.	0208
□ 水を床にこぼすな。	Don't spill water on the floor.	0209
□ 私は自分の頭を壁にぶつけた。	I struck my head against the wall.	0210
□ 私は星の動きに興味がある。	I am interested in the movement of stars.	0211
□ 私は流行を追うのにうんざりだ。	I am tired of following fashion.	0212
□ 彼はいつも朝機嫌が悪い。	He is always in a bad mood in the morning.	0213
□ 私は彼の変なふるまいの理由がわからない。	I don't understand the reason for his strange behavior.	0214
□ この本はあなたの人生に大きな影響を与えるだろう。	This book will have a big effect on your life.	0215
□ その新技術はビジネスに影響を及ぼすだろう。	The new technology will have an influence on business.	0216
□ 私の血圧は少し高い。	My blood pressure is a little high.	0217
□ 次郎は美術を勉強する目的でフランスに行った。	Jiro went to France for the purpose of studying art.	0218
□ 二国間の強い経済的な競争がある。	There is strong economic competition between the two countries.	0219
□ その記事は読者に強い影響を与えた。	The article had a great impact on readers.	0220
□ この街の人口は30パーセント増加した。	The population in this town increased by 30 percent.	0221
□ 肉は１ポンドにつき１ドルの費用がかかる。	Meat costs one dollar a pound.	0222
□ 21世紀は女性の時代だ。	The twenty-first century is the age of women.	0223
□ 彼は自分の仕事の質を高めようとした。	He tried to improve the quality of his work.	0224
□ 長い調査のあと、私たちはついに真実を見出した。	After long research, we finally discovered the truth.	0225

☐	子どもたちはリズムに合わせて歌い、踊った。	Children sang and danced to the rhythm.	0226
☐	私は一日に平均50通のメールを受けとる。	I get 50 emails a day on average.	0227
☐	まだ少しの希望がある。	There is still a bit of hope.	0228
☐	私たちはこのホテルで大規模にパーティーをした。	We gave a party on a large scale in this hotel.	0229
☐	彼は会議でレポートの要約を示した。	He showed the summary of the report in the meeting.	0230
☐	私は今日予定がいっぱいである。	I have a full schedule for today.	0231
☐	私たちは自分たちの記念日を友だちと祝った。	We celebrated our anniversary with friends.	0232
☐	君にお願いをしてもいいですか。	Could I ask a favor of you?	0233
☐	彼は長い旅に出た。	He has gone on a long journey.	0234
☐	その花はすっかり開花している。	The flower is in full blossom.	0235
☐	私たちはこの夏、自由の女神像にのぼった。	We climbed the Statue of Liberty this summer.	0236
☐	その図書館は来週美術展を開催する予定だ。	The library will hold an art exhibition next week.	0237
☐	飛行機の乗客たちは全員無事だった。	All the plane passengers were safe.	0238
☐	私たちは現場に駆けつけたが、遅すぎた。	We rushed to the scene but it was too late.	0239
☐	私たちはニューヨークへ幹線道路で行くことを決めた。	We decided to go on the highway to New York.	0240
☐	これは重要な医療器具だ。	This is an important medical instrument.	0241
☐	彼女はすばやくその封筒を開けた。	She quickly opened the envelope.	0242
☐	その時計は電池で動く。	The clock works on batteries.	0243
☐	私たちは新しい家のために一つの家具を買った。	We bought a piece of furniture for our new house.	0244
☐	彼女はシャワーのあと、いつも香水をつける。	She always puts on perfume after showering.	0245
☐	私たちは先月大きな冷蔵庫を買った。	We bought a large refrigerator last month.	0246
☐	彼は封筒に切手を貼った。	He put a stamp on the envelope.	0247
☐	夕食は金の皿に載せて出された。	Dinner was served on a gold plate.	0248
☐	私たちは試合を見たあとで軽い夕食を取った。	We had a light supper after watching the game.	0249
☐	日本食は健康食だ。	Japanese food is a healthy diet.	0250

have

動❶持っている
❷(仕事などが)ある
❸食べる、飲む

助❶もう…してしまった
❷…したことがある
❸ずっと…している

[hǽv ハヴ]

共通イメージ

自分の手に持っている状態

動❸食べる、飲む

have breakfast

動❶持っている

have a car

動❷(仕事などが)ある

have five classes

助❶もう…してしまった

助❷…したことがある

助❸ずっと…している

使えるコーパスフレーズ

have＋名詞

1 **have** a look (at...)　(…を)見る

2 **have** a good time　楽しい時を過ごす

3 **have** money　お金がある

4 **have** a problem　問題がある

5 **have** an idea　考えがある

ネイティブはこう言う!

Where **have** you been?	どこへ行っていたの？
If you **have** problems, let me know.	何か困ったことがあったら、教えてください。
You will **have** a great time.	きっと楽しく過ごせるよ。

▶▶▶ have で言ってみよう!

仕事・義務

- 宿題がたくさんある — have a lot of homework
  - 宿題 — **homework** [hóumwə̀:rk ホウムワーク]

- よい仕事がある — have a good job
  - 仕事 — **job** [dʒáb ヂャブ]

- 英語の授業がある — have an English class
  - 授業 — **class** [klǽs クラス]

- 日曜日には学校がない — have no school on Sundays
  - 学校 — **school** [skú:l スクール]

食べ物・飲み物

- 朝食を食べる — have breakfast
  - 朝食 — **breakfast** [brékfəst ブレクファスト]

- 正午に昼食を食べる — have lunch at noon
  - 昼食 — **lunch** [lʌ́ntʃ ランチ]

- 夕食にお寿司を食べる — have sushi for dinner
  - 夕食 — **dinner** [dínər ディナ]

- 濃いコーヒーを飲む — have strong coffee
  - コーヒー — **coffee** [kɔ́:fi コーフィ]

- お茶を一杯飲む — have a cup of tea
  - 茶 — **tea** [tí: ティー]

動作・状態

- 大きな問題がある — have a big problem
  - 問題 — **problem** [prábləm プラブレム]

- よい経験をする — have a good experience
  - 経験 — **experience** [ikspíəriəns イクスピアリエンス]

- ひどい風邪をひいている — have a bad cold
  - 風邪 — **cold** [kóuld コウルド]

よく使うイディオム❶

1	率直に言えば	frankly speaking
2	調子がよい	be in good shape
3	Aを受け継ぐ	succeed to A
4	Aを考慮する	allow for A
5	意味をなす	make sense
6	Aと対照的に	in contrast to A
7	平均して	on average
8	要約すると	in summary
9	予定に遅れて	behind schedule
10	AにBを備えつける	furnish A with B
11	ダイエットする	go on a diet
12	Aを(偶然)手に入れる	come by A
13	Aを廃止する	do away with A
14	Aを乗り越える、乗り切る	get over A

率直に言えば、君の妻のことが好きではない。	**Frankly speaking**, I don't like your wife.
彼女は今日調子がよい。	She **is in good shape** today.
彼は父親の家を受け継いだ。	He **succeeded to his father's house**.
私たちは彼の年齢を考慮しなければならない。	We must **allow for his age**.
彼の話は意味をなさない。	His story doesn't **make sense**.
彼は兄とは対照的に背が高い。	He is tall **in contrast to his brother**.
平均して、女性は男性より長生きだ。	**On average**, women live longer than men.
要約すると、彼はよい仕事をした。	**In summary**, he did a good job.
私たちの仕事は予定に遅れている。	Our work is **behind schedule**.
その部屋には机が備え付けられていた。	The room **was furnished with a desk**.
彼女はダイエットすることにした。	She decided to **go on a diet**.
彼女はその金をどうやって手に入れたのだろうか。	How did she **come by the money**?
私たちはその古い規則を廃止すべきだ。	We should **do away with the old rules**.
彼はついにその問題を乗り越えた。	He **got over the problem** at last.

0251	幽霊を見る	see a ghost
0252	なぞを解く	solve the mystery
0253	神の存在を信じる	believe in God
0254	平均の数値	the average figure
0255	重要人物	an important figure
0256	歴史に興味を示す	show an interest in history
0257	恐怖で泣く	cry in fear
0258	戦争の恐怖	the horror of war
0259	のろわれている	be under a curse
0260	彼女についてのうわさを広める	spread a rumor about her

interestの動詞用法

interestには「興味を持たせる」という動詞用法もある。

Her speech interested me. = I was interested in her speech.
「私は彼女の話に興味を持った。」

curse

原義の「呪い」という意味では、put a curse on A「Aに呪いをかける」という。現在では呪いをかけるという行為は一般的ではなく、もっぱら「いやなもの［こと］」や「悪口、汚い言葉（を言う）」という意味で用いる。

This work is a curse on me.「この仕事は私にとって本当にいやだ。」
You shouldn't curse so much.「そんなに汚い言葉を使うべきではない。」

□□□ **ghost** [góust ゴウスト] 発	名 幽霊
□□□ **mystery** [místəri ミスタリ]	名 なぞ、神秘
□□□ **god** [gɑ́d ガド]	名 神 (※ キリスト教などの唯一神を指すときはGod)
□□□ **figure** [fígjər フィギャ]	名 ❶ 数字　動 思う
□□□ **figure**	名 ❷ 人物、姿
□□□ **interest** [íntərəst インタレスト]	名 ❶ (…への)興味(in)　❷ 利子、利益 ⇒ ínteresting 形 おもしろい、興味深い ⇒ ínterested 形 (…に)興味[関心]のある(in)
□□□ **fear** [fíər フィア]	名 ❶ (…への)恐怖、恐れ(of、for) ❷ 不安 動 恐れる
□□□ **horror** [hɔ́ːrər ホーラ]	名 ❶ 恐怖　❷ 嫌悪、大きらい ★ in horror 恐怖で ⇒ hórrible 形 恐ろしい、ぞっとする
□□□ **curse** [kə́ːrs カース]	名 ❶ のろい　❷ 悪態、悪口 動 のろう、ののしる
□□□ **rumor** [rúːmər ルーマ]	名 うわさ 動 (be rumoredで)うわさされている

(1) 恐怖映画
a (horror) movie

(2) うわさを耳にする
hear a (rumor)

(3) 紙に書かれた数字の6
the (figure) 6 on paper

(4) 高所恐怖症
(fear) of heights

(5) 火の神
the (god) of fire

(6) 幽霊船
a (ghost) ship

(7) のろいを解く
break the (curse)

(8) 私の車に興味を示す
show (interest) in my car

(9) 町の重要人物
a key (figure) in the town

(10) 自然の神秘
the (mystery) of nature

Round 1 6 月 20 日	Round 2 月 日	Round 3 月 日

LEVEL 1 LEVEL 2

0261	野球のトーナメントで優勝する	win the baseball **tournament**
0262	畑に種をまく	plant **seeds** in the field
0263	日本ではありふれた昆虫	a common **insect** in Japan
0264	私の鼻の先	the **tip** of my nose
0265	靴ひも	shoe **strings**
0266	その商品の見本	a **sample** of the product
0267	運転免許証	a driver's **license**
0268	新聞のコラムを書く	write a newspaper **column**
0269	君の頼みに応える	meet your **request**
0270	交通規制をする	have **control** over traffic

requestの語法

「Aに…するよう頼む」は、request A to *do* の構文のほか、<request+that節>も使う。that節の中では、<should＋動詞の原形>か、単に動詞の原形を用いる。

He requested that I (should) help him.
「彼は私に、助けるよう頼んできた。」
He requested that I not go out after 10 p.m.
「彼は私に、午後10時以降外出しないよう頼んだ。」

□□□ **tournament** [túərnəmənt トゥアナメント]	名 トーナメント、(勝ち抜き)試合
□□□ **seed** [sí:d スィード]	名 種
□□□ **insect** [ínsekt インセクト]	名 昆虫
□□□ **tip** [típ ティプ]	名 ❶先、先端 ❷ヒント、チップ
□□□ **string** [stríŋ ストリング]	名 ひも、糸
□□□ **sample** [sǽmpl サンプル]	名 見本、サンプル
□□□ **license** [láisəns ライセンス]	名 免許(証)
□□□ **column** [kάləm カラム] 発	名 ❶(英字新聞などの)コラム ❷円柱
□□□ **request** [rikwést リクウェスト]	名 頼み、要望 動 頼む
□□□ **control** [kəntróul コントロウル]	名 ❶規制、支配(力) ❷制御 動 支配する

(1) トーナメントに向けて準備する
prepare for the (tournament)

(2) 彼の頼みで
at his (request)

(3) 紙のひも
a paper (string)

(4) 教員免許を手にする
get a teaching (license)

(5) 種から木を育てる
grow trees from (seeds)

(6) スポーツについてのコラム
a sports (column)

(7) インターネット規制
(control) of the Internet

(8) 血液サンプル
a blood (sample)

(9) 昆虫を捕まえる
catch an (insect)

(10) ナイフの先
the (tip) of a knife

0271	全体の数	the **total** number
0272	巨大な市場	an **enormous** market
0273	完全な成功を収める	have **complete** success
0274	12に等しい	be **equal to** 12
0275	英語の追加授業を受ける	take **extra** English classes
0276	さらなる情報については	for **further** information
0277	私の２倍の年齢	**double** my age
0278	大きな問題	a **major** problem
0279	私より10歳年上で	10 years **senior to** me
0280	私より年下である	be **junior to** me

extraのその他の意味

extraは副詞で「特別に、余分に」という意味がある。

She looks extra beautiful today.「今日の彼女は特別きれいだ。」

さらに名詞用法で、「余分（なもの）、追加料金」という意味がある。

You will need to pay extra to use this machine.

「この機械を使うには、追加料金を払わないといけない。」

□□□ **total** [tóutl トウタル]	形 ❶全体の、合計の ❷完全な 名 合計、総計
□□□ **enormous** [inɔ́ːrməs イノーマス]	形 巨大な、ばく大な
□□□ **complete** [kəmplíːt コンプリート]	形 完全な 動 ❶完了する、仕上げる ❷完成させる
□□□ **equal** [íːkwəl イークワル]	形 ❶(…に)等しい(to)、平等な ❷匹敵する 名 同等の人[もの]
□□□ **extra** [ékstrə エクストラ]	形 追加の、余分な
□□□ **further** [fə́ːrðər ファーザ]	形 ❶さらなる(※ farの比較級の一つ) ❷さらに遠い 副 ❶さらに ❷さらに遠く
□□□ **double** [dʌ́bl ダブル]	形 ❶2倍の ❷二重の 動 2倍にする 名 倍
□□□ **major** [méidʒər メイヂャ]	形 (他と比べて)大きな、より重要な(⇔ mínor) 動 (…を)専攻する(in) ⇒ majórity 名 過半数、多数
□□□ **senior** [síːnjər スィーニャ]	形 (…より)年上の、先輩の(to)(⇔ júnior) 名 年長者、上司
□□□ **junior** [dʒúːnjər チューニャ]	形 (…より)年下の、後輩の(to)(⇔ sénior) 名 年少者、後輩

(1) 完全な道具のセット
a (complete) set of tools

(2) 働くことの大きな目的
the (major) reason for working

(3) 2倍の速さで
at (double) speed

(4) 年上のメンバー
(senior) members

(5) 3歳年下の
three years (junior)

(6) 合計金額
the (total) price

(7) さらなる行動を起こす
take (further) action

(8) 平等な権利を持つ
have (equal) rights

(9) 追加のベッド
an (extra) bed

(10) 巨大な建物
an (enormous) building

No.	日本語	English
0281	インターネット広告	Internet advertisements
0282	車をクレジットで買う	buy a car on credit
0283	法律に反して	against the law
0284	楽しむ機会	an opportunity to have fun
0285	ウェブ上の情報	information on the web
0286	都市部の生活様式	the city lifestyle
0287	彼女を完全に信頼している	have complete trust in her
0288	彼と連絡を取っている	be in contact with him
0289	おもしろい冗談を言う	tell a funny joke
0290	人気のある曲を歌う	sing a popular tune

ウェブの由来

ウェブの生みの親は、イギリスのティム・バーナーズ＝リー博士。スイスのCERNという研究所に勤めていたリー博士は、1991年、コンピュータ間で文書をスムーズに閲覧できる仕組みを公開した。命名にあたっては、mesh「網の目」という単語も候補になったが、meshはmess「大混乱」を連想させることから、情報がつながる要素をクモの巣にたとえてwebが採用された。
1991年8月6日にティム自身が公開したウェブページが、ウェブの誕生日とされている。わずか数十年の中で、ウェブは私たちの生活に無くてはならない存在となった。

□□□	**advertisement** [æ̀dvərtáizmənt アドヴァタイズメント]	名 広告(※ 可算名詞) ⇒ ádvertise 動 広告する
□□□	**credit** [krédət クレディト]	名 ❶ つけ、クレジット ❷ 名誉、信用 動 信用する ★ on credit クレジットで
□□□	**law** [lɔ́: ロー]	名 法律、法則 ⇒ láwyer 名 弁護士
□□□	**opportunity** [ɑ̀pərtjú:nəti アパテューニティ]	名 (…する)機会、チャンス(to *do*)
□□□	**web** [wéb ウェブ]	名 ❶ ウェブ、インターネット ❷ クモの巣
□□□	**lifestyle** [láifstàil ライフスタイル]	名 生活様式、生き方
□□□	**trust** [trʌ́st トラスト]	名 (…への)信頼、信用(in) 動 信頼する、信用する
□□□	**contact** [kɑ́ntækt カンタクト]	名 連絡、接触 動 連絡する、接触する ★ in contact with A Aと連絡を取っている
□□□	**joke** [dʒóuk ヂョウク]	名 冗談 動 冗談を言う
□□□	**tune** [tjú:n テューン]	名 曲、旋律 動 調和させる、(テレビ・ラジオの周波数を)合わせる

(1) 新しい法律を通過させる
pass a new (law)

(2) クレジットカードで支払う
pay by (credit) card

(3) 曲に合わせて踊る
dance to a (tune)

(4) 素晴らしい機会を逃す
miss a wonderful (opportunity)

(5) 彼女と連絡が途絶える
lose (contact) with her

(6) 悪い冗談
a bad (joke)

(7) ウェブ上のページ
a (web) page

(8) 広告を出す
place an (advertisement)

(9) 健康的な生活様式
a healthy (lifestyle)

(10) 彼の信頼を得る
win his (trust)

0291	遠く離れた村	a **remote** village
0292	日本の主要な都市	a **principal** city in Japan
0293	元の意味	the **original** meaning
0294	軍事訓練	**military** training
0295	王室	the **royal** family
0296	公共のバス	a **public** bus
0297	個人的な意見	a **private** opinion
0298	サッカーのルールをよく知っている	be **familiar with** the rules of soccer
0299	直接的な答えをする	give a **direct** answer
0300	私の母国	my **native** country

public school

イギリスの名門私立学校はpublic schoolと呼ばれている。これは、産業革命の時代に、貴族でなくても質の高い教育を受けられるように、身分や家柄に関係なく、広く一般に学べる学校が作られたことに由来する。現在ではケンブリッジやオックスフォードなどの名門大学への進学を前提とするエリート校で、公的に認められた学校が「パブリック・スクール」と呼ばれている。かつては全寮制男子校だったが、近年は共学制がふつうになっている。

アメリカでは、public schoolは「公立学校」を意味する。一般の私立高校は、アメリカではprivate schoolだが、イギリスではindependent schoolと呼ばれるのがふつう。

remote [rimóut リモウト]	形 ❶ 遠く離れた、辺ぴな ❷ よそよそしい
principal [prínsəpəl プリンスィパル]	形 主要な、おもな 名 校長
original [ərídʒənəl オリヂナル]	形 ❶ 元の、最初の ❷ 独創的な 名 原物、原作 ⇒ órigin 名 起源
military [míləteri ミリテリ]	形 軍の、陸軍の 名 軍隊
royal [rɔ́iəl ロイアル]	形 王の、国王の
public [pʌ́blik パブリク]	形 公共の、公の(⇒ prívate) 名 大衆
private [práivət プライヴェト]	形 ❶ 個人の、個人的な ❷ 民間の、私有の(⇔ públic) ⇒ prívacy 名 秘密、プライバシー
familiar [fəmíljər ファミリャ]	形 ❶ (…を)よく知っている(with)、 (…に)よく知られている(to) ❷ 親しい
direct [dərékt ディレクト]	形 ❶ 直接的な ❷ 直行の、まっすぐな 動 ❶ (…に)向ける(to) ❷ 導く、指図する ⇒ diréctor 名 監督
native [néitiv ネイティヴ]	形 ❶ 母国の、出生地の ❷ その土地に生まれた 名 その土地で生まれた人

チェック!

(1) 公共スペース
(public) space

(2) 私の母国語
my (native) language

(3) みんなによく知られている
be (familiar) to everyone

(4) その問題の主要な原因
the (principal) cause of the problem

(5) 遠隔制御
(remote) control

(6) 元の計画
the (original) plan

(7) 王宮
a (royal) palace

(8) 軍の制服
a (military) uniform

(9) 個人的なことがら
(private) affairs

(10) 直接の原因
a (direct) cause

例文でCHECK!!

☐	幽霊を見たことがありますか。	Have you ever seen a ghost?	0251
☐	警察はその犯罪のなぞを解いた。	The police solved the mystery of the crime.	0252
☐	この島の人々は神の存在を信じている。	People on this island believe in God.	0253
☐	彼は平均の数値を知りたいと思っている。	He wants to know the average figure.	0254
☐	彼はこの市の重要人物だ。	He is an important figure of this city.	0255
☐	その少年は歴史に強い興味を示した。	The boy showed a strong interest in history.	0256
☐	彼女はその映画を見て恐怖で泣いた。	She cried in fear when she saw the movie.	0257
☐	私たちは戦争の恐怖を忘れるべきではない。	We shouldn't forget the horror of war.	0258
☐	彼はいつも自分はのろわれていると考えていた。	He always thought he was under a curse.	0259
☐	彼は彼女についてのうわさを広めている。	He is spreading a rumor about her.	0260
☐	私たちは東京での野球のトーナメントで優勝した。	We won the baseball tournament in Tokyo.	0261
☐	私たちは毎春畑に種をまく。	We plant seeds in the field every spring.	0262
☐	これは日本ではありふれた昆虫だ。	This is a common insect in Japan.	0263
☐	私の鼻の先は赤い。	The tip of my nose is red.	0264
☐	君の靴ひもはほどけている。	Your shoe strings are loose.	0265
☐	私たちにその商品の見本を送ってください。	Please send us a sample of the product.	0266
☐	君の運転免許証を見せてください。	Please show your driver's license.	0267
☐	私のおじは毎日新聞のコラムを書いている。	My uncle writes a newspaper column every day.	0268
☐	私たちは今回君の頼みに応えることはできない。	We cannot meet your request this time.	0269
☐	私たちは交通規制をもっとするべきだ。	We should have more control over traffic.	0270
☐	私たちの学校の生徒全体の数は800人だ。	The total number of students in our school is 800.	0271
☐	中国は私たちにとって巨大な市場となるだろう。	China will be an enormous market for us.	0272
☐	私たちは完全な成功を収めたいと思っている。	We want to have complete success.	0273
☐	3×4は12に等しい。	Three times four is equal to 12.	0274
☐	私たちは日曜日に英語の追加授業を受けた。	We took extra English classes on Sunday.	0275

☐	さらなる情報については私たちのウェブサイトをご訪問ください。	Please visit our website **for further information**.	0276
☐	私のおばは私の2倍の年齢だ。	My aunt is **double my age**.	0277
☐	大気汚染は今日大きな問題だ。	Air pollution is **a major problem** today.	0278
☐	私のいとこは私より10歳年上だ。	My cousin is **10 years senior to me**.	0279
☐	彼女は私より年下だ。	She **is junior to me**.	0280
☐	インターネット広告は1990年代に始まった。	**Internet advertisements** began in 1990's.	0281
☐	私のおばは新車をクレジットで買った。	My aunt **bought a** new **car on credit**.	0282
☐	ここでタバコを吸うのは法律に反している。	It is **against the law** to smoke here.	0283
☐	夏休みは子どもたちにとって楽しむ機会だ。	Summer vacation is **an opportunity** for children **to have fun**.	0284
☐	君はウェブ上の情報に頼りすぎてはいけない。	You should not depend on **information on the web** too much.	0285
☐	若者たちは都市部の生活様式を好む。	Young people like **the city lifestyle**.	0286
☐	私たちは彼女を完全に信頼している。	We **have complete trust in her**.	0287
☐	私は長年彼と連絡を取っている。	I have **been in contact with him** for many years.	0288
☐	ボブはいつも私たちにおもしろい冗談を言う。	Bob always **tells** us **a funny joke**.	0289
☐	その少女は人気のある曲を歌った。	The girl **sang a popular tune**.	0290
☐	私の祖父は遠く離れた村に住んでいる。	My grandfather lives in **a remote village**.	0291
☐	大阪は日本の主要な都市だ。	Osaka is **a principal city in Japan**.	0292
☐	だれもその言葉の元の意味を覚えていない。	No one remembers **the original meaning** of the word.	0293
☐	この国のすべての若い男性は軍事訓練をしている。	All young men in this country do **military training**.	0294
☐	王室はすべての人に愛されている。	**The royal family** is loved by everyone.	0295
☐	公共のバスが一時間ごとに駅を出発する。	**A public bus** leaves the station every hour.	0296
☐	彼は決して自分の個人的な意見について話をしない。	He never talks about **his private opinion**.	0297
☐	私はサッカーのルールをよく知っている。	I **am familiar with the rules of soccer**.	0298
☐	彼は私の質問に対して直接的な答えをしなかった。	He didn't **give a direct answer** to my question.	0299
☐	私の母国は中国だ。	**My native country** is China.	0300

フォーカスワード　基本動詞 10

know

❶知っている
❷知り合いである
❸識別できる

[nóu ノウ]

共通イメージ

頭の中で知識として存在している状態

❶知っている
know the answer

❷知り合いである

❸識別できる
know right from wrong

▶▶▶ know で言ってみよう!

知識・情報

□□□ 空港への行き方を知っている　know the way to the airport
道、方法　**way** [wéi ウェイ]

□□□ 彼女の住所を知っている　know her address
住所　**address** [ədrés アドレス]

□□□ あの婦人の名前を知っている　know the name of that lady
名前　**name** [néim ネイム]

数量

□□□ 車についていくらか知っている　know something about cars
何か、いくらか　**something** [sʌ́mθiŋ サムスィング]

□□□ スポーツについてすべて知っている　know all about sports
すべて　**all** [ɔ́:l オール]

□□□ 中国について少し知っている　know a little about China
少し　**little** [lítl リトル]

疑問詞+ to 不定詞

□□□ 何をするのかわからない　don't know what to do
何をするのか　**what to do**

look

❶見る
❷…に見える

[lúk ルク]

共通イメージ

自分から見ようと思って注意して見る

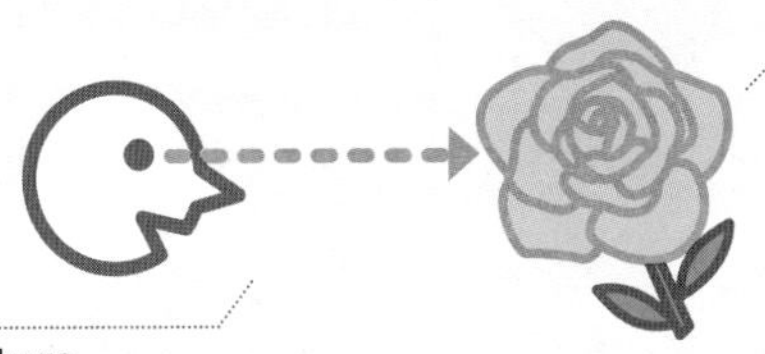

▶▶▶ look で言ってみよう!

知識・情報

□ 古い絵を見る
□
□ 絵、写真

look at the old picture
picture [píktʃər ピクチャ]

□ 彼女の顔を見る
□
□ 顔

look at her face
face [féis フェイス]

□ 2ページを見る
□
□ ページ

look at page 2
page [péidʒ ペイヂ]

□ 山の上の太陽を見る
□
□ 太陽

look at the sun over the mountain
sun [sʌ́n サン]

評価

□ すばらしく見える
□
□ すばらしい

look great
great [gréit グレイト]

□ 悪く見える
□
□ 悪い

look bad
bad [bǽd バド]

□ 幸せそうに見える
□
□ 幸せな

look happy
happy [hǽpi ハピ]

0301	私たちのチームのキャプテン	the **captain** of our team
0302	少年少女のためのテレビ番組	a TV program for **teenagers**
0303	掃除ロボット	a cleaning **robot**
0304	私たちの共通の祖先	our common **ancestor**
0305	旅行代理業者	a travel **agent**
0306	協会を結成する	form an **association**
0307	彼の学歴	his educational **background**
0308	家族のつながり	family **ties**
0309	失礼な態度を取る	have a rude **attitude**
0310	英語を話す能力	**ability to** speak English

「先祖」の反意語

ancestorの反意語「子孫」は、offspring [ɔ́ːfspriŋ オーフスプリング]やdescendant [diséndənt ディセンダント]という。ancestorは祖父母よりも上の代、descendantは孫よりも下の代に用いるのがふつう。offspringは「動物の子孫」という意味でも使う。

abilityの語法

「…する能力」は、ability of *doing*とはふつう言わず、ability to *do*とする。

the ability to drive a car [× the ability of driving a car]
「車を運転する能力」

□□□	**captain** [kǽptən キャプテン]	名 ❶ キャプテン、リーダー ❷ 船長、機長
□□□	**teenager** [tíːnèidʒər ティーネイヂャ]	名 (13歳から19歳までの)少年少女、ティーンエイジャー
□□□	**robot** [róubɑt ロウバト]	名 ロボット
□□□	**ancestor** [ǽnsestər アンセスタ]ア	名 祖先(⇒ óffspring 子孫)
□□□	**agent** [éidʒənt エイヂェント]	名 代理業者、代理人 ⇒ ágency 名 ❶ 代理店　❷ (政府)機関
□□□	**association** [əsòuʃiéiʃən アソウシエイション]	名 ❶ 協会、連合　❷ 連想 ⇒ assóciate 動 (associate A with B) ❶AをBと結びつける　❷AでBを連想する
□□□	**background** [bǽkgràund バクグラウンド]	名 ❶ 経歴　❷ 背景
□□□	**tie** [tái タイ]	名 ❶ (ふつう複数形で)つながり、関係 ❷ ネクタイ 動 (…と)結ぶ(to)
□□□	**attitude** [ǽtətjùːd アティテュード]	名 (…に対する)態度(to、toward)
□□□	**ability** [əbíləti アビリティ]	名 (…する)能力(to *do*) ⇒ áble 形 (be able to *do*) …できる

(1) おもちゃのロボット
a toy (robot)

(2) 政府とのつながり
the (tie) with the government

(3) 王家の祖先
an (ancestor) of the royal family

(4) 野球部のキャプテン
the (captain) of the baseball club

(5) 医師の協会
an (association) of doctors

(6) 野球選手の代理人
an (agent) for a baseball player

(7) 冷たい態度
cold (attitude)

(8) 10代の少年少女たちの将来
the future of (teenagers)

(9) 優れた能力のある人
a man of great (ability)

(10) さまざまな経歴を持つ
come from different (backgrounds)

0311	高級レストラン	a **fancy** restaurant
0312	とにかく君を信じる	believe you **anyway**
0313	外出するよりむしろ家にいる	stay home **rather than** go out
0314	中心街に住む	live **downtown**
0315	上の階へ行く	go **upstairs**
0316	ちょうど時間通りに到着する	arrive **exactly** on time
0317	本当にそう信じている	**indeed** believe so
0318	海外に住む	live **overseas**
0319	夜ほとんど眠れない	can **hardly** sleep at night
0320	おそらく正しい	be **probably** true

indeedの語法

indeed A, but Bで「たしかにAだが、B」という譲歩の構文になる。

Indeed he is young, but he is wise.

「彼はたしかに若いが、賢い。」

indeedの入る位置は比較的自由で、He is indeed young. あるいはHe is young indeed. とも言う。

□□□ **fancy** [fǽnsi ファンスィ]	形 ❶ 高級な ❷ 派手な ❸ 気まぐれの 名 ❶ 好み ❷ 空想、夢
□□□ **anyway** [éniwèi エニウェイ]	副 ❶ とにかく ❷ ところで
□□□ **rather** [rǽðər ラザ]	副 ❶ (…より)むしろ(than) ❷ かなり、とても
□□□ **downtown** [dáuntáun ダウンタウン]	副 中心街に[で、へ]、繁華街に 形 中心街の、繁華街の 名 中心街、街の中心地区
□□□ **upstairs** [ʌ́pstéərz アプステアズ]	副 上の階へ[に]、二階へ(⇔ dównstáirs)
□□□ **exactly** [igzǽktli イグザクトリ]	副 ❶ ちょうど、正確に(＝júst) ❷ (答えに使って)そのとおり ⇒ exáct 形 正確な
□□□ **indeed** [indíːd インディード]	副 本当に、実に
□□□ **overseas** [òuvərsíːz オウヴァスィーズ]	副 海外に[へ、で] 形 海外の
□□□ **hardly** [hάːrdli ハードリ]	副 ほとんど…ない
□□□ **probably** [prάbəbli プラバブリ]	副 おそらく ⇒ próbable 形 ありそうな

(1) ちょうど私のほしいもの
(exactly) what I want

(2) 上の階に住む
live (upstairs)

(3) 繁華街へ行く
go (downtown)

(4) 本当に似ている
be (indeed) similar

(5) おそらく遅刻するだろう
will (probably) be late

(6) 海外で働く
work (overseas)

(7) ほとんど金を持っていない
have (hardly) any money

(8) (申し出を断って)とにかくありがとう
thanks (anyway)

(9) 俳優というよりむしろ歌手
a singer (rather) than an actor

(10) 高級な果物
(fancy) fruits

0321	食べ過ぎで具合が悪い	feel ill from eating too much
0322	死体	a dead body
0323	他人に寛容である	be patient with others
0324	将来のことを心配している	be anxious about the future
0325	すばらしい俳優	a brilliant actor
0326	知的な動物	an intelligent animal
0327	恐ろしい地震	an awful earthquake
0328	成人人口	adult population
0329	礼儀正しい返事	a polite answer
0330	食用に適している	be fit for eating

illとsick

illはイギリス、sickはアメリカで使うことが多いが、基本的な意味はほぼ同じ。
ただし、修飾する名詞の直前に置くときは、一般にsickを使う。

「病気の男の子」a sick boy（まれ an ill boy)

an ill boyはふつう「悪い男の子」という別の意味になる。
ただし、very illのように副詞がつくと、「病気の」の意味でも限定用法で用いる。

a very ill person「重病人」

また、「吐き気がする」という意味では、sickのみを用いる。

I feel sick now.「いま吐き気がする。」

また、be sick of A「Aにうんざりしている」やill at ease「落ち着かない」といったイディオムでは、sickとillを置き換えて使うことはできない。

□□□ **ill** [íl イル]	形 ❶ 具合の悪い、病気で ❷ 悪い、有害な ⇒ íllness 名 病気
□□□ **dead** [déd デド]	形 ❶ 死んだ ❷ 死んだような、生気のない ⇒ déath 名 死
□□□ **patient** [péiʃənt ペイシェント]	形 (…に)寛容な、がまん強い(with) 名 患者
□□□ **anxious** [ǽŋkʃəs アン(ク)シャス]発	形 ❶ (…を)心配して(about、for) ❷ (…を)切望して(for)、(…することを)切望して(to *do*) ⇒ anxíety [æŋzáiəti アングザイエティ] 名 心配、不安
□□□ **brilliant** [bríljənt ブリリャント]	形 すばらしい、きらきら輝く
□□□ **intelligent** [intélədʒənt インテリヂェント]ア	形 ❶ 知的な ❷ 賢い ⇒ intélligence 名 知性
□□□ **awful** [ɔ́:fəl オーフル]	形 恐ろしい、ひどい
□□□ **adult** [ədʌ́lt アダルト]	形 成人の、おとなの 名 成人、おとな
□□□ **polite** [pəláit ポライト]	形 礼儀正しい(⇔ impolíte)
□□□ **fit** [fít フィト]	形 ❶ (…に)適した、合った (for) ❷ 健康な 動 合う、適合させる

(1) 死んで久しい
be long (dead)

(2) ひどい天気
(awful) weather

(3) 年上の人に礼儀正しくする
be (polite) to older people

(4) 知的なロボット
an (intelligent) robot

(5) すばらしい演技
(brilliant) performance

(6) おとな料金
an (adult) fare

(7) 具合が悪そうに見える
look (ill)

(8) 飲用に適している
be (fit) for drinking

(9) 子どもに寛容である
be (patient) with children

(10) 彼の健康を心配する
be (anxious) about his health

0331	将来のことで彼に忠告する	advise him on his future
0332	食べ物について不平を言う	complain about food
0333	彼が遅刻したことを非難する	criticize him for being late
0334	上に述べたように	as mentioned above
0335	彼の名前を発音する	pronounce his name
0336	私の手紙に返事をする	reply to my letter
0337	その秘密を明らかにする	reveal the secret
0338	私に向かって叫ぶ	scream at me
0339	私の考えをはっきり表現する	express my idea clearly
0340	写真を印刷する	print a photo

mentionの語法

mentionは他動詞であることに注意。

「彼はその事故について言及した。」

○ He mentioned the accident.

× He mentioned about the accident.

なお、mentionを使ったイディオムには、以下のものがある。

not to mention A「Aは言うまでもなく」

We cannot buy a car, not to mention a house.

「私たちは、家は言うまでもなく、車を買えない。」

Don't mention it.「どういたしまして。」

advise [ədváiz アドヴァイズ] 発	動 (…について)忠告する、助言する(on) ⇒ advíce [ədváis アドヴァイス] 名 忠告、助言
complain [kəmpléin コンプレイン]	動 不平[不満]を言う　★ complain (to A) about [of] B (Aに)Bのことで不平を言う ⇒ compláint 名 不平、不満
criticize [krítəsàiz クリティサイズ] ア	動 非難する、批判する　★ criticize A for B　AがBしたこと[AのB]を非難する ⇒ críticism 名 非難
mention [ménʃən メンション]	動 述べる、言及する
pronounce [prənáuns プロナウンス]	動 ❶ 発音する ❷ 宣言する、断言する ⇒ pronunciátion 名 発音
reply [riplái リプライ]	動 (…に)返事をする、答える(to) 名 答え、返事
reveal [riví:l リヴィール]	動 明らかにする、漏らす
scream [skrí:m スクリーム]	動 (…に向かって)叫ぶ(at)、悲鳴をあげる 名 悲鳴
express [iksprés イクスプレス]	動 表現する 形 急行の 名 急行列車[バス]
print [prínt プリント]	動 印刷する 名 印刷(物)

(1) eメールで返事をする
(reply) by email

(2) 中国を訪れたことに言及する
(mention) having visited China

(3) 彼の間違いについて不平を言う
(complain) about his mistake

(4) 患者に食事についての助言をする
(advise) patients on diet

(5) 正しく発音する
(pronounce) correctly

(6) 新聞を印刷する
(print) a newspaper

(7) 政府を批判する
(criticize) the government

(8) 助けを求めて叫ぶ
(scream) for help

(9) 隠された真実を明らかにする
(reveal) the hidden truth

(10) 私自身の考えを英語で表現する
(express) myself in English

Round 1　　月　　日 | Round 2　　月　　日 | Round 3　　月　　日

LEVEL 1
LEVEL 2

0341	アフリカ大陸を探検する	**explore** the African Continent
0342	皿を積み重ねる	**pile** up the dishes
0343	彼女に紅茶をいくらか注ぐ	**pour** her some tea
0344	難しい状況を処理する	**handle** a difficult situation
0345	コンピューターを動かす	**operate** a computer
0346	私の脚を手術する	**operate on** my leg
0347	ドアをノックする	**knock** at the door
0348	彼の耳を引っぱる	**pull** him by the ear
0349	壊れた時計を修理する	**repair** the broken watch
0350	店からかばんを盗む	**steal** a bag from the store

黙字のk

knockのように、kn-で始まる単語は、kを発音しない（黙字のk)。これは、古くは発音されていたが、時間が経つとともに発音されなくなったもの。

黙字のkの例

knife [náif ナイフ] 「ナイフ」
knight [náit ナイト] 「騎士」
knee [ní: ニー] 「ひざ」
know [nóu ノウ] 「知っている」

□□□ **explore** [iksplɔ́ːr イクスプロー]	動 探検する ⇒ explorátion 名 探検
□□□ **pile** [páil パイル]	動 積み重ねる、積み重なる(up) 名 積み重ね ★ a pile of A たくさんのA
□□□ **pour** [pɔ́ːr ポー] 発	動 注ぐ、(雨が土砂降りに)降る ★ pour A B A(人)にBをつぐ
□□□ **handle** [hǽndl ハンドル]	動 処理する、扱う 名 取っ手
□□□ **operate** [ɑ́pərèit アパレイト]	動 ❶ 動かす、作動する
□□□ **operate**	動 ❷ (…を)手術する(on) ⇒ operátion 名 ❶ 作動 ❷ 手術
□□□ **knock** [nɑ́k ナク] 発	動 ノックする、(強く)たたく 名 ノック(の音)
□□□ **pull** [púl プル]	動 引っぱる、引く(⇔ púsh)
□□□ **repair** [ripéər リペア]	動 修理する 名 修理
□□□ **steal** [stíːl スティール]	動 (…から)(こっそり)盗む(from) ★ have A stolen Aを盗まれる 名 盗み

(1) 机の上に本を積み重ねる
(pile) books on the desk

(2) その患者を手術する
(operate) on the patient

(3) 一杯のコーヒーを注ぐ
(pour) a cup of coffee

(4) 彼女の髪を引っぱる
(pull) her hair

(5) 自転車を盗む
(steal) a bicycle

(6) 注意して扱う
(handle) with care

(7) 機械を動かす
(operate) a machine

(8) テレビを修理する
(repair) a television

(9) 彼の頭をたたく
(knock) him on the head

(10) 砂漠を探検する
(explore) the desert

例文でCHECK!!

/50

□	ジョンは私たちのチームのキャプテンになった。	John became **the captain of our team**.	0301
□	これは少年少女のための人気のテレビ番組だ。	This is **a** popular **TV program for teenagers**.	0302
□	私たちは店で掃除ロボットを買った。	We bought **a cleaning robot** at the shop.	0303
□	彼らは私たちの共通の祖先が猿だったと信じている。	They believe that **our common ancestor** was a monkey.	0304
□	私たちは電車の切符を旅行代理業者を通じて買った。	We bought train tickets through **a travel agent**.	0305
□	８つの会社が協会を結成した。	The eight companies **formed an association**.	0306
□	彼の学歴はすばらしい。	**His educational background** is wonderful.	0307
□	家族のつながりは私にとって最も重要だ。	**Family ties** are the most important for me.	0308
□	彼はしばしばその先生に失礼な態度を取る。	He often **has a rude attitude** toward the teacher.	0309
□	この練習は君の英語を話す能力を改善する。	This exercise improves your **ability to speak English**.	0310
□	私の妻は高級レストランで食事をするのが好きだ。	My wife likes to eat at **a fancy restaurant**.	0311
□	私たちはとにかく君を信じることにした。	We decided to **believe you anyway**.	0312
□	私は今晩外出するよりむしろ家にいるつもりだ。	I will **stay home rather than go out** tonight.	0313
□	若い人たちは中心街に住みたがる。	Young people want to **live downtown**.	0314
□	私は夕食後上の階へ行った。	I **went upstairs** after dinner.	0315
□	電車はちょうど時間通りに到着した。	The train **arrived exactly on time**.	0316
□	君は本当にそう信じているのか。	Do you **indeed believe so**?	0317
□	私たちは４年間ずっと海外に住んでいる。	We have **lived overseas** for four years.	0318
□	私は頭痛のため夜ほとんど眠れない。	I **can hardly sleep at night** because of headaches.	0319
□	これらの数字はおそらく正しい。	These numbers **are probably true**.	0320
□	彼は食べ過ぎで具合が悪くなった。	He **felt ill from eating too much**.	0321
□	私は死体を一度も見たことがない。	I have never seen **a dead body**.	0322
□	彼は他人に寛容であろうとしている。	He tries to **be patient with others**.	0323
□	私は将来のことを心配している。	I **am anxious about the future**.	0324
□	その少年は成長してすばらしい俳優になった。	The boy grew up to be **a brilliant actor**.	0325

□	猿は知的な動物だ。	A monkey is an intelligent animal.	0326
□	私たちは昨年恐ろしい地震を体験した。	We had an awful earthquake last year.	0327
□	この国の成人人口は急速に成長している。	The adult population in this country is growing fast.	0328
□	彼は私に礼儀正しい返事をした。	He gave me a polite answer.	0329
□	その魚は食用に適していない。	The fish is not fit for eating.	0330
□	私たちは将来のことで彼に忠告した。	We advised him on his future.	0331
□	その少年は食べ物について不平を言いすぎる。	The boy complains about food too much.	0332
□	彼女は彼が今朝遅刻したことを非難した。	She criticized him for being late this morning.	0333
□	上に述べたように、この絵は彼の作品ではなかった。	As mentioned above, this painting was not his work.	0334
□	日本人が彼の名前を発音するのは難しい。	It is difficult for Japanese people to pronounce his name.	0335
□	私の手紙に返事をしてくれてありがとう。	Thank you for replying to my letter.	0336
□	彼は間違ってその秘密を明らかにした。	He revealed the secret by mistake.	0337
□	その数学教師は私に向かって叫んだ。	The math teacher screamed at me.	0338
□	私はその本で自分の考えをはっきり表現した。	I expressed my idea clearly in the book.	0339
□	私たちはカメラ店で写真を印刷した。	We printed a photo at the camera shop.	0340
□	私たちは一カ月間アフリカ大陸を探検した。	We explored the African Continent for a month.	0341
□	私の妹はテーブルの上に皿を積み重ねた。	My sister piled up the dishes on the table.	0342
□	彼は彼女に紅茶をいくらか注いだ。	He poured her some tea.	0343
□	私たちの指導者は難しい状況を処理するのが得意である。	Our leader is good at handling a difficult situation.	0344
□	私の祖父はコンピューターの動かし方を知らない。	My grandfather doesn't know how to operate a computer.	0345
□	その医者は私の左脚を手術した。	The doctor operated on my left leg.	0346
□	だれかがたった今ドアをノックした。	Someone knocked at the door just now.	0347
□	彼女は彼の耳を引っぱった。	She pulled him by the ear.	0348
□	私は彼に壊れた時計を修理するよう頼んだ。	I asked him to repair the broken watch.	0349
□	私は少年が店からかばんを盗むのを見た。	I saw a boy steal a bag from the store.	0350

フォーカスワード 基本動詞 12

make

❶作る
❷整える、用意する
❸…する
❹…に(むりやり)…させる
❺…を…にする

[méik メイク]

共通イメージ

ものに手を加えて作り変える

❶作る
make a box

❷整える、用意する

❸…する
make a mistake

❹…に(むりやり)…させる

❺…を…にする

▶▶▶ make で言ってみよう!

身近なもの

□ ドレスを作る	make a dress
□ □ ドレス	dress [drés ドレス]
□ 1杯のコーヒーをいれる	make a cup of coffee
□ □ コーヒー	coffee [kɔ́:fi コーフィ]
□ 誕生日ケーキを作る	make a birthday cake
□ □ ケーキ	cake [kéik ケイク]
□ 箱を作る	make a box
□ □ 箱	box [bɑ́ks バクス]

動作

□ 火をおこす	make a fire
□ □ 火	fire [fáiər ファイア]
□ 計画を立てる	make a plan
□ □ 計画	plan [plǽn プラン]
□ 訪問する	make a visit
□ □ 訪問	visit [vízət ヴィズィト]

フォーカスワード 基本動詞 13

put

❶置く
❷(ある状態に)する
❸言い表す

[pút プト]

共通イメージ

置く

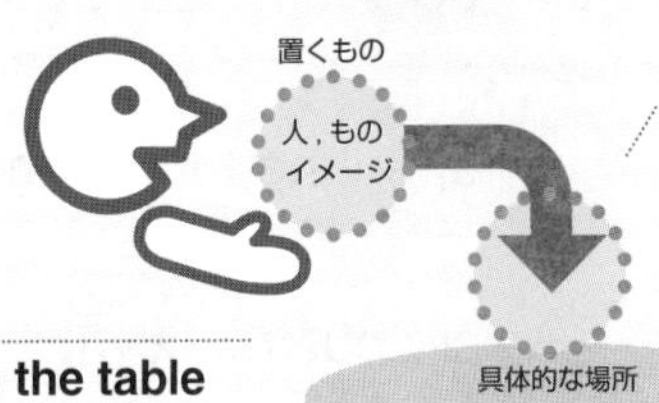

❷(ある状態に)する
put him in danger

❶置く
put a cup on the table

❸言い表す

▶▶▶ put で言ってみよう!

身近なもの

□ 本をテーブルの上に置く	put a book on the table
□ □ **本**	**book** [búk ブク]
□ 手を彼の肩の上に置く	put my hand on his shoulder
□ □ **手**	**hand** [hǽnd ハンド]
□ ビンの中に水を入れる	put water in the bottle
□ □ **水**	**water** [wɔ́:tə*r* ウォータ]
□ コーヒーにミルクを入れる	put milk in the coffee
□ □ **牛乳、ミルク**	**milk** [mílk ミルク]
□ 皿に食べ物を入れる	put the food on the dish
□ □ **食べ物**	**food** [fú:d フード]
□ 壁に世界地図を貼る	put a world map on the wall
□ □ **地図**	**map** [mǽp マプ]

0351	危険にひんしている	be in **danger**
0352	かごから飛び去る	fly out of the **cage**
0353	厳重な警備下にある	be under heavy **guard**
0354	鍵で錠を開ける	open the **lock** with a key
0355	驚いて叫ぶ	cry out in **alarm**
0356	雨不足のために	for **lack** of rain
0357	すべて私の責任である	be all my **fault**
0358	(一つの)がらくた	a piece of **junk**
0359	君を気の毒に思う	feel **pity** for you
0360	大いに残念である	be a great **pity**

faultのイディオム

▶ **find fault with A**「Aを非難する、Aについて不平を言う」
She is always finding fault with others.
「彼女はいつも他人を非難してばかりいる。」

▶ **at fault**「責任[罪]がある、故障して」
He was at fault in the trouble.
「彼はそのトラブルの責任があった。」

□□□ **danger** [déindʒər デインヂャ]	名 危険 ⇒ dángerous 形 (…にとって)危険な(to)
□□□ **cage** [kéidʒ ケイヂ]	名 ❶ かご、おり　❷ 刑務所、監獄
□□□ **guard** [gáːrd ガード]	名 警備(員)、見張り、ガードマン 動 (…から)守る(against)
□□□ **lock** [lák ラク]	名 錠 動 かぎをかける、錠を下ろす
□□□ **alarm** [əláːrm アラーム]	名 ❶ 驚き ❷ 警報(装置)、目覚まし時計 動 驚かせる
□□□ **lack** [lǽk ラク]	名 不足 動 欠いている ★ lack for A　Aがなくて困っている
□□□ **fault** [fɔ́ːlt フォールト]	名 ❶ 責任　❷ 欠点、欠陥
□□□ **junk** [dʒʌ́ŋk ヂャンク]	名 がらくた、くず
□□□ **pity** [píti ピティ]	名 ❶ 気の毒、あわれみ
□□□ **pity**	名 ❷ 残念なこと

(1) 現実の危険に直面する
face real (danger)

(2) それを残念に思う
think it a (pity)

(3) がらくたを捨てる
throw (junk) away

(4) 町を見張る
keep (guard) on the town

(5) 二重の錠
a double (lock)

(6) 鳥をかごの中で飼う
keep a bird in the (cage)

(7) 食料不足
(lack) of food

(8) その犬を気の毒に思う
feel (pity) for the dog

(9) 責任がある
be at (fault)

(10) 驚いてとび跳ねる
jump in (alarm)

Round 1 月 日	Round 2 月 日	Round 3 月 日

LEVEL 1 LEVEL 2

0361	難しい仕事をしようと試みる	**attempt to** do difficult jobs
0362	ラッシュアワーを避ける	**avoid** the rush hours
0363	彼に会えると期待する	**expect to** see him
0364	仕事で失敗する	**fail** in work
0365	電車に乗り損なう	**fail to** catch the train
0366	彼が私の家に入るのを禁止する	**forbid** him **to** enter my house
0367	何とか時間に間に合う	**manage to** be in time
0368	病気のふりをする	**pretend to** be sick
0369	そう言ったことを後悔する	**regret** hav**ing** said so
0370	残念ながら君に本当のことを言う	**regret to** tell you the truth

attempt

attemptはtryとちがい、「試しに…してみる」という意味は持たないので、attempt *do*ingの形は取らない。

名詞のregret

名詞のregretには、①残念、②（悲しい出来事を受けての）悲嘆、③（自分の行動などに対する）後悔、遺憾といった意味がある。③の意味ではふつう複数形で用いる。

It is a regret that you didn't come.「君がこなくて残念だ。」
We heard of his death with regret.
「私たちは彼が死んだと聞いて悲嘆にくれた。」
I have no regrets about it.「私はそのことを後悔していない。」

□□□ **attempt** [ətémpt アテンプト]	動 試みる ★ attempt to *do* …しようと試みる 名 試み、努力
□□□ **avoid** [əvɔ́id アヴォイド]	動 避ける ★ avoid *doing* …することを避ける
□□□ **expect** [ikspékt イクスペクト]	動 期待する ★ expect to *do* …することを期待する ⇒ expectátion 名 予想、期待
□□□ **fail** [féil フェイル]	動 ❶ 失敗する
□□□ **fail**	動 ❷ (fail to *do*)…し損なう、…しない ⇒ fáilure 名 失敗
□□□ **forbid** [fərbíd フォビド] 活用：forbade-forbidden	動 禁ずる、許さない ★ forbid A to *do* [*do*ing] Aが…するのを禁止する、許さない
□□□ **manage** [mǽnidʒ マニヂ]	動 ❶ 何とかする　❷ 経営する ★ manage to *do* 何とか…する ⇒ mánagement 名 経営
□□□ **pretend** [priténd プリテンド]	動 ふりをする ★ pretend to *do* …する[である]ふりをする
□□□ **regret** [rigrét リグレト]	動 ❶ 後悔する、残念に思う ★ regret *doing* …した[する]ことを後悔する[残念に思う]
□□□ **regret**	動 ❷ (regret to *do*)残念ながら…する ⇒ regréttable 形 残念な

(1) 食べ過ぎを避ける
(avoid) eating too much

(2) 約束を守らない
(fail) to keep a promise

(3) 彼の決定を残念に思う
(regret) his decision

(4) 富士山に登ろうと試みる
(attempt) to climb Mt. Fuji

(5) 寝ているふりをする
(pretend) to be sleeping

(6) 事業に失敗する
(fail) in business

(7) 喫煙を禁止する
(forbid) smoking

(8) 何とか生きのびる
(manage) to keep alive

(9) 残念ながらこう言う
(regret) to say this

(10) 君がもっと勉強することを期待する
(expect) you to study more

0371	2つの町を結ぶ	connect the two towns
0372	委員会を組織する	organize a committee
0373	彼女のアドバイスを受け入れる	accept her advice
0374	自分が間違っていたことを認める	admit that I was wrong
0375	彼の作品の真価を認める	appreciate his works
0376	君の支援に感謝する	appreciate your support
0377	彼らのやり方に反対する	oppose their way
0378	仕事をやめる	quit my job
0379	私の助けを断る	refuse my help
0380	遅れたことで彼女にあやまる	apologize to her for being late

acceptとadmit

▶**accept**「説明や理論などを信じる、相手の申し出を受け入れる」
▶**admit**「自分にとっていやなことをしぶしぶ認める」

He accepted our explanation [invitation].
「彼は私たちの説明[招待]を受け入れた。」
He admitted that he broke the glass.「彼はガラスを壊したことを認めた。」

また、いずれも「入学を認める」という意味がある。

He was accepted [admitted] to [by] Harvard.
「彼はハーバード大学に入学を認められた。」

connect [kənékt コネクト]	動 結ぶ ★ connect A with[to] B AをBと関係づける、AからBを連想する ⇒ connéction 名 つながること、接続
organize [ɔ́:rgənàiz オーガナイズ]	動 組織する、主催する ⇒ organizátion 名 組織
accept [əksépt アクセプト]	動 受け入れる、受け取る ⇒ accéptable 形 受け入れられる
admit [ədmít アドミト]	動 ❶ (…を)(しぶしぶ)認める(that節) ❷ (映画館、学校などに)入ることを許す ⇒ admíssion 名 入場、入学
appreciate [əprí:ʃièit アプリーシエイト]	動 ❶ 真価を認める、正しく評価する ⇒ appreciátion 名 評価、感謝
appreciate	動 ❷ 感謝する
oppose [əpóuz オポウズ]	動 反対する ★ be opposed to A Aに反対である ⇒ opposítion 名 反対
quit [kwít クウィト] 活用 : quit-quit	動 やめる(= give up) ★ quit *doing* …することをやめる
refuse [rifjú:z リフューズ]	動 断る ★ refuse to *do* …することを断る ⇒ refúsal 名 拒否
apologize [əpɑ́lədʒàiz アパロヂャイズ] 発	動 あやまる ★ apologize to A for B Bのことで A(人)にあやまる ⇒ apólogy 名 謝罪、おわび

(1) 日本を世界へ結びつける
(connect) Japan to the world

(2) あなたが正しいことを認める
(admit) that you are right

(3) 君の親切に感謝する
(appreciate) your kindness

(4) 私たちを助けることを断る
(refuse) to help us

(5) 互いに対立する
be (opposed) to each other

(6) 彼の招待を受け入れる
(accept) his invitation

(7) 歌舞伎の真価を認める
(appreciate) Kabuki

(8) パーティーを主催する
(organize) a party

(9) たばこをやめる
(quit) smoking

(10) 返事の遅れのことであやまる
(apologize) for the late reply

0381	部屋を借りる	rent a room
0382	彼に助けを乞う	beg him for help
0383	彼女にお金を貸す	lend her money
0384	よいサービスを提供する	offer good service
0385	暑さから君を守る	protect you from the heat
0386	貧しい人々に食べ物を供給する	provide food for poor people
0387	幸福を追求する	pursue happiness
0388	鍵を求めて私のかばんの中を探す	search my bag for the key
0389	助けを求める	seek help
0390	新しい言葉を作り出す	create new words

provideの語法

provideは、provide A（人）with Bまたは、provide B for A（人）の語法を取る。人がどの位置に来るかで前置詞が変わるので注意しよう。なお、forの代わりにprovide B to A（人）という形もよく見られる。

They provided us with food. = They provided food for us.
「彼らは私たちに食料を提供した。」

□□□ **rent** [rént レント]	動 ❶(不動産、車などを)借りる、賃借する ❷貸す、賃貸する 名 使用料、家賃
□□□ **beg** [bég ベグ]	動 (…を)乞う(for、to *do*)、お願いする ⇒ bégger 名 こじき
□□□ **lend** [lénd レンド] 活用:lent-lent	動 貸す ★ lend A B A(人)にBを貸す
□□□ **offer** [ɔ́:fə*r* オーファ] ア	動 提供する ★ offer to *do* …することを申し出る 名 申し出
□□□ **protect** [prətékt プロテクト]	動 (…から)保護する、守る(from、against) ⇒ protéction 名 保護
□□□ **provide** [prəváid プロヴァイド]	動 供給[提供]する ★ provide A with B [B for A] A(人)にB(もの)を供給する ⇒ provísion 名 供給、準備
□□□ **pursue** [pə*r*sú: パスー] 発 ア	動 ❶追求する、追い求める ❷追いかける ⇒ pursúit 名 追求
□□□ **search** [sə́:*r*tʃ サーチ]	動 探す ★ search(A)for B Bを求めて(Aを)探す 名 捜索
□□□ **seek** [sí:k スィーク] 活用:sought-sought	動 求める ★ seek for A Aを求める ★ seek to *do* …しようと努める
□□□ **create** [kriéit クリエイト]	動 作り出す、創造する ⇒ creátion 名 創造 ⇒ creátive 形 創造的な、独創的な

(1) 彼女に服を提供する
(provide) her with clothes

(2) かばんを探す
(search) for my bag

(3) 世界平和を追求する
(pursue) world peace

(4) 車を借りる
(rent) a car

(5) 富を求める
(seek) for wealth

(6) 私のペンを彼に貸す
(lend) my pen to him

(7) 環境を保護する
(protect) the environment

(8) 彼女に助けを申し出る
(offer) to help her

(9) 彼にいてくれるように乞う
(beg) him to stay

(10) 新しい機械を作り出す
(create) a new machine

0391	くだらない質問で先生を困らせる	**bother** the teacher with silly questions
0392	読者を混乱させる	**confuse** the readers
0393	彼女の睡眠をさまたげる	**disturb** her sleep
0394	君の健康を害する	**harm** your health
0395	浜辺を汚染する	**pollute** the beach
0396	その子どもたちを死ぬほど怖がらせる	**scare** the children to death
0397	パーティーをだいなしにする	**spoil** the party
0398	子どもを甘やかす	**spoil** a child
0399	ひどいかぜに苦しむ	**suffer from** a bad cold
0400	大損害を受ける	**suffer** great loss

botherの語法

bother to *do* で「わざわざ…する」の意味。主に否定文、疑問文で用いる。

Nobody will bother to do such a thing.
「だれもわざわざそんなことはしないだろう。」

confuseの関連語

▶**confused**「混乱して」
She looked confused.「彼女は混乱しているように見えた。」

▶**confusing**「混乱させる、込みいった」
a confusing story「込みいった物語」

□□□ **bother** [báðər バザ] 発	動 困らせる、悩ます ★ bother to *do* (否定文・疑問文で)わざわざ…する
□□□ **confuse** [kənfjúːz コンフューズ]	動 混乱させる、当惑させる、混同する ★ confuse A with B　AをBと混同する ⇒ confúsion 名 混乱
□□□ **disturb** [distə́ːrb ディスターブ]	動 ❶ さまたげる、乱す ❷ 心配させる、不安にする(= wórry) ⇒ distúrbance 名 妨害、騒ぎ
□□□ **harm** [hάːrm ハーム]	動 害する、傷つける 名 害、損害 ⇒ hármful 形 有害な
□□□ **pollute** [pəlúːt ポルート]	動 汚染する ⇒ pollútion 名 汚染
□□□ **scare** [skéər スケア]	動 怖がらせる、おびえる ⇒ scáry 形 恐ろしい、怖い ⇒ scáred 形 おびえている
□□□ **spoil** [spɔ́il スポイル]	動 ❶ だいなしにする、だめにする
□□□ **spoil**	動 ❷ (子どもなどを)甘やかす
□□□ **suffer** [sʌ́fər サファ]	動 ❶ 苦しむ ★ suffer from A　Aで苦しむ、悩む ⇒ súffering 名 苦しみ、苦悩
□□□ **suffer**	動 ❷ (苦痛、損害などを)受ける、経験する

(1) 空気を汚染する
(pollute) the air

(2) 平和を乱す
(disturb) the peace

(3) 地震を経験する
(suffer) an earthquake

(4) 休暇をだいなしにする
(spoil) the vacation

(5) 彼の話に混乱する
be (confused) by his talk

(6) 市民の安全を害する
(harm) public safety

(7) 不安で苦しむ
(suffer) from anxiety

(8) 観客を怖がらせる
(scare) the audience

(9) テストのことで頭を悩ます
(bother) my head about the test

(10) 彼女の猫を甘やかす
(spoil) her cat

例文でCHECK!! 

LEVEL 1
LEVEL 2

□	彼は命を失う危険にひんしている。	He is in danger of losing his life.	0351
□	その鳥はかごから飛び去った。	The bird flew out of the cage.	0352
□	その場所は厳重な警備下にあった。	The place was under heavy guard.	0353
□	その男は鍵で錠を開けた。	The man opened the lock with a key.	0354
□	彼は自分の部屋で泥棒を見たときに驚いて叫んだ。	He cried out in alarm when he saw a thief in his room.	0355
□	私たちは雨不足のために不作である。	We have a poor harvest for lack of rain.	0356
□	その事故はすべて私の責任である。	The accident is all my fault.	0357
□	このテレビは一つのがらくただ。	This TV is a piece of junk.	0358
□	君を気の毒に思うがほかに方法はない。	I feel pity for you but there is no other way.	0359
□	君が私たちに同意しなかったのは大いに残念である。	It is a great pity that you did not agree with us.	0360
□	彼はいつも難しい仕事をしようと試みた。	He always attempted to do difficult jobs.	0361
□	君は電車に乗るときにラッシュアワーを避けるべきだ。	You should avoid the rush hours when you take a train.	0362
□	私たちはパーティーで彼に会えると期待している。	We expect to see him at the party.	0363
□	彼女は仕事で失敗したことが一度もない。	She has never failed in work.	0364
□	私は今朝電車に乗り損なった。	I failed to catch the train this morning.	0365
□	私はついに彼が私の家に入るのを禁止した。	I finally forbade him to enter my house.	0366
□	その少女は何とか授業の時間に間に合った。	The girl managed to be in time for the class.	0367
□	私が彼女を訪問したとき、彼女は病気のふりをした。	She pretended to be sick when I visited her.	0368
□	君はすぐにそう言ったことを後悔するだろう。	You will soon regret having said so.	0369
□	私は残念ながら君に本当のことを言うよ。	I regret to tell you the truth.	0370
□	これはその２つの町を結ぶ唯一の道路だ。	This is the only road that connects the two towns.	0371
□	私たちはそのイベントのために委員会を組織した。	We organized a committee for the event.	0372
□	私たちは訓練法についての彼女のアドバイスを受け入れた。	We accepted her advice on the training method.	0373
□	私は自分が間違っていることを認めざるを得なかった。	I had to admit that I was wrong.	0374
□	人々は彼の死後、彼の作品の真価を認めるようになった。	People came to appreciate his works after his death.	0375

☐	私たちは君の支援に本当に感謝している。	We really appreciate your support.	0376
☐	私は彼らの考え方に反対している。	I oppose their way of thinking.	0377
☐	私は世界中を旅行するために仕事をやめた。	I quit my job to travel around the world.	0378
☐	彼らは私の助けを断って、私に出て行くように言った。	They refused my help and told me to leave.	0379
☐	私は会議に遅れたことで彼女にあやまった。	I apologized to her for being late for the meeting.	0380
☐	彼女はその大学の近くに部屋を借りている。	She rents a room near the college.	0381
☐	彼女の事業は失敗し、彼女は彼に助けを乞うた。	Her business failed and she begged him for help.	0382
☐	彼は彼女に多額のお金を貸した。	He lent her a lot of money.	0383
☐	その新しいホテルはよいサービスを提供している。	The new hotel offers good service.	0384
☐	帽子が暑さから君を守るだろう。	A hat will protect you from the heat.	0385
☐	アメリカでは、教会が貧しい人々に食べ物を供給する。	In America, churches provide food for poor people.	0386
☐	みんなが幸福を追求するが、みんながそれを手に入れるわけではない。	Everyone pursues happiness but not everyone gets it.	0387
☐	私は自宅の鍵を求めてかばんの中を探した。	I searched my bag for the key to my house.	0388
☐	その老人は助けを求めた。	The old man sought help.	0389
☐	彼は新しい言葉を作り出すのが得意だ。	He is good at creating new words.	0390
☐	彼はくだらない質問で数学の先生を困らせた。	He bothered the math teacher with silly questions.	0391
☐	彼は長い文で読者を混乱させた。	He confused the readers with long sentences.	0392
☐	アラームが彼女の睡眠をさまたげた。	The alarm disturbed her sleep.	0393
☐	喫煙は君の健康を害する可能性がある。	Smoking may harm your health.	0394
☐	誰かが浜辺をごみで汚染した。	Someone polluted the beach with garbage.	0395
☐	ホラー映画はその子どもたちを死ぬほど怖がらせた。	The horror movie scared the children to death.	0396
☐	そのけんかがパーティーをだいなしにした。	The fight spoiled the party.	0397
☐	その賢明な母親は子どもを甘やかさなかった。	The wise mother did not spoil her child.	0398
☐	彼女は去年の冬ひどいかぜに苦しんだ。	She suffered from a bad cold last winter.	0399
☐	その市は嵐のせいで大損害を受けた。	The city suffered great loss due to the storm.	0400

フォーカスワード　基本動詞 14

say

❶言う、話す
❷…と書いてある

[séi セイ]

共通イメージ

人の言ったことを伝える

❶言う、話す
say hello

❷…と書いてある

▶▶▶ say で言ってみよう!

知識・情報

□ 先生にさようならと言う	say goodbye to the teacher
□ さようなら	goodbye
□ 父におはようと言う	say good morning to my father
□ おはよう	good morning
□ ありがとうと言う	say thank you
□ ありがとう	thank you
□ 彼女にあやまる	say sorry to her
□ すまなく思って	sorry [sɑ́ri サリ]

言葉

□ 一言も言わない	don't say a word
□ 言葉	word [wə́ːrd ワード]

数量

□ 彼らについて何も言わない	say nothing about them
□ 何も…ない	nothing [nʌ́θiŋ ナスィング]

参考 tell　talk　speak　言語

フォーカスワード 基本動詞 15

see

❶見る、…が見える
❷会う
❸わかる

[sí: スィー]

共通イメージ

自然と目に入ってくる

❶見る、…が見える
see a movie

❷会う
see you again

❸わかる
see what you say

▶▶▶ see で言ってみよう！

具体的なもの

□ 美しい花を見る	see a beautiful flower
□	
□ 花	flower [fláuər フラウア]
□ 演劇を見る	see a play
□	
□ 演劇	play [pléi プレイ]
□ 医者に診てもらう	see a doctor
□	
□ 医者	doctor [dáktər ダクタ]
□ 旧友に会う	see an old friend
□	
□ 友だち	friend [frénd フレンド]

抽象的なもの

□ 理由がわかる	see the reason
□	
□ 理由	reason [rí:zən リーズン]
□ 違いがわかる	see the difference
□	
□ 違い	difference [dífərəns ディファレンス]
□ 君の主張がわかる	see your point
□	
□ 主張	point [pɔ́int ポイント]

Round 1 月 日 Round 2 月 日 Round 3 月 日

LEVEL 1 LEVEL 2

0401	テニス部に所属する	**belong to** the tennis club
0402	4つの島から成る	**consist of** four islands
0403	値段に含まれている	be **included** in the price
0404	古い車を新しいものと取り替える	**replace** the old car **with** a new one
0405	空気なしで生存する	**exist** without air
0406	水に浮く	**float** on water
0407	凍えて死ぬ	**freeze** to death
0408	眠ったままでいる	**remain** asleep
0409	一人で家に残る	**remain** alone at home
0410	水中に沈む	**sink** under water

replace、exchange、change

「私たちは座席を交換した」と言いたいとき、次のカッコには何が入るだろうか。
We (　　) the seats.
1. replaced 2. exchanged 3. changed

答は2と3。exchangeは、他の人と交換にものをやりとりする、という意味。
replaceは、壊れているものやもう使わないものを交換する、という意味で、
We replaced the seats. と言うと、壊れた座席を交換した、という意味に用いる。
changeは両方の場合に使える広義の語。

□□□ **belong** [bilɔ́:ŋ ビローング]	動 (…に)所属する、(…の)ものである(to) ⇒ belóngings 名 所持品、財産(※ 複数扱い)
□□□ **consist** [kənsíst コンスィスト]	動 (…から)成る(of)(= be composed of) ★ consist in A　Aに存在する
□□□ **include** [inklú:d インクルード]	動 含む、含める(⇔ exclúde 除外する)
□□□ **replace** [ripléis リプレイス]	動 取り替える、取って代わる ★ replace A with B　AをBと取り替える ⇒ replácement 名 交換
□□□ **exist** [igzíst イグズィスト]	動 生存する、存在する ⇒ exístence 名 存在
□□□ **float** [flóut フロウト]	動 浮く、浮かべる
□□□ **freeze** [frí:z フリーズ] 活用：froze-frozen	動 凍る、凍らせる
□□□ **remain** [riméin リメイン]	動 ❶ ままでいる ★ remain C　Cのままでいる
□□□ **remain**	動 ❷ 残る、とどまる 名 (remainsで) ❶ 残り　❷ 遺跡
□□□ **sink** [síŋk スィンク] 活用：sank-sunk	動 沈む、沈める 名 (台所の)流し

(1) 沈み始める
start to (sink)

(2) 私のおじのものである
(belong) to my uncle

(3) その市にとどまる
(remain) in the city

(4) ボートを湖に浮かせる
(float) a boat on the lake

(5) 少しの水で生存する
(exist) on a little water

(6) 彼の名を表に含める
(include) his name on the list

(7) 壊れた皿を取り替える
(replace) a broken dish

(8) 4人のメンバーから成る
(consist) of four members

(9) 魚と肉を凍らせる
(freeze) fish and meat

(10) 同じままである
(remain) the same

LEVEL 1 LEVEL 2

0411	会社を設立する	**establish** a company
0412	新しい機械を発明する	**invent** a new machine
0413	雑誌を出版する	**publish** a magazine
0414	魚よりも肉をより好む	**prefer** meat **to** fish
0415	自分の父親を尊敬する	**respect** my father
0416	彼女の顔をじろじろ見る	**stare at** her face
0417	騒音にいらいらする	**be annoyed with** the noise
0418	問題を彼のせいにする	**blame** him **for** the problem
0419	あなたの健康を心配する	**be concerned about** your health
0420	犯罪と関わる	**be concerned with** the crime

criticizeとblame

criticize［blame］A for Bで「AをBのことで非難する」という意味だが、若干ニュアンスが異なる。

▶ **criticize：A（人）自身のB（問題点や欠点）を指摘する。**

▶ **blame：B（ミスや悪い出来事など）の責任をAに負わせる。**

では、次の文では、どちらの単語が入るだろうか。

You always (　　) someone else for your mistake.

「君はいつも自分のミスを人のせいにしている。」

ミスを犯す人と責任を負う人が異なるので、答えはblameとなる。

☐☐☐ **establish** [istǽbliʃ イスタブリシュ]	動 ❶ 設立する、創立する(= fóund) ❷ 築く、確立する ⇒ estáblishment 名 設立、確立
☐☐☐ **invent** [invént インヴェント]	動 発明する ⇒ invéntion 名 発明
☐☐☐ **publish** [pʌ́bliʃ パブリシュ]	動 出版する
☐☐☐ **prefer** [prifə́ːr プリファー]ア	動 より好む ★ prefer A to B BよりAを好む ★ prefer to *do* むしろ…したい ⇒ préference 名 好み
☐☐☐ **respect** [rispékt リスペクト]	動 尊敬する、尊重する 名 ❶ 尊敬、尊重 ❷ 点 ⇒ respéctable 形 立派な
☐☐☐ **stare** [stéər ステア]	動 (…を)じっと見る、じろじろ見つめる (at)
☐☐☐ **annoy** [ənɔ́i アノイ]	動 いらいらさせる ★ be annoyed with [at、about] …にいらいらする
☐☐☐ **blame** [bléim ブレイム]	動 せいにする、非難する ★ blame A for B [B on A] BをAのせいにする、BのことでAを非難する
☐☐☐ **concern** [kənsə́ːrn コンサーン]	動 ❶ 心配させる ★ be concerned about A Aを心配する
☐☐☐ **concern**	動 ❷ 関わる ★ be concerned with[in] A Aに関わる、Aに関心がある 名 ❶ 心配、関心事 ❷ 思いやり

(1) 動物に関心がある
be (concerned) with animals

(2) 私たちの赤ちゃんを心配する
be (concerned) about our baby

(3) 私の最初の本を出版する
(publish) my first book

(4) お互いにじっと見る
(stare) at each other

(5) むしろここにいたい
(prefer) to stay here

(6) 病院を設立する
(establish) a hospital

(7) 何か新しいものを発明する
(invent) something new

(8) 少しいらいらする
be a little (annoyed)

(9) 他人を尊重する
(respect) others

(10) 誤りを彼女のせいにする
(blame) the mistake on her

LEVEL 1 LEVEL 2

No.	日本語	English
0421	現代	**modern** times
0422	人工の花	an **artificial** flower
0423	体の調子がよい	in good **physical** condition
0424	電力	**electric** power
0425	化学工場	a **chemical** plant
0426	太陽系	the **solar** system
0427	正確な数字を示す	show **precise** figures
0428	自動ドア	an **automatic** door
0429	生の魚	**raw** fish
0430	医学生	a **medical** student

correct、exact、precise「正しい、正確である」

- **correct**：「正しい」という意味の一般的な語。
- **exact**：あらゆる点で完全に正確、ある基準にピッタリ当てはまる、という意味。
- **precise**：**exact**に加えて「明解ではっきりしている」というニュアンス。

a correct answer「正しい答え」
need an exact number「正確な数字が必要である」
get precise information「正確ではっきりした情報を得る」

なお、「もっと正確に言うと」という時は、to be more exact [correct]とは言わず、to be more preciseとする。

□□□ **modern** [mάdərn マダン]	形 現代の、近代の
□□□ **artificial** [ὰːrtəfíʃəl アーティフィシャル]	形 人工の(⇔ nátural)
□□□ **physical** [fízikəl フィズィカル]	形 ❶ 体の、肉体の ❷ 物質の、物理(学)の ⇒ phýsics 名 物理学
□□□ **electric** [iléktrik イレクトリク] ア	形 電気の、電動の(≒ eléctrical) ⇒ electrícity 名 電気
□□□ **chemical** [kémikəl ケミカル]	形 化学の、化学的な 名 化学物質 ⇒ chémistry 名 化学
□□□ **solar** [sóulər ソウラ]	形 太陽の、太陽光線の
□□□ **precise** [prisáis プリサイス] ア	形 正確な、ちょうどの
□□□ **automatic** [ɔ̀ːtəmǽtik オートマティク]	形 自動の
□□□ **raw** [rɔ́ː ロー]	形 ❶ 生の ❷ 未熟な
□□□ **medical** [médikəl メディカル]	形 医学の、医療の ⇒ médicine 名 ❶ 薬 ❷ 医学

(1) 自動で動く機械
an (automatic) machine

(2) 太陽熱
the (solar) heat

(3) 現代科学
(modern) science

(4) 体の問題
a (physical) problem

(5) 化学変化
(chemical) change

(6) 医学の知識
(medical) knowledge

(7) 生卵
a (raw) egg

(8) 電気エネルギー
(electric) energy

(9) 正確な情報を提供する
offer (precise) information

(10) 人工の歯
an (artificial) tooth

0431	最初の日本人宇宙飛行士	the first Japanese **astronaut**
0432	私のお気に入りの作家	my favorite **author**
0433	常連客	a regular **customer**
0434	秘書として働く	work as a **secretary**
0435	奴隷たちを解放する	free the **slaves**
0436	まったくの他人	a perfect **stranger**
0437	いとこの花嫁	the **bride** of my cousin
0438	雑誌の編集者	an **editor** of a magazine
0439	孤児になる	become an **orphan**
0440	トップのスポーツ選手	a top **athlete**

June bride

June bride「6月の花嫁」という言葉が示す通り、欧米では、6月に結婚すると幸せになるという言い伝えがある。その理由はいくつかの説があるが、一つには、6月を司る女神ジュノー（Juno）が結婚と出産を象徴する神であるからとされている。もう一つは、入浴の季節だからだというもの。昔の欧米人は、冬の間は入浴をせず、春になってはじめて川などで体を洗っていた。そこで、身が清まったばかりなので結婚式によい季節だと考えられたとされている。

astronaut [ǽstrənɔ̀ːt アストロノート] ア	名 宇宙飛行士 ⇒ astrónomy 名 天文学
author [ɔ́ːθər オーサ]	名 作家、著者
customer [kʌ́stəmər カスタマ]	名（店、レストランなどの）客
secretary [sékrətèri セクレテリ] 発	名 秘書
slave [sléiv スレイヴ]	名 奴隷 ⇒ slávery 名 奴隷制度
stranger [stréindʒər ストレインヂャ]	名 ❶ 他人、見知らぬ人 ❷ 不慣れな人
bride [bráid ブライド]	名 花嫁、新婦（⇔ brídegroom）
editor [édətər エディタ]	名 編集者 ⇒ édit 動 編集する
orphan [ɔ́ːrfən オーファン]	名 孤児
athlete [ǽθliːt アスリート] ア	名 スポーツ選手、競技者 ⇒ athlétic 形 運動の

(1) 花嫁を祝う
celebrate the (bride)

(2) お金の奴隷
a (slave) to money

(3) 宇宙飛行士のための訓練
training for an (astronaut)

(4) 私たち全員が見知らぬ人
a (stranger) to all of us

(5) プロのスポーツ選手
a professional (athlete)

(6) 人気のある作家
a popular (author)

(7) 孤児のケアをする
care for an (orphan)

(8) お客様サービス窓口
(customer) services

(9) 社長秘書
a (secretary) to the president

(10) 音声編集者
a sound (editor)

0441	ありふれた苗字	a common **surname**
0442	よいサービスで知られる	be known for good **service**
0443	労働力	the **labor** force
0444	金属の積み荷	a **load** of metal
0445	生産を増やす	increase **production**
0446	大成功する	have great **success**
0447	その仕事を遂行する	carry out the **task**
0448	外国貿易	foreign **trade**
0449	職業を変える	change **occupations**
0450	お買い得品を手に入れる	get a **bargain**

さまざまな苗字

イギリスでは13世紀頃から苗字が使われるようになったが、日本とは異なり、職業や身分に制限されずあらゆる階層の人間が苗字をつけた。
欧米人の苗字には、さまざまな由来がある。
・職業に由来するもの：Cook（料理人）、 Fisher（魚屋）、Gardner（庭師）
・親の名前：Peters（ピーターの息子）、Johnson（ジョンの息子）
その他、地名に由来するものや、髪の毛の色や背の高さに由来するものなど、さまざまなものがある。

□□□ **surname** [sə́ːrnèim サーネイム]	名 苗字、姓
□□□ **service** [sə́ːrvəs サーヴィス]	名 ❶ サービス、貢献、奉仕 ❷ 修理、点検 ⇒ sérve 動 ❶ 仕える ❷ 役立つ
□□□ **labor** [léibər レイバ]	名 ❶ 労働 ❷ 骨折り、努力
□□□ **load** [lóud ロウド] 発	名 ❶ (積み)荷 ❷ 重荷、負担 動 荷物を積む
□□□ **production** [prədʌ́kʃən プロダクション]	名 生産 ⇒ prodúce 動 生産する
□□□ **success** [səksés サクセス]	名 ❶ 成功 ❷ 成功者 ⇒ succéed 動 ❶ (…に)成功する(in) ❷ (…の)後を継ぐ(to)
□□□ **task** [tǽsk タスク]	名 (難しい)仕事、任務
□□□ **trade** [tréid トレイド]	名 ❶ 貿易、商取引 ❷ 職業 動 取引する、貿易する
□□□ **occupation** [ɑ̀kjəpéiʃən アキュペイション]	名 ❶ 職業 ❷ 占領 ⇒ óccupy 動 占領する
□□□ **bargain** [bɑ́ːrgən バーゲン]	名 ❶ お買い得品、安売り ❷ 取引

(1) 日本の古い苗字
an ancient (surname) of Japan

(2) 職業がない人々
people with no (occupation)

(3) 成功への鍵
the key to (success)

(4) 重い積み荷を運ぶ
carry a heavy (load)

(5) 生産コスト
the (production) cost

(6) 労働市場
the (labor) market

(7) 取引する
make a (bargain)

(8) 子育ての仕事
the (task) of raising a child

(9) 無料サービス
free (service)

(10) 日本と貿易している
carry out (trade) with Japan

例文でCHECK!!

/50

□	私たちは二人ともテニス部に所属しています。	Both of us **belong to the tennis club**.	0401
□	その国は4つの大きな島から成る。	The country **consists of four** big **islands**.	0402
□	紅茶かコーヒーが値段に含まれている。	Tea or coffee **is included in the price**.	0403
□	彼は毎年古い車を新しいものと取り替える。	He **replaces his old car with a new one** every year.	0404
□	誰も空気なしで生存できない。	No one can **exist without air**.	0405
□	油は水に浮く。	Oil **floats on water**.	0406
□	私は冷たい水の中で凍えて死にそうだった。	I almost **froze to death** in the cold water.	0407
□	電話が鳴ったとき、彼は眠ったままでいた。	He **remained asleep** when the telephone rang.	0408
□	私の両親は私に一人で家に残るように言った。	My parents told me to **remain alone at home**.	0409
□	その船はあっという間に水中に沈んだ。	The ship **sank under water** in an instant.	0410
□	私の父が10年前にこの会社を設立した。	My father **established this company** 10 years ago.	0411
□	彼はコーヒーを作るための新しい機械を発明した。	He **invented a new machine** for making coffee.	0412
□	彼らは来月に新しい雑誌を出版する。	They will **publish a** new **magazine** next month.	0413
□	私の友人は皆魚よりも肉をより好む。	All my friends **prefer meat to fish**.	0414
□	絶対に怒らないので、私は父を尊敬している。	I **respect my father** because he never gets angry.	0415
□	彼は長い間彼女の顔をじろじろ見た。	He **stared at her face** for a long time.	0416
□	私たちは外からの騒音にいらいらした。	We **were annoyed with the noise** from outside.	0417
□	彼女はその問題を彼のせいにした。	She **blamed him for the problem**.	0418
□	私たちはあなたの健康が心配です。	We **are concerned about your health**.	0419
□	彼は犯罪と関わっていたと私たちは信じている。	We believe he **was concerned with the crime**.	0420
□	インターネットは現代の象徴である。	The Internet is a symbol of **modern times**.	0421
□	彼女は私にどのように造花を作るかを見せてくれた。	She showed me how to make **an artificial flower**.	0422
□	今日は体の調子がよい。	I am **in good physical condition** today.	0423
□	私たちは夜により多くの電力を使う。	We use more **electric power** at night.	0424
□	化学工場で火事があった。	There was a fire in **a chemical plant**.	0425

☐ 地球は**太陽系**の中にある。	The earth is in **the solar system**.	0426
☐ 彼はいつも私たちに**正確な数字を示す**よう要求する。	He always asks us to **show precise figures**.	0427
☐ **自動ドア**は2000年以上前に発明された。	**An automatic door** was invented more than 2,000 years ago.	0428
☐ 日本人は**生の魚**を食べることが好きだ。	Japanese people like to eat **raw fish**.	0429
☐ 私の兄はこの大学の**医学生**だ。	My brother is **a medical student** at this college.	0430
☐ **最初の日本人宇宙飛行士**は秋山氏だった。	**The first Japanese astronaut** was Mr. Akiyama.	0431
☐ **私のお気に入りの作家**はシェイクスピアだ。	**My favorite author** is Shakespeare.	0432
☐ 彼女はこのレストランの**常連客**だ。	She is **a regular customer** of this restaurant.	0433
☐ 私はここで**秘書として働いている**。	I **work** here **as a secretary**.	0434
☐ リンカーン大統領はアメリカの**奴隷たちを解放した**。	President Lincoln **freed the slaves** in the USA.	0435
☐ その男は実のところ**まったくの他人**だった。	The man was actually **a perfect stranger**.	0436
☐ その女性は**私のいとこの花嫁**だ。	That woman is **the bride of my cousin**.	0437
☐ 彼女は**雑誌の編集者**になりたかった。	She wanted to be **an editor of a magazine**.	0438
☐ 自動車事故の後、その赤ん坊は**孤児になった**。	After the car accident the baby **became an orphan**.	0439
☐ 田中さんは**トップのスポーツ選手**だ。	Mr. Tanaka is **a top athlete**.	0440
☐ 山田は日本では**ありふれた苗字**である。	Yamada is **a common surname** in Japan.	0441
☐ このレストランは**よいサービスで知られている**。	This restaurant **is known for good service**.	0442
☐ 日本は**労働力**を増やす必要がある。	Japan needs to increase **the labor force**.	0443
☐ その船は**金属の積み荷**を運んでいる。	The ship is carrying **a load of metal**.	0444
☐ その会社は中国で**生産を増やす**計画をしている。	The company is planning to **increase production** in China.	0445
☐ 私の兄は商売で**大成功した**。	My brother **had great success** in business.	0446
☐ 彼は何の問題もなく**その仕事を遂行した**。	He **carried out the task** without any problems.	0447
☐ 私の父は**外国貿易**で成功した。	My father succeeded in **foreign trade**.	0448
☐ 私は**職業を変える**ことを決意した。	I decided to **change occupations**.	0449
☐ 母はスーパーで**お買い得品を手に入れた**。	My mother **got a bargain** at the supermarket.	0450

フォーカスワード 基本動詞 16

take

❶持って行く、連れて行く
❷乗る
❸(ある行動を)する、とる
❹(時間などを)とる
❺(授業などを)受ける
❻(写真などを)とる

[téik テイク]

共通イメージ

持って行く

❶持って行く、連れて行く

take me to the park

❸(ある行動を)する、とる

話題の中心

❹(時間などを)とる

take five months

❷乗る

take a bus

❺(授業などを)受ける

❻(写真などを)とる

take a picture

使えるコーパスフレーズ

take+名詞

1 **take place**　起こる、開催される

2 **take care (of)**　世話をする

3 **take time**　時間がかかる

4 **take a look**　見る

take+人·物+**to**+名詞

5 **take … to school**　…を学校に送って行く、…に乗って学校に行く

6 **take … to the station**　…を駅まで連れて行く、…に乗って駅まで行く

7 **take … to the hospital**　…を病院に連れて行く

▶▶▶ takeで言ってみよう!

身近なもの

□ かさを持って行く	take an umbrella with me
□ かさ	umbrella [ʌmbrélə アンブレラ]
□ 手紙を郵便局へ持って行く	take a letter to the post office
□ 手紙	letter [létər レタ]
□ 犬を散歩に連れて行く	take my dog for a walk
□ 犬	dog [dɔ́:g ドーグ]

動作

□ 風呂に入る	take a bath
□ 風呂	bath [bǽθ バス]
□ ドライブをする	take a drive
□ ドライブ	drive [dráiv ドライヴ]
□ 散歩をする	take a walk
□ 散歩	walk [wɔ́:k ウォーク]

乗り物

□ タクシーに乗って駅まで行く	take a taxi to the station
□ タクシー	taxi [tǽksi タクスィ]
□ 終電に乗る	take the last train
□ 列車、電車	train [tréin トレイン]

場所

□ 息子を病院へ連れて行く	take my son to the hospital
□ 病院	hospital [háspitl ハスピトル]
□ 娘を学校に送って行く	take my daughter to school
□ 学校	school [skú:l スクール]
□ 車で彼を家に送って行く	take him home in my car
□ 家へ、家に	home [hóum ホウム]

No.	日本語	English
0451	恐竜たちの時代	the age of **dinosaurs**
0452	すべての生き物	all living **creatures**
0453	X線	X-**rays**
0454	人の影	the **shadow** of a person
0455	ある程度の成功	some **degree** of success
0456	低い調子で話す	speak in low **tones**
0457	彼がその金を盗んだという証拠	**evidence** that he stole the money
0458	原子の研究	the study of **atoms**
0459	時間の単位	**units** of time
0460	クローン人間	a human **clone**

shadowとshade

▶**shadow**：光をさえぎってできた影

▶**shade**：建物の陰や日陰など、一面に暗くなっている場所

I saw his shadow there.「私はそこで彼の影を見た。」

They were standing in the shade.「彼らは日陰に立っていた。」

なお、shadeには「日よけ、ランプのかさ」といった意味もある。

a window shade「ブラインド」

□□□ **dinosaur** [dáinəsɔ̀ːr ダイノソー]	名 恐竜
□□□ **creature** [kríːtʃər クリーチャ] 発	名 生き物
□□□ **ray** [réi レイ]	名 光線
□□□ **shadow** [ʃǽdou シャドウ]	名 影(※ 平面上にできた影) ⇒ sháde 名 日陰、物陰(※ 日の当たらない場所)
□□□ **degree** [digríː ディグリー]	名 ❶ 程度　❷ (温度などの)度
□□□ **tone** [tóun トウン]	名 (音、声、色などの)調子、音色
□□□ **evidence** [évədəns エヴィデンス]	名 (…の)証拠(of、that節) ⇒ évident 形 明らかな
□□□ **atom** [ǽtəm アトム]	名 原子 ⇒ atómic 形 原子の
□□□ **unit** [júːnət ユーニト]	名 単位
□□□ **clone** [klóun クロウン]	名 クローン、まったく同じもの[人] 動 クローンを作り出す

(1) 午後の長い影
a long (shadow) in the afternoon

(2) 程度の問題
a matter of (degree)

(3) クローンを作る
make a (clone)

(4) さまざまな種類の恐竜
different types of (dinosaurs)

(5) 直射日光
the direct (rays) of the sun

(6) 原子の模型
a model of the (atoms)

(7) 日本の重さの単位
a Japanese (unit) of weight

(8) 犯罪の証拠
(evidence) of the crime

(9) 怒った口調
an angry (tone) of voice

(10) 見知らぬ生き物
a strange (creature)

0461	快適ないす	a **comfortable** chair
0462	乱暴な行動	**violent** actions
0463	重要な変化	a **significant** change
0464	平らな道路	a **smooth** road
0465	否定的な態度を示す	show a **negative** attitude
0466	誤った答えをする	make a **false** answer
0467	会議をするのに適切な場所	a **proper** place for the meeting
0468	この季節にふさわしい	**appropriate** to this season
0469	創造的なアイディア	**creative** ideas
0470	初心者に向いている	be **suitable for** beginners

properとappropriate

両者とも同じ意味で用いられることが多いが、properは「本来の性質に即している、正確な」、appropriateは「特定の目的や条件に則した」というニュアンスを持つ。proper languageというと、「本来の正しい言葉」という意味になるが、appropriate langauge for the young childrenは、「その幼い子どもたちにふさわしい言葉づかい」となる。幼い子ども向けの言葉が本来の正しさを損なっている、というニュアンスを含んでいるわけでは必ずしもないが、appropriate languageというと、その場に合わせた言葉を選んでいる、という意識が強くなる。

□□□ **comfortable** [kʌ́mfərtəbl カンフォタブル]	形 快適な、ここちよい ⇒ cómfort 名 快適　動 慰める
□□□ **violent** [váiələnt ヴァイオレント]	形 乱暴な、激しい ⇒ víolence 名 暴力
□□□ **significant** [signífikənt スィグニフィカント]	形 ❶ 重要な、意義のある ❷ かなりの、相当な ⇒ signíficance 名 意義、重要性
□□□ **smooth** [smúːð スムーズ] 発	形 ❶ 平らな、なめらかな ❷ 円滑な、順調な 動 平らにする、円滑にする
□□□ **negative** [négətiv ネガティヴ]	形 ❶ 否定的な、不賛成の(⇔ pósitive) ❷ 悪い ❸ 消極的な
□□□ **false** [fɔ́ːls フォールス]	形 誤った、まちがいの(⇔ trúe)
□□□ **proper** [prápər プラパ]	形 ❶ 適切な、ちゃんとした ❷ 固有の、独特の
□□□ **appropriate** [əpróupriət アプロウプリエト]	形 (目的、状況にかなって)ふさわしい、適切な
□□□ **creative** [kriéitiv クリエイティヴ]	形 創造的な、独創的な ⇒ creáte 動 創造する、生み出す
□□□ **suitable** [súːtəbl スータブル]	形 (…に)向いている、適切な(for) ⇒ súit 動 適する

(1) 重要な情報
(significant) information

(2) パーティーに向いている
be (suitable) for the party

(3) 創造的な仕事
(creative) work

(4) 否定文
a (negative) sentence

(5) 快適な暮らしを楽しむ
enjoy a (comfortable) living

(6) 誤った報告
a (false) report

(7) ちゃんとした言葉を使う
use (proper) words

(8) ふさわしい時に
at an (appropriate) time

(9) なめらかな髪
(smooth) hair

(10) 激しい嵐
a (violent) storm

0471	近ごろ値段が高い	be expensive **nowadays**
0472	世界中に広がる	spread **worldwide**
0473	大部分は君のと同じ	**mostly** the same as yours
0474	長年かけてだんだんと変化する	**gradually** change over the years
0475	よそに助けを求める	look **elsewhere** for help
0476	外見上はやさしい	**apparently** easy
0477	まったく異なる	be **quite** different
0478	ほとんど不可能な	**nearly** impossible
0479	たぶんよい考えではない	**perhaps** not a good idea
0480	彼の家族と離れて暮らしている	live **apart** from his family

quiteの語法

quiteは、アメリカではほぼveryと同様に用いられる。

　It was quite difficult（＝very difficult).「それはとても難しかった。」

イギリス英語では、原則として2つの使い方がある。

　①impossibleなど、比較しない形容詞を修飾：「まったく、本当に」

　②goodなど、程度を表す形容詞を修飾：「まあまあ」（意味を弱める）

一般にイギリスでは、quite < rather < prettyの順に、形容詞を強める働きをする。

なお、quite a small letterのように、<a＋形容詞＋名詞>を修飾するときは、冠詞の前にquiteを置く。

□□□ **nowadays** [náuədèiz ナウアデイズ]	副 近ごろ、今日（※ ふつう現在形とともに用いる）
□□□ **worldwide** [wə̀ːrldwáid ワールドワイド]	副 世界中に[で] 形 世界的な、世界規模の
□□□ **mostly** [móustli モウストリ]	副 大部分は、たいていは
□□□ **gradually** [grǽdʒuəli グラヂュアリ]	副 だんだんと ⇒ grádual 形 段階的な、ゆるやかな
□□□ **elsewhere** [élshwèər エルス(ホ)ウェア]	副 よそに、どこかほかのところに
□□□ **apparently** [əpǽrəntli アパレントリ]	副 外見上は、見たところでは ⇒ appárent 形 明白な、はっきりした
□□□ **quite** [kwáit クワイト]	副 ❶ まったく、すっかり ❷ ほんとに、かなり
□□□ **nearly** [níərli ニアリ]	副 ❶ ほとんど、ほぼ ❷ あやうく…する
□□□ **perhaps** [pərhǽps パハプス]	副 たぶん、ことによると
□□□ **apart** [əpáːrt アパート]	副 離れて、分かれて

(1) 遠く離れている
be far (apart)

(2) 世界中を旅行する
travel (worldwide)

(3) たぶんそうだ
(perhaps) so

(4) ほぼ10ドル
(nearly) 10 dollars

(5) だんだんと大きくなる
(gradually) become bigger

(6) 大部分は終わっている
have (mostly) finished

(7) すっかり疲れている
be (quite) tired

(8) 見たところ壊れている
be (apparently) broken

(9) 近ごろ忙しい
be busy (nowadays)

(10) よそに答えを求める
seek the answer (elsewhere)

Round 1 月 日 Round 2 月 日 Round 3 月 日

0481	その間違いを説明する	account for the mistake
0482	彼とお金のことで言い合いをする	argue with him about money
0483	支払いを要求する	claim payment
0484	中国から来たと主張する	claim to be from China
0485	彼らとその問題を討論する	debate the matter with them
0486	道を示す	indicate the way
0487	彼女の私生活に言及する	refer to her private life
0488	辞書を参照する	refer to a dictionary
0489	愛と平和を表す	represent love and peace
0490	新しい計画を提案する	suggest a new plan

account for

account for Aは、「Aを説明する」という意味の他に「Aの割合を占める、Aから成る」という意味が重要。

China and India account for one third of the world's population.
「中国とインドは世界の人口の1/3の割合を占める。」

accountの名詞用法

①「口座」a bank account「銀行口座」
②「理由」on account of illness「病気のために」
③「会計」an account book「会計帳簿」
④「説明」give a full account「詳しい説明をする」

account [əkáunt アカウント]	動 ❶ (…を)説明する(for) ❷ (…を)割合を占める(for) 名 ❶ 口座 ❷ 考慮
argue [ɑ́ːrgjuː アーギュー]	動 ❶ (…と)言い合いをする(with) ❷ 議論する、主張する ⇒ árgument 名 議論、主張
claim [kléim クレイム]	動 ❶ 要求する 名 要求、主張
claim	動 ❷ (…と)主張する(to *do*、that節)
debate [dibéit ディベイト]	動 (…と)討論する(with) 名 討論
indicate [índəkèit インディケイト]	動 示す、指し示す ⇒ indicátion 名 指示
refer [rifə́ːr リファー]	動 ❶ (…に)言及する(to)
refer	動 ❷ (…を)参照する、参考にする(to) ⇒ réference 名 言及、参照
represent [rèprizént レプリゼント]	動 ❶ 表す、象徴する(= stand for) ❷ 代表する
suggest [səgdʒést サグヂェスト]	動 ❶ 提案する ★ suggest(to A)that節 (Aに)…を提案する ❷ 暗示する ⇒ suggéstion 名 提案、暗示

(1) 彼の経歴に言及する
(refer) to his background

(2) 彼女をよく知っていると主張する
(claim) to know her well

(3) その金を要求する
(claim) the money

(4) 富を象徴する
(represent) wealth

(5) 時刻を示す
(indicate) the time

(6) よりよい方法を提案する
(suggest) a better way

(7) 他の生徒たちと言い合いをする
(argue) with other students

(8) その計画について討論する
(debate) over the plan

(9) 15ページを参照する
(refer) to page 15

(10) 彼の成功を説明する
(account) for his success

LEVEL 1 LEVEL 2

0491	小説の執筆に集中する	**concentrate on** writing a novel
0492	ヨーロッパで働くことを考える	**consider** working in Europe
0493	真実を悟る	**realize** the truth
0494	自分の夢を実現する	**realize** my dream
0495	太陽からの光を反射する	**reflect** light from the sun
0496	君に知らせる	**let** you know
0497	仕事が忙しそうに見える	**seem** busy at work
0498	未来を予言する	**predict** the future
0499	費用を計算する	**calculate** the cost
0500	壁に絵を取り付ける	**fix** a picture to the wall

使役動詞

letは<let A *do*>で「Aに…することを許す」という使役動詞の構文を取る。
使役動詞は他にmake「(強制的に)…させる」、have「(仕事などで)…させる」がある。

He made me go.「彼は私に行かせた。」
I had him carry the bag.「私は彼にかばんを運ばせた。」

なお、makeやhaveは、<make[have] A ＋過去分詞>という文型を取れるが、letの場合は<let A be ＋過去分詞>となる。

I made the room cleaned. 「私はその部屋を掃除させた。」
I had the room cleaned.「私はその部屋を掃除してもらった。」
I let the room *be* cleaned.「私はその部屋を掃除することを許した。」

□□□ **concentrate** [kάnsəntrèit カンセントレイト]	動 (…に)集中する、専念する(on) ⇒ concentrátion 名 集中
□□□ **consider** [kənsídər コンスィダ]	動 ❶ (よく)考える、…しようかと思う(*doing*) ❷ 思う ★ consider O C OをCと見なす ⇒ considerátion 名 考慮、思いやり
□□□ **realize** [rí:əlàiz リーアライズ]	動 ❶ 悟る、理解する(that節) ⇒ realizátion 名 ❶ 理解 ❷ 実現
□□□ **realize**	動 ❷ 実現する
□□□ **reflect** [riflékt リフレクト]	動 反射する、反映する ★ reflect on A Aについてよく考える ⇒ refléction 名 ❶ 反射 ❷ 熟考
□□□ **let** [lét レト] 活用：let-let	動 ❶ (let A *do*)Aに…させる、Aが…することを許す ❷ (Let's *do*)(みんなで)…しよう
□□□ **seem** [sí:m スィーム]	動 見える、思われる
□□□ **predict** [pridíkt プリディクト]	動 予言する、予測する ⇒ predíction 名 予言、予想
□□□ **calculate** [kǽlkjəlèit キャルキュレイト]	動 計算する ⇒ calculátion 名 計算
□□□ **fix** [fíks フィクス]	動 ❶ 取り付ける、固定する ❷ 修理する

(1) 彼の願いを反映する
(reflect) his wish

(2) 音楽に集中する
(concentrate) on the music

(3) 彼を行かせてやる
(let) him go

(4) 私の約束を実現する
(realize) my promise

(5) 鏡を取りつける
(fix) a mirror

(6) 危険を悟る
(realize) the danger

(7) 外国に住もうかと思う
(consider) living abroad

(8) 彼の年を計算する
(calculate) his age

(9) 試合結果を予測する
(predict) the result of the game

(10) 熱がありそうに思われる
(seem) to have a fever

LEVEL 1 LEVEL 2

例文でCHECK!!

/50

□	私たちの先生は**恐竜たちの時代**を研究している。	Our teacher studies **the age of dinosaurs**.	0451
□	私たちは**すべての生き物**を敬うべきだ。	We should respect **all living creatures**.	0452
□	**X線**は身体の中の問題を見つけるために使われる。	**X-rays** are used to find problems in our bodies.	0453
□	地面に長い**人の影**が見える。	I can see **the** long **shadow of a person** on the ground.	0454
□	私たちの調査は**ある程度の成功**を見せた。	Our research showed **some degree of success**.	0455
□	その老人は**低い調子で話した**。	The old man **spoke in low tones**.	0456
□	**彼がその金を盗んだという証拠**はない。	There is no **evidence that he stole the money**.	0457
□	彼は**原子の研究**に人生を費やした。	He spent his life on **the study of atoms**.	0458
□	一部の**時間の単位**は太陽の動きに基づいている。	Some **units of time** are based on the movement of the sun.	0459
□	**クローン人間**を作ることは許されていない。	It is not allowed to make **a human clone**.	0460
□	私の部屋に**快適ないす**が欲しい。	I want **a comfortable chair** in my room.	0461
□	私たちは彼の**乱暴な行動**を止めることができなかった。	We could not stop his **violent actions**.	0462
□	彼の態度に**重要な変化**があった。	There was **a significant change** in his attitude.	0463
□	私たちは空港まで**平らな道路**上を運転した。	We drove on **a smooth road** to the airport.	0464
□	彼女はその計画について**否定的な態度を示した**。	She **showed a negative attitude** about the plan.	0465
□	彼女は私の質問に対して**誤った答えをした**。	She **made a false answer** to my question.	0466
□	私たちは**会議をするのに適切な場所**を探している。	We are looking for **a proper place for the meeting**.	0467
□	彼の服装は**この季節にふさわしかった**。	His clothes were **appropriate for this season**.	0468
□	彼はいつもたくさんの**創造的なアイディア**をもっている。	He always has a lot of **creative ideas**.	0469
□	この機械は**初心者に向いている**。	This machine **is suitable for beginners**.	0470
□	野菜は**近ごろ値段が高い**。	Vegetables **are expensive nowadays**.	0471
□	その新製品はすぐに**世界中に広まった**。	The new product soon **spread worldwide**.	0472
□	私の考えは**大部分は君のと同じ**だ。	My idea is **mostly the same as yours**.	0473
□	彼の性格は**長年かけてだんだんと変化した**。	His character **gradually changed over the years**.	0474
□	彼らは私に**よそに助けを求める**ように言った。	They told me to **look elsewhere for help**.	0475

□	この設問は外見上はやさしいが実際は難しい。	This question is apparently easy but actually difficult.	0476
□	彼の意見は私のものとまったく異なる。	His opinion is quite different from mine.	0477
□	正午前にそこへ着くことはほとんど不可能だった。	It was nearly impossible to arrive there before noon.	0478
□	彼女に真実を伝えることはたぶんよい考えではない。	It is perhaps not a good idea to tell her the truth.	0479
□	彼は長い間彼の家族と離れて暮らしている。	He has lived apart from his family for a long time.	0480
□	彼はその間違いを説明できなかった。	He could not account for the mistake.	0481
□	彼女は彼とお金のことで言い合いをした。	She argued with him about money.	0482
□	私は勘定の支払いを要求した。	I claimed payment of the bill.	0483
□	彼は中国から来たと主張するが、私はそうとは思わない。	He claims to be from China but I don't think so.	0484
□	私たちは彼らとその問題を討論した。	We debated the matter with them.	0485
□	その男性はお寺までの道を示した。	The man indicated the way to the temple.	0486
□	その作家は本の中で彼女の私生活に言及した。	The author referred to her private life in his book.	0487
□	私はその言葉の意味を知るために辞書を参照した。	I referred to a dictionary to learn the meaning of the word.	0488
□	この花は愛と平和を表します。	This flower represents love and peace.	0489
□	その委員会は新しい計画を提案した。	The committee suggested a new plan.	0490
□	彼は小説の執筆に集中するためにホテルに滞在した。	He stayed in a hotel to concentrate on writing a novel.	0491
□	私の母はヨーロッパで働くことを考えている。	My mother is considering working in Europe.	0492
□	私は突然悲しい真実を悟った。	I suddenly realized the sad truth.	0493
□	私はいつか自分の夢を実現できると信じている。	I believe I can realize my dream some day.	0494
□	雪は太陽からの光を反射する。	The snow reflects light from the sun.	0495
□	彼が帰ってきたら君に知らせるよ。	I'll let you know if he comes back.	0496
□	彼はいつも仕事が忙しそうに見える。	He always seems busy at work.	0497
□	人々は未来を予言する動物もいると信じている。	People believe that some animals predict the future.	0498
□	私たちはその祭りの費用を計算した。	We calculated the cost of the festival.	0499
□	私たちは壁に絵を取り付けた。	We fixed a picture to the wall.	0500

tell

❶言う　❷知らせる、教える　❸わかる　❹…するように言う（命令する）

[tél テル]

共通イメージ

人と人の間を情報が行き来する

❶言う
tell a story

❷知らせる、教える

❸わかる
tell the difference

❹…するように言う（命令する）
tell her to come here

▶▶▶ tell で言ってみよう！

伝達内容

嘘をつく	tell a lie
うそ	lie [lái ライ]
悪い冗談を言う	tell a bad joke
冗談	joke [dʒóuk チョウク]
その店への道を教える	tell the way to the store
道、方法	way [wéi ウェイ]
あなたに悲しい知らせを伝える	tell you sad news
ニュース、知らせ	news [njúːz ニューズ]
彼らに私たちの問題点を伝える	tell them our problem
問題	problem [prɑ́bləm プラブレム]

情報

彼に私の住所を伝える	tell him my address
住所、アドレス	address [ədrés アドレス]
彼女に私の息子の名前を教える	tell her my son's name
名前	name [néim ネイム]

フォーカスワード 基本動詞 18

think

❶考える、思う
❷考える、わかる

[θíŋk スィンク]

共通イメージ

頭の中で考えがいろいろ進行している

❶考える、思う

think about you

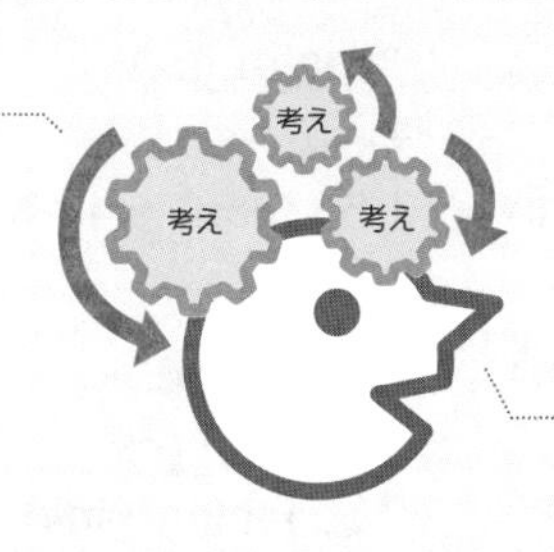

❷考える、わかる

think that he is nice

▶▶▶ think で言ってみよう！

思考の内容

□ 答えを考える	think about an answer
□ 答え	answer [ǽnsər アンサ]
□ あなたの将来について考える	think about your future
□ 将来、未来	future [fjúːtʃər フューチャ]

副詞

□ そうは思わない	don't think so
□ そう、そのように	so [sóu ソウ]
□ その計画について考え直す	think again about the plan
□ ふたたび	again [əgén アゲン]
□ 旅行のことをふり返る	think back on the trip
□ 振り返って、後ろに	back [bǽk バク]
□ その問題について一生懸命考える	think hard about the problem
□ 熱心に、一生懸命に	hard [háːrd ハード]

LEVEL 1 LEVEL 2

よく使うイディオム❷

1	Aを理解する	figure A out
2	Aを恐れて	for fear of A
3	Aを専攻する	major in A
4	Aによく知られている	be familiar to A
5	A(車など)を停める	pull A up
6	Aがない	be lacking in A
7	…しようと努める	seek to *do*
8	(本質的なものが)Aにある	consist in A
9	むしろ…したい	prefer to *do*
10	Aは別にして	apart from A
11	Aはもちろん	let alone A
12	…することを楽しみにする	look forward to *doing*
13	Aをがまんする	put up with A
14	Aを見直す	think better of A

Round 1 月 日 | Round 2 月 日 | Round 3 月 日

彼の言っていることが理解できない。	I can't figure out what he says.
彼女はその犬が怖くて中に入れなかった。	She could not come in for fear of the dog.
彼は日本史を専攻している。	He majors in Japanese history.
私の顔は彼らによく知られていた。	My face was familiar to them.
私たちはホテルの前で車を停めた。	We pulled the car up in front of the hotel.
このホテルにはサービスがなかった。	This hotel was lacking in service.
私たちは真実を見出そうとした。	We sought to find the truth.
幸福は、他人を助けることにある。	Happiness consists in helping others.
私たちはむしろ今帰宅したい。	We prefer to go home now.
水を別にして、私は今何もほしくない。	Apart from water, I don't want anything.
彼は、英語を書くのはもちろん、話すこともできない。	He can't speak English, let alone write it.
私たちはまた君に会うのを楽しみにしている。	We look forward to seeing you again.
私は暑さをがまんできない。	I can't put up with the heat.
私たちはその計画を見直した。	We thought better of the plan.

LEVEL 1
LEVEL 2

私のお気に入りの場所

1 チャンクを確認しよう

これまでに学んだチャンクを使って、次のカッコ内に一語ずつ英単語を入れてみよう。
確認したら、チャンクを繰り返し言ってみよう。

①書店が好き　(like) book stores
②そこで長い時間をすごす　(spend) a long (time) there
③ウェブ上で　(on) (the) web
④本に出会う　(come) (across) the books
⑤書店に行ってみてはどうか。　(How) (about) (going) to a book store?
⑥(あなたの) 次の休日に　on your (next) (day) (off)

2 言ってみよう

次の日本語の内容を、英語の部分を隠して英語にしてみよう。
日本語を見て英語がすぐに出てくるように繰り返し練習してみよう。

▶私は書店が好きです。(I like book stores.)
▶私はよく書店で長い時間をすごします。(I often spend a long time there.)
▶ウェブ上で多くのものが買えます。
(We can buy many things on the web.)
▶しかし、書店ではウェブ上では見つけられないおもしろい本に出会います。
(But in book stores, we come across the interesting books that we cannot find on the web.)
▶次の休日に、書店に足を運んでみてはどうでしょうか。
(How about going to a book store on your next day off?)

上の文を参考にして、自分自身の趣味やスポーツ活動について、
短いスピーチをしてみよう。

I like …(お気に入りの場所) ……………………………………
I often spend a long time in … ……………………………………
(その場所の特徴や気に入っている点) ……………………………………
How about …(ほかの人へのおすすめ) ……………………………………

CROWN Chunk Builder

Standard

LEVEL 2

入試基礎

Round 1 月 日 | Round 2 月 日 | Round 3 月 日

0501	深呼吸をする	take a deep **breath**
0502	がんを患う	suffer from **cancer**
0503	効果的な治療法	an effective **cure**
0504	変わった病気にかかる	catch a strange **disease**
0505	石油タンク	an oil **tank**
0506	筋肉のトレーニングをする	do **muscle** training
0507	視覚器官	the **organ** of sight
0508	柔らかい皮膚をしている	have soft **skin**
0509	首の手術を受ける	have **surgery** on the neck
0510	かぜに共通の症状	common **symptoms** of cold

disease、illness、sickness

▶**disease**：はっきりした病名や原因がわかる病気。
▶**illness**：長期の病気や精神疾患。
▶**sickness**：広く「病気、体調不良」をさすが、比較的軽い病状の時に使われがち。
なお、sickenessには「吐き気」という意味がある。
seasickness「船酔い」

surgeryとoperation

両方とも「手術」という意味だが、surgeryは不可算名詞、operationは可算名詞。
「鼻の手術を受ける」have surgery on nose＝have an operation on nose

□□□	**breath** [bréθ ブレス]発	名 息、呼吸 ⇒ bréathe [bríːð ブリーズ] 動 呼吸をする
□□□	**cancer** [kǽnsər キャンサ]	名 がん
□□□	**cure** [kjúər キュア]	名 治療法、治療薬 動 (病人、病気を)治す ★ cure A of B　A(人)のBを治す
□□□	**disease** [dizíːz ディズィーズ]	名 病気（※ 病名がはっきりしている病気）
□□□	**tank** [tǽŋk タンク]	名 (水、油などを入れる)タンク、槽
□□□	**muscle** [mʌ́sl マスル]発	名 筋肉
□□□	**organ** [ɔ́ːrgən オーガン]	名 ❶ 器官、臓器　❷ オルガン ⇒ orgánic 形 ❶ 器官の　❷ 有機体の
□□□	**skin** [skín スキン]	名 皮膚、肌
□□□	**surgery** [sə́ːrdʒəri サーヂャリ]発	名 ❶ (外科)手術（※ 不可算名詞）　❷ 外科
□□□	**symptom** [símptəm スィンプトム]	名 (病気の)症状、徴候

(1) 足の手術を受ける
have foot (surgery)

(2) 水のタンク
a water (tank)

(3) 美しい肌
beautiful (skin)

(4) 早期にがんを発見する
find (cancer) early

(5) 息を切らしている
be out of (breath)

(6) 治療法がない
be beyond (cure)

(7) 初期症状
an early (symptom)

(8) 病気に苦しむ
suffer from (disease)

(9) 臓器バンク
an (organ) bank

(10) 筋肉痛がある
have a (muscle) pain

0511	暑く湿気が多い	be hot and **humid**
0512	大声で話す	speak in a **loud** voice
0513	温和な気候	**mild** weather
0514	明らかな嘘をつく	tell an **obvious** lie
0515	純白のドレス	a dress of **pure** white
0516	深刻な寒さに苦しむ	suffer from **severe** cold
0517	沈黙している	keep **silent**
0518	あいまいな答え	a **vague** answer
0519	さまざまな理由で	for **various** reasons
0520	海洋生物に関するばく大な知識	**vast** knowledge of sea creatures

severeとstrict

severeとstrictは両方とも「人に対して厳しい」という意味があるが、severeは「情け容赦がない、妥協しない」、strictは「規則を守って厳格な」というニュアンスになる。他に、severeは「罰が厳しい」、「天候が悪い」といった意味もある。

strict about A「Aについて厳しい」

My grandfather was strict about manners.「祖父はマナーに厳しかった。」

severe on A「A(人)につらく当たる、情け容赦ない」

He was severe on his sons.「彼は息子たちにつらく当たった。」

□□□ **humid** [hjúːməd ヒューミド]	形 湿気の多い ⇒ humídity [hjuːmídəti ヒューミディティ] 名 湿度
□□□ **loud** [láud ラウド]	形 ❶(声、音が)大きい、うるさい ❷派手な 副 大きな音[声]で ⇒ lóudly 副 大きな音[声]で
□□□ **mild** [máild マイルド]	形 温和な、おだやかな
□□□ **obvious** [ábviəs アブヴィアス] ア	形 明らかな、明白な
□□□ **pure** [pjúər ピュア]	形 ❶純粋な ❷きれいな、汚れていない ⇒ púrity 名 純粋、純潔
□□□ **severe** [səvíər スィヴィア]	形 ❶深刻な、(痛みが)ひどい ❷厳しい、厳格な
□□□ **silent** [sáilənt サイレント]	形 ❶沈黙の、無言の ❷静かな ⇒ sílence 名 沈黙、静けさ
□□□ **vague** [véig ヴェイグ] 発	形 あいまいな、不明確な(⇔ cléar)
□□□ **various** [véəriəs ヴェアリアス]	形 さまざまな、多様な ⇒ váry [véəri ヴェアリ] 動 変わる ⇒ varíety [vəráiəti ヴァライエティ] 名 変化、多様性
□□□ **vast** [vǽst ヴァスト]	形 ばく大な、広大な

(1) 深刻な洪水
a (severe) flood

(2) 湿気の多い天気である
have (humid) weather

(3) 純金
(pure) gold

(4) さまざまな話題を議論する
discuss (various) topics

(5) 温和な性格の持ち主である
have a (mild) character

(6) 明らかなミスをする
make an (obvious) mistake

(7) あいまいなほほえみを浮かべて
with a (vague) smile

(8) 大音量のコンサート
a (loud) concert

(9) 静かな夜
a (silent) night

(10) 広大な砂漠
a (vast) desert

0521	彼に怒りを覚える	feel **anger** toward him
0522	勇気を出して彼女に話しかける	have the **courage** to talk to her
0523	両親を喜ばせる	give **delight** to my parents
0524	ひどい憂うつになる	go into a deep **depression**
0525	不況が始まった時に	at the beginning of the **depression**
0526	有名になりたいという願望をもつ	have a **desire** to be famous
0527	絶望する	be in **despair**
0528	感情を言葉に表す	put my **emotion** into words
0529	先生に感謝の意を表明する	express **gratitude** to the teacher
0530	ユーモアのセンスがある	have a sense of **humor**

humorとjoke

▶**humor**：相手を笑わせるような、人間味のあるおかしみ
▶**joke**：具体的な小話

単なるダジャレではなく、どこか人間的な深みを感じさせるものがhumor。
第二次世界大戦時のイギリス首相チャーチルがホワイトハウスで入浴していたとき、ルーズベルト大統領が偶然通りかかった。裸のチャーチルはとっさに、「大統領、私はアメリカに対して、隠すものは何もありません。」と言ったと伝えられている。欧米人にとって、ユーモアはとても重要な資質であると考えられている。

anger [ǽŋgər アンガ]	名 怒り ⇒ ángry 形 怒って
courage [kə́:ridʒ カーリヂ]発	名 勇気 ⇒ encóurage 動 励ます、勇気づける
delight [diláit ディライト]	名 喜び、喜びとなるもの 動 喜ばせる
depression [dipréʃən ディプレション]	名 ❶ 憂うつ、うつ(病) ⇒ depréss 動 落胆させる、憂うつにさせる
depression	名 ❷ 不景気、不況
desire [dizáiər ディザイア]	名 (…したいという)願望、欲望(to *do*、for) 動 (…することを)強く望む(to *do*) ⇒ desírable 形 望ましい
despair [dispéər ディスペア]	名 絶望　動 絶望する ★ in despair　絶望して
emotion [imóuʃən イモウション]	名 (強い)感情 ⇒ emótional 形 感情的な
gratitude [grǽtətjù:d グラティテュード]	名 感謝(の気持ち) ⇒ gráteful 形 感謝して　★ be grateful (to A) for B　Bのことで(Aに)感謝する
humor [hjú:mər ヒューマ]	名 ユーモア、おかしさ ⇒ húmorous 形 ユーモラスな

(1) うつに苦しむ
suffer from (depression)

(2) 感謝の涙
tears of (gratitude)

(3) 本当のことを言う勇気
the (courage) to tell the truth

(4) これまでで最悪の不景気
the worst (depression) ever

(5) ユーモアを欠く
lack (humor)

(6) 成功への強い願望
a strong (desire) for success

(7) 感情を隠す
hide my (emotions)

(8) 喜んで叫ぶ
shout with (delight)

(9) 大いに怒っている
be full of (anger)

(10) 絶望を乗り越える
get over the (despair)

0531	近くの市場に	in a **nearby** market
0532	日本をたびたび訪れる人	a **frequent** visitor to Japan
0533	地球温暖化を防ぐ	prevent **global** warming
0534	即答する	give an **immediate** reply
0535	私の最初の考え	my **initial** thought
0536	内部での使用のみ	for **internal** use only
0537	彼に最近会った	have seen him **lately**
0538	前の晩に	on the **previous** evening
0539	急速な人口の成長	the **rapid** population growth
0540	都会の生活を楽しむ	enjoy **urban** life

nearbyとnear

nearbyは形容詞や副詞として用いる。形容詞の時は、名詞の直前か直後に置く。

　I live nearby.「私はこの近くに住んでいる。」

　I live in a nearby village [village nearby].「私は近くの村に住んでいる。」

nearは、「物理的に近い」という意味では一般に補語として用いる。
ただし、nearer、nearestは、名詞の直前でも用いることができる。

　The hotel is near to the airport.「そのホテルは空港に近い。」

　the nearest station「最寄りの駅」

　×a near hotel「近くのホテル」(a nearby hotelはOK)

□□□ **nearby** [niərbái ニアバイ]	形 副 近くの[に]
□□□ **frequent** [frí:kwənt フリークウェント]	形 たびたびの、頻繁な ⇒ fréquently 副 たびたび、頻繁に(= óften)
□□□ **global** [glóubəl グロウバル]	形 地球(規模)の、世界的な ⇒ globalizátion 名 国際化、グローバル化
□□□ **immediate** [imí:diət イミーディエト]	形 即座の ⇒ immédiately 副 即座に、ただちに
□□□ **initial** [iníʃəl イニシャル] ア	形 ❶ 最初の、第一の　❷ 語頭の 名 頭文字
□□□ **internal** [intə́:rnəl インターナル]	形 内部の、国内の(⇔ extérnal)
□□□ **lately** [léitli レイトリ]	副 最近、近ごろ (※ 現在完了形とともに用いることが多い)
□□□ **previous** [prí:viəs プリーヴィアス] 発	形 (時間、順序が)前の、先の ⇒ préviously 副 前もって、以前に
□□□ **rapid** [rǽpəd ラピド]	形 急速な、速い
□□□ **urban** [ə́:rbən アーバン]	形 都会の、都市の

STEP 11

(1) 地球規模の企業
a (global) company

(2) 私たちの前の住所
our (previous) address

(3) 近くの都市
a (nearby) city

(4) 頭痛がたびたび起こる
have (frequent) headaches

(5) 即効性がある
have an (immediate) effect

(6) 都市部に住む
live in (urban) areas

(7) 最初の費用
(initial) costs

(8) 内部のトラブル
(internal) trouble

(9) 流れの速い川を横切る
cross a (rapid) river

(10) 最近彼を見かけていない
haven't seen him (lately)

No.	日本語	English
0541	彼を記念する記念碑	a **monument** to his memory
0542	看護師という職業	the **profession** of a nurse
0543	高い評判を得る	have a high **reputation**
0544	私の毎日のきまりきった仕事	my everyday **routine**
0545	奨学金に応募する	apply for a **scholarship**
0546	暑い日の連続	**a series of** hot days
0547	３枚の紙	three **sheets of** paper
0548	悲しい話を語る	tell a sad **tale**
0549	私の母語	my mother **tongue**
0550	車両に乗る	get in the **vehicle**

taleとstory

taleは「作り話」を指す。さらには、自分ででっちあげた言い訳などについても使う。一方、storyは作り話についてもいうが、ニュースの報道や実社会の出来事など、実際にあった話を指す。

なお、fairy taleは「子ども向けのおとぎ話」。グリム童話や、ディズニーアニメなどが典型例。fairyは「妖精」という意味。

□□□ **monument** [mɑ́njəmənt マニュメント]	名 記念碑
□□□ **profession** [prəféʃən プロフェション]	名 職業、専門職 ⇒ proféssional 形 専門的な、プロの
□□□ **reputation** [rèpjətéiʃən レピュテイション]	名 評判
□□□ **routine** [ru:tí:n ルーティーン]ア	名 きまりきった仕事、日課 形 型通りの
□□□ **scholarship** [skɑ́lərʃìp スカラシプ]	名 奨学金 ⇒ schólar 名 学者、奨学生
□□□ **series** [síəri:z スィアリーズ]	名 ❶ ひと続き、連続 ❷ (本･番組などの)シリーズ(物) ★ a series of A　Aの連続、一連のA
□□□ **sheet** [ʃí:t シート]	名 ❶ 1枚　★ a sheet of A　1枚のA ❷ シーツ、敷布
□□□ **tale** [téil テイル]	名 お話、物語
□□□ **tongue** [tʌ́ŋ タング]発	名 ❶ (言)語、言葉づかい　❷ 舌
□□□ **vehicle** [ví:ikl ヴィーイクル]	名 ❶ 乗り物、車両　❷ (伝達の)手段

(1) 一連の出来事
a (series) of events

(2) 私たちの祖先についてのお話
a (tale) about our ancestors

(3) 1枚の金属
a (sheet) of metal

(4) 奨学金を得る
win the (scholarship)

(5) きまりきった仕事に従う
follow the (routine)

(6) 公共の乗り物
a public (vehicle)

(7) 記念碑を建てる
raise a (monument)

(8) 評判を失う
lose my (reputation)

(9) 古い言語
an old (tongue)

(10) 職業を選択する
choose my (profession)

例文でCHECK!!

/50

□	彼はドアを開ける前に深呼吸をした。	He **took a deep breath** before opening the door.	0501
□	私のおばは5年間がんを患っている。	My aunt has **been suffering from cancer** for five years.	0502
□	頭痛に対する効果的な治療法を知っていますか？	Do you know **an effective cure** for a headache?	0503
□	彼はアフリカで変わった病気にかかった。	He **caught a strange disease** in Africa.	0504
□	中庭に石油タンクがある。	There is **an oil tank** in the yard.	0505
□	私は筋肉のトレーニングをするのが好きだ。	I like **doing muscle training**.	0506
□	その魚は視覚器官がない。	The fish has no **organ of sight**.	0507
□	その赤ん坊はとても柔らかい皮膚をしている。	The baby **has** very **soft skin**.	0508
□	彼女は先月首の手術を受けた。	She **had surgery on the neck** last month.	0509
□	これらはかぜに共通の症状です。	These are the **common symptoms of cold**.	0510
□	ここでは夏は暑く湿気が多い。	It **is hot and humid** here in summer.	0511
□	私の祖父は電話では大声で話す。	My grandfather **speaks in a loud voice** on the phone.	0512
□	この地域は一年中温和な気候である。	This region has **mild weather** all the year.	0513
□	彼女が明らかな嘘をついたのは残念なことだ。	It is a pity that she **told an obvious lie**.	0514
□	その花嫁は純白のドレスを着ていた。	The bride wore **a dress of pure white**.	0515
□	北海道の人々は冬に深刻な寒さに苦しむ。	People in Hokkaido **suffer from severe cold** in winter.	0516
□	彼は授業中沈黙していた。	He **kept silent** during the class.	0517
□	彼は計画についてあいまいな答えをした。	He gave **a vague answer** about his plan.	0518
□	私はさまざまな理由で彼女と結婚することにした。	I decided to marry her **for various reasons**.	0519
□	その博士は海洋生物に関するばく大な知識で知られている。	The doctor is known for his **vast knowledge of sea creatures**.	0520
□	私は彼にものすごい怒りを覚えた。	I **felt** great **anger toward him**.	0521
□	その男の子は勇気を出して彼女に話しかけた。	The boy **had the courage to talk to her**.	0522
□	私の成功は両親を喜ばせた。	My success **gave delight to my parents**.	0523
□	その失敗のあと、彼はひどい憂うつになった。	After the failure, he **went into a deep depression**.	0524
□	不況が始まった時に、多くの人々が仕事を失った。	Many people lost their jobs **at the beginning of the depression**.	0525

□	その少年は有名になりたいという強い願望をもっていた。	The boy had a strong desire to be famous.	0526
□	その戦争が始まった時、人々は絶望した。	People were in despair when the war started.	0527
□	自分の感情を言葉に表すことは時に難しい。	Sometimes it is difficult to put my emotions into words.	0528
□	最後の授業のあと私たちは先生に感謝の意を表明した。	After the last class we expressed gratitude to the teacher.	0529
□	大阪の人々はよいユーモアのセンスがある。	People in Osaka have a good sense of humor.	0530
□	近くの市場にたくさんの興味深いお店がある。	There are a lot of interesting shops in a nearby market.	0531
□	その芸術家は日本をたびたび訪れる人だ。	The artist is a frequent visitor to Japan.	0532
□	地球温暖化を防ぐ効果的な方法は何ですか。	What is an effective way to prevent global warming?	0533
□	彼は電子メールで私に即答した。	He gave me an immediate reply by email.	0534
□	私の最初の考えはまちがっていた。	My initial thought was wrong.	0535
□	この情報は内部での使用のみのためである。	This information is for internal use only.	0536
□	彼に最近会いましたか。	Have you seen him lately?	0537
□	私たちは前の晩に必要なものをすべて詰めた。	We packed everything we needed on the previous evening.	0538
□	この問題は急速な人口の成長によって引き起こされた。	This problem was caused by the rapid population growth.	0539
□	私の弟は都会の生活を本当に楽しんでいる。	My brother really enjoys urban life.	0540
□	彼らは彼を記念する記念碑を建てた。	They built a monument to his memory.	0541
□	看護師という職業は今日とても重要である。	The profession of a nurse is very important today.	0542
□	彼の最新の小説は高い評判を得た。	His latest novel had a high reputation.	0543
□	私は毎日のきまりきった仕事にうんざりしている。	I am tired of my everyday routine.	0544
□	その先生は私が奨学金に応募することを提案した。	The teacher suggested I (should) apply for a scholarship.	0545
□	8月は暑い日の連続である。	We have a series of hot days in August.	0546
□	そこには3枚の紙しか残っていない。	There are only three sheets of paper left.	0547
□	その老婆は戦争についての悲しい話を語った。	The old woman told a sad tale about the war.	0548
□	私の母語はフランス語だ。	My mother tongue is French.	0549
□	すべての乗客が車両に乗った。	All the passengers got in the vehicle.	0550

フォーカスワード　基本動詞 19

want

❶…することを望む、…したい
❷…に…してもらいたい
❸ほしい、ほしがる、望む

[wánt ワント]

共通イメージ

何かをほしいと思う心の状態

❶…することを望む、…したい

❷…に…してもらいたい

want him to see you

❸ほしい、ほしがる、望む

want money

▶▶▶ want で言ってみよう!

身近なもの

□ 飲み物がもう一杯ほしい　**want** another **drink**
□
□ 飲み物　**drink** [dríŋk ドリンク]

□ コーヒーがほしい　**want** some **coffee**
□
□ コーヒー　**coffee** [kɔ́:fi コーフィ]

□ あなたの助けがほしい　**want** your **help**
□
□ 助け　**help** [hélp ヘルプ]

□ パンがほしい　**want bread**
□
□ パン　**bread** [bréd ブレド]

動詞

□ 本当のことが知りたい　**want to know** the truth
□
□ 知る　**know** [nóu ノウ]

□ コンサートに行きたい　**want to go** to the concert
□
□ 行く　**go** [góu ゴウ]

和製英語

いざネイティブ相手に英語を話そうとするとき、意外に困るのが和製英語の存在です。
カタカナ語としてふつうに使っている言葉が、実は英語にはない表現で欧米人には通じない、ということはよくあります。ここでは、代表的な和製英語と正しい英語をまとめてチェックしてみましょう。

和製英語	英語
ボールペン	a ballpoint pen
モーニングコール	a wake-up call
ガードマン	a (security) guard
ガソリンスタンド	a gas station
ビニール袋	a plastic bag
トランプ	cards
ホームページ	website
ミス	mistake
バーゲンセール	sale
ワイシャツ	shirt
パン	bread
コンセント	outlet
ペンキ	paint
トイレ	bathroom, restroom
フライドポテト	French fries, chips(英)
アルバイト	a part-time job
マンション	an apartment, a condo(minium)
キャッシュカード	a bank card
ジーパン	jeans
フライパン	a pan
パソコン	a (personal) computer
ノートパソコン	a laptop

その数はごくわずかですが、和製英語の中には、karaoke「カラオケ（空）＋（オーケストラ）」やanime「アニメ」など、逆に英語に取り入れられるようになったものもあります。

0551	時間の観念がない	have no **notion** of time
0552	奇妙な物体を見る	see a strange **object**
0553	小さな障害に直面する	face a small **obstacle**
0554	大きな潜在力がある	have a great **potential**
0555	現実になる	become a **reality**
0556	日本とオーストラリアとの貿易関係	trade **relations** between Japan and Australia
0557	事故の責任を取る	take **responsibility** for the accident
0558	彼自身の命を危険にさらして	at the **risk** of his own life
0559	順序立てる	put in **sequence**
0560	森の広がり	a **stretch** of forest

objectとoppose

いずれも「反対する」という意味だが、語法に注意。

▶**object：object to A**で「**A**に反対する」という意味。

▶**oppose：oppose A**または**be opposed to A**で「**A**に反対する」という意味。

He objected to our plan.「彼は私たちの計画に反対した。」

He opposed our idea.＝He was opposed to our idea.

「彼は私たちの考えに反対した。」

notion [nóuʃən ノウション]	名 観念、考え
object [ábdʒikt アブヂクト]ア	名 ❶ 物体、物 ❷ 目的 ❸ 対象 動 [əbdʒékt アブヂェクト] (…に)反対する(to)
obstacle [ábstəkl アブスタクル]	名 障害(物)
potential [pəténʃəl ポテンシャル]	名 潜在(能)力、(…する)可能性(to *do*) 形 潜在的な、可能性のある
reality [riːǽləti リーアリティ]	名 現実(のもの)、現実性 ⇒ réal 形 現実の、本当の
relation [riléiʃən リレイション]	名 関係(= relátionship) ⇒ reláte [riléit リレイト] 動 関係がある、関係づける
responsibility [rispɑ̀nsəbíləti リスパンスィビリティ]	名 責任 ⇒ respónsible 形 責任がある
risk [rísk リスク]	名 (自己責任で冒す)危険 ★ at the risk of A Aを危険にさらして 動 危うくする ★ risk *do*ing あえて…する
sequence [síːkwəns スィークワンス]ア	名 ❶ 順序、連続 ❷ 順番
stretch [strétʃ ストレチ]	名 (時間、空間の)広がり 動 ❶ 伸ばす、引っ張る ❷ 伸びる、広がる

チェック!

(1) 彼らと親しい関係を持つ
have close (relations) with them

(2) 自分自身の可能性を信じる
believe in my own (potential)

(3) 金属の物体
a metal (object)

(4) 彼の幸福についての観念
his (notion) of happiness

(5) 失敗する危険
the (risk) of failure

(6) 成功への障害
an (obstacle) to success

(7) 長い広がりを持つ道
a long (stretch) of road

(8) 現実に立ち向かう
face up to (reality)

(9) 一連の行動
a (sequence) of actions

(10) 責任感
sense of (responsibility)

No.	日本語	English
0561	彼女の質問に答える	respond to her question
0562	両腕を伸ばす	extend my arms
0563	彼の滞在を延長する	extend his stay
0564	私たちの申し出を断る	decline our offer
0565	その会議に出席する	attend the meeting
0566	紳士のようにふるまう	behave like a gentleman
0567	破裂してばらばらになる	burst into pieces
0568	11名の選手で構成される	be composed of 11 players
0569	コートをかける	hang my coat
0570	彼の病気を治す	heal his illness

declineとrefuse

両者とも「断る」という意味を持つが、ニュアンスが異なる。

▶**decline**：やわらかく、ていねいに断る。

▶**refuse**：直接、はっきり断る。

I'm sorry but I have to decline your offer.

「申し訳ありませんが、あなたの申し出をお断りしなければなりません。」

I refused his invitation.「私は彼の招待をはっきり断った。」

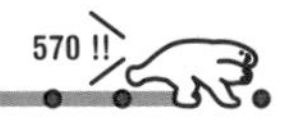

□□□ **respond** [rispάnd リスパンド]	動 (…に)答える、反応する(to) ⇒ respónse 名 反応、返答
□□□ **extend** [ikstend イクステンド]	動 ❶ 伸ばす、広げる[広がる]
□□□ **extend**	動 ❷ (時間、空間的に)延長する ⇒ extént 名 範囲、程度 ⇒ exténsive 形 広範囲な
□□□ **decline** [dikláin ディクライン]	動 ❶ (ていねいに)断る、辞退する ❷ 衰える 名 減少、衰退
□□□ **attend** [əténd アテンド]	動 出席する、(学校などに)通う ★ attend to A Aに注意を払う、Aの世話をする ⇒ atténdance 名 出席
□□□ **behave** [bihéiv ビヘイヴ] 発	動 ふるまう ★ behave *oneself* 行儀よくする ⇒ behávior [bihéivjər ビヘイヴァ] 名 行動
□□□ **burst** [bə́ːrst バースト] 活用：burst-burst	動 破裂する ★ burst into A 突然Aになる 名 破裂、爆発
□□□ **compose** [kəmpóuz コンポウズ]	動 構成する ★ be composed of A Aで構成される ⇒ composítion 名 構成
□□□ **hang** [hǽŋ ハング] 活用：hung-hung [hʌ́ŋ ハング]	動 ❶ かける、かかっている ❷ 絞首刑にする（※ この場合の活用は、hanged-hanged）
□□□ **heal** [híːl ヒール]	動 (病気、けがなど)治す、いやす ★ heal A of B A(人)のBを治す

チェック！

(1) 突然破裂する
(burst) suddenly

(2) 水だけで構成される
be (composed) of water only

(3) 私たちの事業を広げる
(extend) our business

(4) その病人を治す
(heal) the sick person

(5) フレンドリーにふるまう
(behave) in a friendly way

(6) 彼の呼ぶ声に反応する
(respond) to his call

(7) 招待を辞退する
(decline) the invitation

(8) 絵を壁にかける
(hang) a picture on the wall

(9) 授業に出席する
(attend) classes

(10) 道を延長する
(extend) the road

No.	日本語	English
0571	並外れた努力をする	make **extraordinary** efforts
0572	根本的な変更	a **fundamental** change
0573	避けられない問題	an **inevitable** problem
0574	その本の主要な点	the **main** points of the book
0575	小さい誤りを指摘する	point out a **minor** mistake
0576	君の貴重な時間を無駄にする	waste your **precious** time
0577	めったにない機会に出くわす	have a **rare** opportunity
0578	著しい増加を示す	show a **remarkable** increase
0579	緊急会議を開く	hold an **urgent** meeting
0580	高価な絵	a **valuable** painting

preciousとvaluable

▶ **precious**：「金銭では測れないほど貴重な」
▶ **valuable**：「金銭的な価値が高い」
　したがって、preciousは主観的な価値を表すことがある。
　my precious [×valuable] memories「私の貴重な思い出」
　You are precious to me.「君は私にとってかけがえのない人だ。」

extraordinary [ikstrɔ́ːrdənèri イクストローディネリ]	形 ❶ 並外れた ❷ 異常な(⇔ órdinary ふつうの)
fundamental [fʌ̀ndəméntl ファンダメントル]ア	形 根本的な、基本的な 名 (fundamentalsで)原理、原則
inevitable [inévətəbl イネヴィタブル]	形 避けられない、必然的な
main [méin メイン]	形 主要な、主な
minor [máinər マイナ]	形 小さい、さほど重要でない(⇔ májor) 名 未成年者
precious [préʃəs プレシャス]	形 貴重な、大切な
rare [réər レア]	形 (貴重で)まれな、珍しい ⇒ rárely 副 めったに…ない(= séldom)
remarkable [rimáːrkəbl リマーカブル]	形 ❶ 著しい、すばらしい ❷ 注目すべき
urgent [ə́ːrdʒənt アーヂェント]発	形 緊急の、急を要する ⇒ úrgency 名 緊急
valuable [væljəbl ヴァリャブル]	形 高価な、重要な 名 (valuablesで)貴重品 ⇒ válue 名 価値、(valuesで)価値観

(1) 主な理由
the (main) reason

(2) 著しい効果
(remarkable) effect

(3) 大切な思い出
(precious) memories

(4) 珍しい本を収集する
collect (rare) books

(5) 避けられない変化
(inevitable) change

(6) 高価な宝石
(valuable) jewelry

(7) 緊急手術
(urgent) surgery

(8) 根本的な原因
the (fundamental) cause

(9) 並外れた力
(extraordinary) power

(10) 小さい変更をする
make a (minor) change

STEP 12

Round 1 月 日 | Round 2 月 日 | Round 3 月 日

LEVEL 1 LEVEL 2

0581	消費者社会	a **consumer** society
0582	グローバル経済	the global **economy**
0583	会社を設立する	establish a **firm**
0584	自動車産業	the car **industry**
0585	保険に加入する	take out **insurance**
0586	交渉する	have a **negotiation**
0587	改善の過程	the **process** of improvement
0588	橋を建設する計画	a **project** to build a bridge
0589	彼女の全財産	all her **property**
0590	二国の合併	the **union** of the two countries

projectとplan

planは「計画」を表す一般的な語だが、projectは一般に、企業や組織などが慎重に計画した、長期的で大規模な計画を指すことが多い。

a three-year project「三年計画」

a project to build a power plant「発電所建設プロジェクト」

□□□ **consumer** [kənsúːmər コンスーマ]	名 消費者 ⇒ consúme [kənsúːm コンスーム] 動 消費する ⇒ consúmption 名 消費
□□□ **economy** [ikánəmi イカノミ]ア	名 ❶ 経済　❷ 節約 ⇒ económic 形 経済の ⇒ económical 形 経済的な、安い
□□□ **firm** [fəːrm ファーム]	名 会社、商会 形 堅い、しっかりした
□□□ **industry** [índəstri インダストリ]ア	名 ❶ 産業、工業　❷ 勤勉 ⇒ indústrial 形 産業の ⇒ indústrious 形 勤勉な
□□□ **insurance** [inʃúərəns インシュアランス]ア	名 保険 ⇒ insúre 動 ❶ 保険をかける　❷ 確実にする
□□□ **negotiation** [nigòuʃiéiʃən ニゴウシエイション]	名 交渉 ⇒ negótiate 動 交渉する
□□□ **process** [práses プラセス]	名 ❶ 過程、進行、作業　❷ 製法 動 ❶ 処理する　❷ 加工する
□□□ **project** [prádʒekt プラヂェクト]ア	名 計画、企画 動 [prədʒékt プロヂェクト]　❶ 予想する、見積もる　❷ 投影する、投げ出す
□□□ **property** [prápərti プラパティ]	名 ❶ 財産、不動産　❷ (物質の)特性
□□□ **union** [júːnjən ユーニョン]	名 ❶ 合併、結合　❷ (労働)組合、同盟

(1) 重工業
the heavy (industry)

(2) 変化の過程
the (process) of change

(3) 全財産を失う
lose all my (property)

(4) 生命保険
life (insurance)

(5) 和平交渉
peace (negotiations)

(6) 消費者団体
a (consumer) organization

(7) 大規模な調査計画
a large research (project)

(8) 東西の結合
the (union) of East and West

(9) 小さい会社を経営する
run a small (firm)

(10) 地域経済
the local (economy)

0591	すべての側面から	from every **aspect**
0592	家族の概念	the **concept** of family
0593	結論に到達する	come to a **conclusion**
0594	その単語の定義	the **definition** of the word
0595	魚を捕まえる装置	a **device** to catch fish
0596	驚くしぐさをする	make a **gesture** of surprise
0597	動物実験をする	do an **experiment on** animals
0598	天気予報	the weather **forecast**
0599	深い見識がある	have a deep **insight**
0600	週刊誌を読む	read a weekly **journal**

ジェスチャー

ジェスチャーは、国によって意味が異なる。たとえば、人差し指と中指でつくる「ピースサイン」は、ギリシアでは相手を侮辱するときに用いる。また、手招きするときに日本では手のひらを下に向けるが、アメリカでは手のひらを上に向ける。中指と人差し指を交差させるジェスチャーは、アメリカでは「幸運を祈る」という意味になるが、ベトナムでは、相手をばかにする仕草になる。海外の人と接するときには、言葉だけではなく、文化や風習も合わせて知るようにしよう。

□□□ **aspect** [ǽspekt アスペクト]	名 側面、様相
□□□ **concept** [kɑ́nsept カンセプト]	名 概念、考え
□□□ **conclusion** [kənklúːʒən コンクルージョン]	名 結論 ⇒ conclúde 動 結論づける
□□□ **definition** [dèfəníʃən デフィニション]	名 定義 ⇒ defíne 動 定義する、明確にする
□□□ **device** [diváis ディヴァイス]	名 装置、道具 ⇒ devíse [diváiz ディヴァイズ] 動 考案する、工夫する
□□□ **gesture** [dʒéstʃər チェスチャ]	名 しぐさ、身ぶり 動 しぐさ[身ぶり]をする
□□□ **experiment** [ikspérəmənt イクスペリメント]	名 (…への)実験(on) 動 実験する
□□□ **forecast** [fɔ́ːrkæst フォーキャスト] 活用 : forecast - forecast	名 予報、予測 動 (天気などを)予報する
□□□ **insight** [ínsait インサイト]	名 (…に対する)洞察(力)、見識(into)
□□□ **journal** [dʒə́ːrnəl ヂャーナル]	名 ❶ (専門的な)雑誌、定期刊行物 ❷ (公的な)日記、日誌

(1) 人生の異なる側面
a different (aspect) of life

(2) 明確な定義を与える
give a clear (definition)

(3) 新しい洞察を示す
reveal a new (insight)

(4) 会議の結論
the (conclusion) of the meeting

(5) 安全装置
a safety (device)

(6) 科学雑誌
a scientific (journal)

(7) 彼の提案の基本的な概念
the basic (concept) of his suggestion

(8) 化学実験をする
do a chemical (experiment)

(9) 将来予測
the future (forecast)

(10) スピーチで身ぶりを使う
use (gesture) in the speech

例文でCHECK!!

□ 時間の観念がない人もいる。	Some people have no notion of time.	0551
□ 私たちは昨夜空に奇妙な物体を見た。	We saw a strange object in the sky last night.	0552
□ ボブは小さな障害に直面している。	Bob is facing a small obstacle.	0553
□ その男の子には大きな潜在力がある。	The boy has a great potential.	0554
□ 私たちの心配が現実になった。	Our concern became a reality.	0555
□ 日本とオーストラリアとの貿易関係はとてもよい。	Trade relations between Japan and Australia are very good.	0556
□ その社長は事故の責任を取った。	The president took responsibility for the accident.	0557
□ 彼は自分自身の命を危険にさらして子どもを救った。	He saved the child at the risk of his own life.	0558
□ すべての出来事を順序立てよう。	Let's put all the events in sequence.	0559
□ 川に沿って森の広がりがある。	There is a stretch of forest along the river.	0560
□ その先生は彼女の質問に親切に答えた。	The teacher kindly responded to her question.	0561
□ 私はそのネコを抱くために両腕を伸ばした。	I extended my arms to hold the cat.	0562
□ その外国人は日本での滞在を延長した。	The foreigner extended his stay in Japan.	0563
□ 彼は私たちの支援の申し出を断った。	He declined our offer of support.	0564
□ 私はその退屈な会議に出席した。	I attended the boring meeting.	0565
□ その小さな少年は紳士のようにふるまった。	The small boy behaved like a gentleman.	0566
□ びんの一つは気圧のせいで破裂してばらばらになった。	One of the bottles burst into pieces because of air pressure.	0567
□ サッカーチームは11名の選手で構成される。	A soccer team is composed of 11 players.	0568
□ 私は壁にコートをかけた。	I hung my coat on the wall.	0569
□ 彼の病気を治すのには長い時間がかかった。	It took a long time to heal his illness.	0570
□ 彼は試験に合格するために並外れた努力をした。	He made extraordinary efforts to pass the test.	0571
□ 政府は制度の根本的な変更を計画している。	The government plans a fundamental change to the system.	0572
□ 地球温暖化は避けられない問題ではない。	Global warming is not an inevitable problem.	0573
□ 彼は私たちにその本の主要な点について教えてくれた。	He told us about the main points of the book.	0574
□ 彼は新聞の小さな誤りを指摘した。	He pointed out a minor mistake in the newspaper.	0575

☐	ゲームをして**君の貴重な時間を無駄にして**はいけない。	Don't **waste your precious time** by playing games.	0576
☐	私は彼と話すという**めったにない機会に出くわした**。	I **had a rare opportunity** to talk with him.	0577
☐	出生率は**著しい増加を示した**。	The birth rate **showed a remarkable increase**.	0578
☐	その社長は昨日**緊急会議を開いた**。	The president **held an urgent meeting** yesterday.	0579
☐	彼はたくさんの**高価な絵**を集めている。	He collects a lot of **valuable paintings**.	0580
☐	アメリカは世界最大の**消費者社会**だ。	The USA is **the** biggest **consumer society** in the world.	0581
☐	**グローバル経済**は急速に変化している。	**The global economy** is changing fast.	0582
☐	日本では外国人が**会社を設立する**ことはしばしば困難である。	It is often difficult for foreigners to **establish a firm** in Japan.	0583
☐	**自動車産業**はインドで成長している。	**The car industry** is growing in India.	0584
☐	あなたは車を運転するときには**保険に加入し**なければなりません。	You have to **take out insurance** when you drive a car.	0585
☐	私たちは値段について彼らと**交渉した**。	We **had a negotiation** with them about the price.	0586
☐	**改善の過程**は結果と同じくらい重要だ。	**The process of improvement** is as important as the result.	0587
☐	私たちは**橋を建設する計画**がある。	We have **a project to build a bridge**.	0588
☐	彼女は**全財産**をなくした。	She lost **all her property**.	0589
☐	人々は**二国の合併**を望んでいる。	People want **the union of the two countries**.	0590
☐	彼は私に問題を**すべての側面から**考えるよう助言した。	He advised me to consider the problem **from every aspect**.	0591
☐	**家族の概念**は変わりつつある。	**The concept of family** is changing.	0592
☐	私たちは議論のあとに**結論に到達した**。	We **came to a conclusion** after discussion.	0593
☐	私は**その単語の定義**を書きとめた。	I wrote down **the definition of the word**.	0594
☐	これは**魚を捕まえる装置**ではありません。	This is not **a device to catch fish**.	0595
☐	彼女は私を見て**驚くしぐさをした**。	She **made a gesture of surprise** to see me.	0596
☐	私たちは**動物実験をすること**に反対です。	We oppose **doing an experiment on animals**.	0597
☐	週末の**天気予報**は大雨だ。	**The weather forecast** for the weekend is heavy rain.	0598
☐	彼には現代社会への**深い見識がある**。	He **has a deep insight** into modern society.	0599
☐	私はいつも電車で**週刊誌を読んでいる**。	I always **read a weekly journal** on the train.	0600

フォーカスワード 前置詞 1

about

前❶(話題・ことがら)について
❷…ごろに、およそ…で
❸(場所)のあたりを[に]

副❶だいたい、約…
❷あたりを[に]

イメージ …のすぐそば

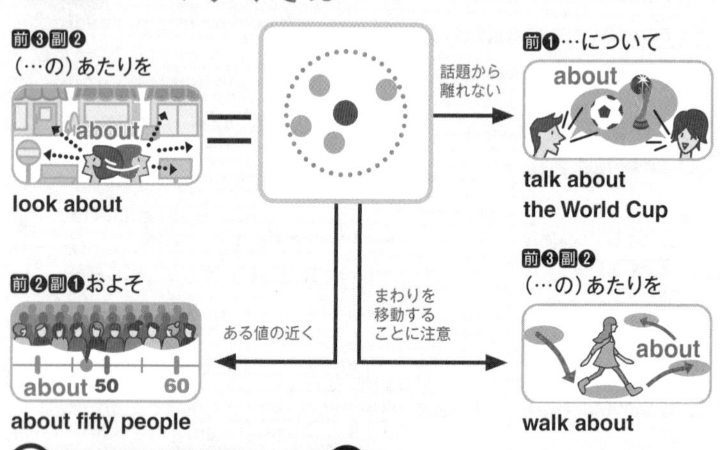

フォーカスワード 前置詞 2

after

❶…のあとに[の]
❷次々に
❸…のあとを追って

イメージ 順序があと

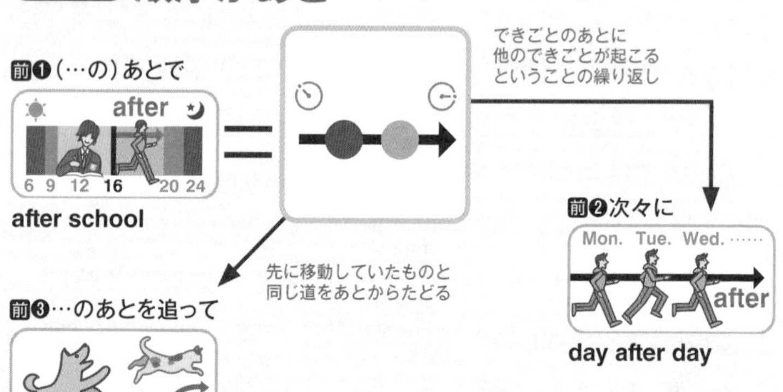

フォーカスワード　前置詞　3

at

❶（場所）…に、…で
❷（時間）…に
❸（ねらい・対象）…に向かって
❹（値段・程度・割合・速度など）…で
❺…の点において

イメージ　広い範囲の中の一点

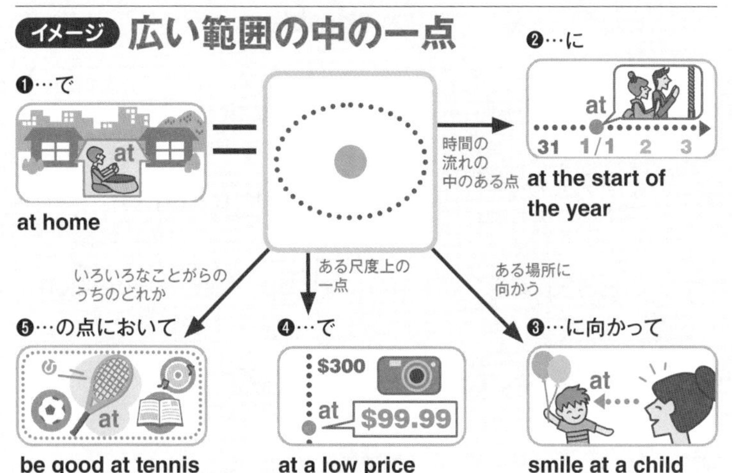

フォーカスワード　前置詞　4

before

前❶（時間）…の前に
❷（位置）…の前に
副❶（時間）以前に
❷（位置）前方に
接…する前に

イメージ　前方

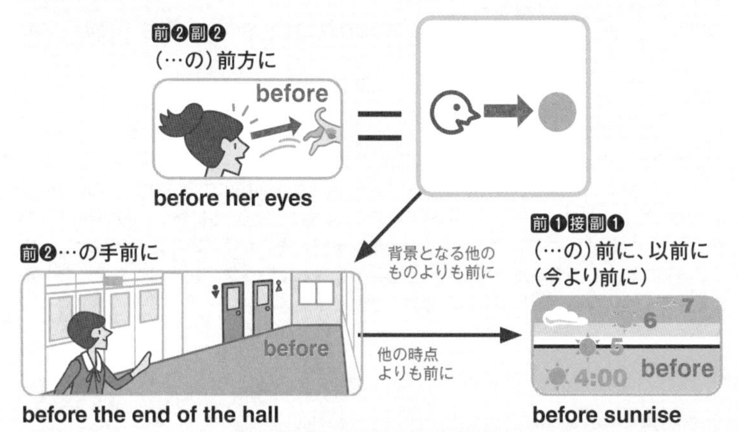

0601	攻撃的な態度をとる	take an **aggressive** attitude
0602	恐ろしい事故	a **horrible** accident
0603	信じられない話	an **incredible** story
0604	わかりやすい英語で話す	speak in **plain** English
0605	積極的な提案をする	make a **positive** suggestion
0606	ばかな犬	a **stupid** dog
0607	訪れる価値がある	**worth** visiting
0608	むだな試みをする	make **vain** attempts
0609	密接に関係している	be **closely** tied
0610	最終的に問題を解決する	**eventually** solve the problem

プレイン・イングリッシュ

英語は語彙が多く、教養のある英語ネイティブは、平均で15000-20000語の単語を知っているとされる。しかし、実際に会話や文章で使われる単語は、2000語レベルの単語が80-90%を占める。このことから、ネイティブも、いたずらに難しい単語を使うのではなく、プレイン・イングリッシュ（簡単な英語）を心がけていることがわかる。この単語帳に載っている単語を使いこなせるようになれば、日常の読み書きや会話を十分こなせるようになる。繰り返しがんばって学習しよう。

aggressive [əgrésiv アグレスィヴ]	形 攻撃的な、乱暴な ⇒ aggréssion 名 攻撃
horrible [hɔ́:rəbl ホーリブル]	形 恐ろしい ⇒ hórror 名 恐怖
incredible [inkrédəbl インクレディブル]	形 信じられない、途方もない
plain [pléin プレイン]	形 ❶ わかりやすい、はっきりした ❷ 質素な、あっさりした 名 平原
positive [pɑ́zətiv パズィティヴ]	形 ❶ 積極的な、肯定的な(⇔ négative) ❷ よい
stupid [stjú:pəd ステューピド]	形 ばかな、ばかげた
worth [wə́:rθ ワース] 発	形 価値がある　名 価値 ★ worth *doing* …する価値がある ⇒ wórthy 形 価値のある
vain [véin ヴェイン]	形 むだな　★ in vain むだに
closely [klóusli クロウスリ]	副 ❶ 密接に、綿密に　❷ 接近して ⇒ clóse 形 ❶ 親しい　❷ 接近した、類似した
eventually [ivéntʃuəli イヴェンチュアリ]	副 最終的に、結局は

(1) 10万円の価値がある
(worth) ¥100,000

(2) 攻撃的な運転手
an (aggressive) driver

(3) ばかげた質問をする
ask a (stupid) question

(4) 信じられない間違い
an (incredible) mistake

(5) 彼らと密接に仕事をする
work (closely) with them

(6) 積極的な態度を保つ
keep (positive) attitude

(7) 恐ろしい病
a (horrible) disease

(8) むだな望みを持つ
have a (vain) hope

(9) 最終的に試合に勝利する
(eventually) win the match

(10) わかりやすい説明
a (plain) explanation

No.	日本語	English
0611	日本の外交政策	Japanese foreign **policy**
0612	政治についてよく知っている	know a lot about **politics**
0613	貧困生活をする	live in **poverty**
0614	外国人への偏見	a **prejudice** against foreigners
0615	機会均等の原則	the **principle** of equal opportunity
0616	安全を優先する	give **priority** to safety
0617	戦争に抗議する	make a **protest** against war
0618	すべての人種	all the **races**
0619	宗教の自由	freedom of **religion**
0620	社会的地位を向上する	improve the social **status**

priorityの表現

▶**top [first] priority「最優先事項」**
We need to finish this work at top priority.
「最優先事項としてこの仕事を終える必要がある。」

▶**take priority over A「Aより優先する」**
For him, sports take priority over study.
「彼にとっては、勉強よりスポーツが優先する。」

□□□ **policy** [pálәsi パリスィ]	名 政策、方針
□□□ **politics** [pálәtìks パリティクス] ア	名 政治、政治学 ⇒ polítical 形 政治的な
□□□ **poverty** [pávәrti パヴァティ] 発	名 ❶ 貧困、貧乏　❷ 欠乏 ⇒ póor 形 貧しい
□□□ **prejudice** [prédʒәdәs プレヂュディス]	名 偏見、先入観
□□□ **principle** [prínsәpl プリンスィプル]	名 ❶ 原則、原理　❷ 主義
□□□ **priority** [praiɔ́ːrәti プライオーリティ]	名 優先(権)、優先事項
□□□ **protest** [próutest プロウテスト] ア	名 (…に対する)抗議(against) 動 [prәtést プロテスト](…に)強く反対する、抗議する(against)
□□□ **race** [réis レイス]	名 ❶ 人種　❷ 競争、レース ⇒ rácial 形 人種の
□□□ **religion** [rilídʒәn リリヂョン]	名 宗教 ⇒ relígious 形 宗教的な
□□□ **status** [stéitәs ステイタス]	名 ❶ (高い)地位、身分　❷ 状態、情勢

(1) 偏見がない
be free from (prejudice)

(2) 心の貧困
the (poverty) of mind

(3) 白色人種
the white (race)

(4) 宗教を信じる
believe in (religion)

(5) 高い地位の人々
people with high (status)

(6) 最優先事項
the top (priority)

(7) 声なき抗議
a silent (protest)

(8) 経済政策
the economic (policy)

(9) 人間関係の原理
the (principle) of human relations

(10) 政治について議論する
discuss (politics)

STEP 13

No.	日本語	English
0621	日本にコーヒーを輸出する	export coffee to Japan
0622	琵琶湖に流れ込む	flow into Lake Biwa
0623	群衆を奮い立たせる	inspire the crowd
0624	彼女が行くように勧める	recommend that she (should) go
0625	彼女をよい指導者だとみなす	regard her as a good leader
0626	言い争いを解決する	settle the argument
0627	その島に住みつく	settle on the island
0628	高い壁で囲まれる	be surrounded with high walls
0629	その手紙を引きさく	tear the letter up
0630	彼らに立ち上がるよう命令する	command them to stand up

regardの名詞用法

(1) 配慮

He had no regard for the situation.「彼は状況をまったく配慮しなかった。」

(2) (in...regardで)…の点で、(with regard to...で)…に関して

He is not right in this regard.「この点で彼は正しくない。」

With regard to study, I am lazy.「勉強に関しては、私はなまけ者である。」

(3) 敬具

手紙やメールの最後に、Best Regards, やWarm Regards,(「敬具」)と書いてから署名をする。

□□□ **export** [ekspɔ́ːrt エクスポート] ア	動 輸出する（⇔ impórt） 名 [ékspɔːrt エクスポート] 輸出（⇔ ímport）
□□□ **flow** [flóu フロウ]	動 流れる 名 流れ
□□□ **inspire** [inspáiər インスパイア]	動 奮い立たせる、着想[ひらめき]を得る ⇒ inspirátion 名 ひらめき、霊感
□□□ **recommend** [rèkəménd レコメンド]	動（…を）勧める（to *do*、*do*ing、that節） （※ that節内の動詞は原形か〈should＋原形〉） ⇒ recommendátion 名 推薦、勧告
□□□ **regard** [rigáːrd リガード]	動 みなす、考える ★ regard A as B　AをBとみなす 名 点、箇所　★ in regard to A　Aに関して
□□□ **settle** [sétl セトル]	動 ❶ 解決する、和解する
□□□ **settle**	動 ❷ 住みつく、定住する ⇒ séttlement 名 解決、定住
□□□ **surround** [səráund サラウンド]	動 囲む、包囲する ⇒ surróunding 名（surroundingsで）状況、環境
□□□ **tear** [téər テア] 発 活用：tore-torn	動 引きさく、さける ★ tear up（ズタズタに）引きさく、破り捨てる 名 [tíər ティア] 涙
□□□ **command** [kəmǽnd コマンド]	動 ❶（…するように）命令する（to *do*） ❷ 支配する 名 ❶ 命令　❷ 自由に使いこなす能力、支配力

(1) ロンドンに定住する
(settle) in London

(2) 彼の演説に奮い立つ
be (inspired) by his speech

(3) 日本から車を輸出する
(export) cars from Japan

(4) 岸沿いを流れる
(flow) along the shore

(5) その問題を解決する
(settle) the issue

(6) 紙を細かく引きさく
(tear) paper into pieces

(7) 軍人に命令する
(command) the soldiers

(8) 警察に囲まれる
be (surrounded) by the police

(9) 彼を友達だとみなす
(regard) him as a friend

(10) この本を君に勧める
(recommend) this book to you

0631	文学賞を獲得する	win a **literary** prize
0632	精神病	**mental** illness
0633	道徳的な教訓を学ぶ	learn **moral** lessons
0634	平凡な日常生活	an **ordinary** daily life
0635	特別な理由もなく	without a **particular** reason
0636	大西洋	the **Atlantic** Ocean
0637	熱帯林	a **tropical** forest
0638	安全に責任がある	be **responsible for** safety
0639	ゆっくりだが安定した改善	slow but **steady** improvement
0640	普遍的な真理	a **universal** truth

AtlanticとPacific

the Atlantic（大西洋）は、地球を支えるギリシア神話の神アトラス（Atlas）にちなんで名付けられている。英単語としてのatlasは、「地図帳」という意味。
一方、the Pacific（太平洋）は、世界一周旅行をしたマゼランが、嵐に遭わず穏やかな海であったことから命名した。pacificには「平和な」という意味がある。

particularのもう1つの意味

be particular about Aで「Aの好みがうるさい」という意味がある。
　She is particular about coffee.「彼女はコーヒーの好みがうるさい。」

□□□ **literary** [lítərèri リタレリ]	形 文学の ⇒ líterature [lítərətʃər リタラチャ] 名 文学
□□□ **mental** [méntl メンタル]	形 精神の、心の
□□□ **moral** [mɔ́:rəl モーラル]	形 道徳的な、道徳の
□□□ **ordinary** [ɔ́:rdənèri オーディネリ]	形 平凡な、ふつうの (⇔ extraórdinary 並外れた)
□□□ **particular** [pərtíkjələr パティキュラ] ア	形 特別な[の]、特定の
□□□ **Atlantic** [ətlǽntik アトランティク]	形 大西洋の(⇔ Pacífic 太平洋の) 名 (the Atlantic)大西洋
□□□ **tropical** [trápikəl トラピカル]	形 熱帯の、猛暑の
□□□ **responsible** [rispánsəbl リスパンスィブル]	形 (…に対して)責任がある(for) ⇒ responsibílity 名 責任
□□□ **steady** [stédi ステディ]	形 ❶ 安定した、一定の ❷ 固定された、しっかりした
□□□ **universal** [jù:nəvə́:rsəl ユーニヴァーサル]	形 普遍的な、全世界の

STEP 13

(1) 安定した成長
(steady) growth

(2) 大西洋岸
the (Atlantic) coast

(3) 中国の文学作品
Chinese (literary) works

(4) 普遍的な規則
a (universal) rule

(5) 特別にやることがない
have nothing (particular) to do

(6) 精神の健康
(mental) health

(7) 熱帯植物
(tropical) plants

(8) その事故に対して責任がある
be (responsible) for the accident

(9) 道徳的な感覚
(moral) sense

(10) 平凡な一日
an (ordinary) day

0641	ドアをたたく	**beat** the door
0642	ゆっくり消えていく	slowly **fade** away
0643	手紙を配達する	**deliver** a letter
0644	原因を調べる	**examine** the cause
0645	その物語に魅了される	be **fascinated** by the story
0646	彼らに本当のことを言うのをためらう	**hesitate to** tell them the truth
0647	いすの上に彼女のコートを置く	**lay** her coat on the chair
0648	彼女の名前を思い出せない	cannot **recall** her name
0649	古い絵を修復する	**restore** an old painting
0650	熱を電気に変化させる	**transform** heat **into** electricity

layとlie

layは「物を置く、横たえる」という他動詞、lieは「横たわって休む」という自動詞。lieはlie-lay-lainと活用するため、lieの過去形とlayの原形が同じ形になる。

問い　次のカッコ内に入る単語をそれぞれ番号で答えよう。

(a) He (　) on the beach.
(b) He (　) a sheet on the beach.
1. lie　2. lay　3. laid

解答：(a) 2（on the beachから自動詞とわかるが、現在形ならliesなので過去形のlayを入れる）(b) 3（後ろにa sheetと目的語があることから他動詞とわかるが、現在形ならlaysなので過去形のlaidを入れる）

□□□ **beat** [bíːt ビート] 活用：beat-beaten	動 ❶ たたく、打つ　❷ 打ち破る、負かす 名 たたく[打つ]こと、打つ音
□□□ **fade** [féid フェイド]	動（しだいに）消えていく、しぼむ、色あせる
□□□ **deliver** [dilívər ディリヴァ]	動 ❶ 配達する　❷（演説などを）する ⇒ delívery 名 配達
□□□ **examine** [igzǽmən イグザミン]	動 調べる、検査する ⇒ examinátion 名 試験、検査
□□□ **fascinate** [fǽsənèit ファスィネイト]	動 魅了する ⇒ fáscinating 形 魅惑的な ⇒ fáscinàted 形 魅了された
□□□ **hesitate** [hézətèit ヘズィテイト]	動（…することを）ためらう（to *do*） ⇒ hesitátion 名 ためらい
□□□ **lay** [léi レイ] 活用：laid-laid	動 ❶ 置く、横たえる　❷（卵を）産む
□□□ **recall** [rikɔ́ːl リコール]	動 思い出す（= remémber） 名 ❶ 記憶、回想　❷（欠陥品の）回収
□□□ **restore** [ristɔ́ːr リストー]	動（元の状態、形に）修復する、もどす ⇒ restorátion 名 復元、復旧
□□□ **transform** [trænsfɔ́ːrm トランスフォーム]	動 変化させる、変形[変質]させる ★ transform A into B　AをBに変化させる ⇒ transformátion 名 変形、変容

(1) 新聞を配達する
(deliver) newspapers

(2) テーブルを何度もたたく
(beat) the table many times

(3) しだいに消え始める
begin to (fade)

(4) 私の人生を完全に変える
(transform) my life completely

(5) 何が起こったかを思い出す
(recall) what happened

(6) 彼女の歌に魅了される
be (fascinated) by her song

(7) 治安を取り戻す
(restore) public safety

(8) 彼の頭の上に両手を置く
(lay) my hands on his head

(9) 書類を詳細に調べる
closely (examine) the paper

(10) 立ち上がるのをためらう
(hesitate) to stand up

例文でCHECK!!

/50

□ 彼はすべての人に対して攻撃的な態度をとる。	He takes an aggressive attitude to everyone.	0601
□ 5人を超える人がその恐ろしい事故で亡くなった。	More than five people were killed in the horrible accident.	0602
□ 彼女は私たちに信じられない話をした。	She told us an incredible story.	0603
□ 私たちの先生はわかりやすい英語で話すよう私たちを励ました。	Our teacher encouraged us to speak in plain English.	0604
□ 中国はこの問題について積極的な提案をした。	China made a positive suggestion on this issue.	0605
□ そのばかな犬が私たちの朝食を食べた。	The stupid dog ate our breakfast.	0606
□ 京都は訪れる価値がある。	Kyoto is worth visiting.	0607
□ 私たちは彼に会うためにむだな試みをした。	We made vain attempts to see him.	0608
□ 日本は他のアジアの国々と密接に関係している。	Japan is closely tied to other Asian countries.	0609
□ 私は彼の助けとともに最終的に問題を解決した。	I eventually solved the problem with his help.	0610
□ 日本の外交政策の変更は他国を驚かせた。	The change in Japanese foreign policy surprised other countries.	0611
□ 私の母は政治についてよく知っている。	My mother knows a lot about politics.	0612
□ 彼女はニューヨークに来てから貧困生活をした。	She lived in poverty after she came to New York.	0613
□ 彼は外国人への偏見をもっている。	He has a prejudice against foreigners.	0614
□ 機会均等の原則は尊重されるべきだ。	The principle of equal opportunity should be respected.	0615
□ 君は安全を優先すべきだ。	You should give priority to safety.	0616
□ 彼らは戦争に抗議した。	They made a protest against war.	0617
□ キング牧師は世界のすべての人種は平等だと言う。	Dr. King says all the races in the world are equal.	0618
□ 宗教の自由は日本では保護されている。	Freedom of religion is protected in Japan.	0619
□ 政府は女性の社会的地位を向上しようと試みている。	The government is trying to improve the social status of women.	0620
□ その国は日本にコーヒーを輸出する。	The country exports coffee to Japan.	0621
□ 約460の川が琵琶湖に流れ込む。	About 460 rivers flow into Lake Biwa.	0622
□ 彼女のスピーチは群衆を奮い立たせた。	Her speech inspired the crowd.	0623
□ 私は彼女が医者に行くように勧めた。	I recommended that she (should) go to a doctor.	0624
□ 皆が彼女をよい指導者だとみなした。	Everyone regarded her as a good leader.	0625

□	その先生は私たちの言い争いを解決した。	The teacher settled the argument between us.	0626
□	5つの家族がその島に住み着いた。	Five families settled on the island.	0627
□	その病院は高い壁で囲まれていた。	The hospital was surrounded with high walls.	0628
□	その怒った女性はその手紙を引きさいた。	The angry woman tore the letter up.	0629
□	その軍人は彼らに立ち上がるよう命令した。	The soldier commanded them to stand up.	0630
□	私の旧友が文学賞を獲得した。	My old friend won a literary prize.	0631
□	その老人は精神病に苦しんだ。	The old man suffered from mental illness.	0632
□	私は彼の人生から道徳的な教訓を学んだ。	I learned moral lessons from his life.	0633
□	彼女はこの村で平凡な日常生活を送った。	She led an ordinary daily life in this village.	0634
□	彼は特別な理由もなく私たちの申し出を断った。	He refused our offer without a particular reason.	0635
□	大西洋はヨーロッパ、アフリカとアメリカの間にある。	The Atlantic Ocean is among Europe, Africa and America.	0636
□	熱帯林のほとんどの動物は木に住んでいる。	Most animals in a tropical forest live on trees.	0637
□	彼は工場内の安全に責任がある。	He is responsible for safety in the factory.	0638
□	彼はゆっくりだが安定した改善を示した。	He showed slow but steady improvement.	0639
□	時は金なりというのは普遍的な真理だ。	It is a universal truth that time is money.	0640
□	だれかが真夜中にドアをたたいた。	Someone beat the door at midnight.	0641
□	月の光がゆっくり消えていった。	The light of the moon slowly faded away.	0642
□	明日の朝までにその手紙を配達してください。	Please deliver the letter by tomorrow morning.	0643
□	私たちは事故の原因を調べた。	We examined the cause of the accident.	0644
□	すべての学生がその物語に魅了されていた。	All the students were fascinated by the story.	0645
□	私は彼らに本当のことを言うのをためらった。	I hesitated to tell them the truth.	0646
□	彼はいすの上に彼女のコートを置いた。	He laid her coat on the chair.	0647
□	私はパーティで彼女の名前を思い出せなかった。	I could not recall her name at the party.	0648
□	古い絵を修復するには長い時間がかかる。	It takes a long time to restore an old painting.	0649
□	この機械は熱を電気に変化させる。	This machine transforms heat into electricity.	0650

STEP 13

フォーカスワード 前置詞 5

between

❶（2つのものや時制・2人）の間に[で、を、の]
❷（2人以上）で共有して
❸（2つ以上の選択肢）の中から

イメージ 2つのものの間にある

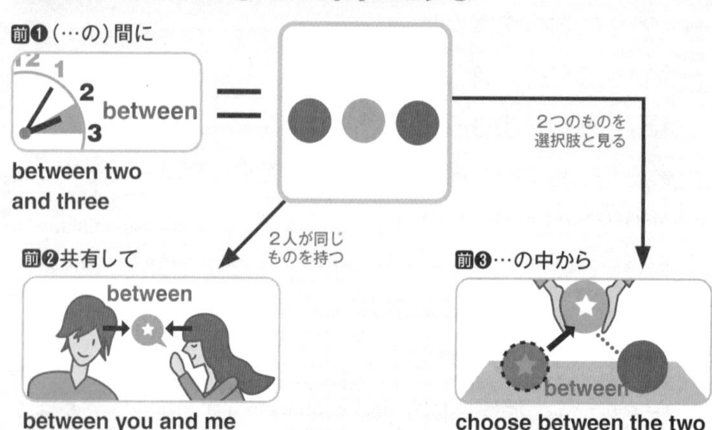

フォーカスワード 前置詞 6

by

❶（行為をする人・原因）…によって
❷（手段・方法）…によって、…で
❸（期限）…までに（は）
❹（場所）…の（すぐ）そばに

イメージ 他のもののそば

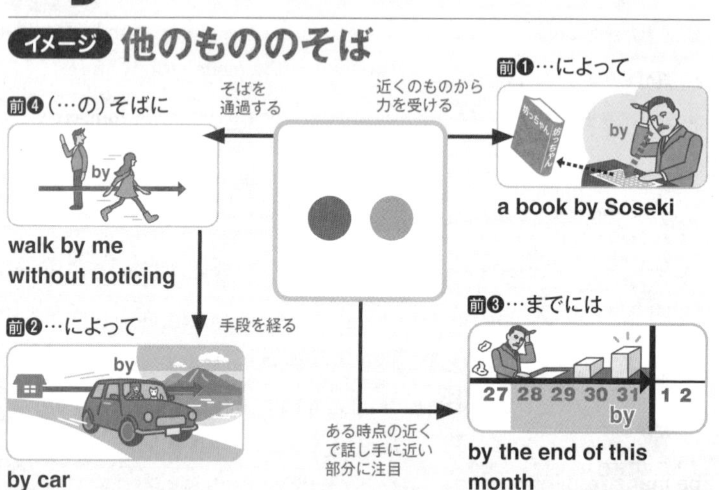

for

❶（利益・用途・対象）…のために
❷（目的・目指す対象）…のために
❸（目的地）…に向かって
❹（期間・距離）…の間
❺（関連）…について（は）
❻（視点）…にとって

イメージ 向かっていく先

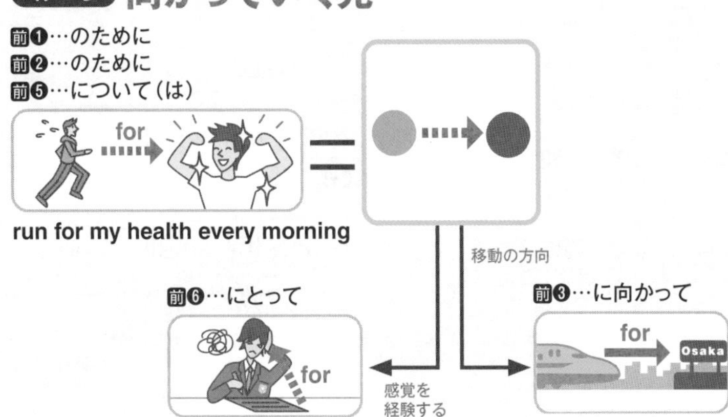

フォーカスワード　前置詞　8

from

❶（出発点・起点）…から（の）
❷（時間）…から（の）
❸（原因・理由）…から
❹（原料・材料）…から

イメージ 始点

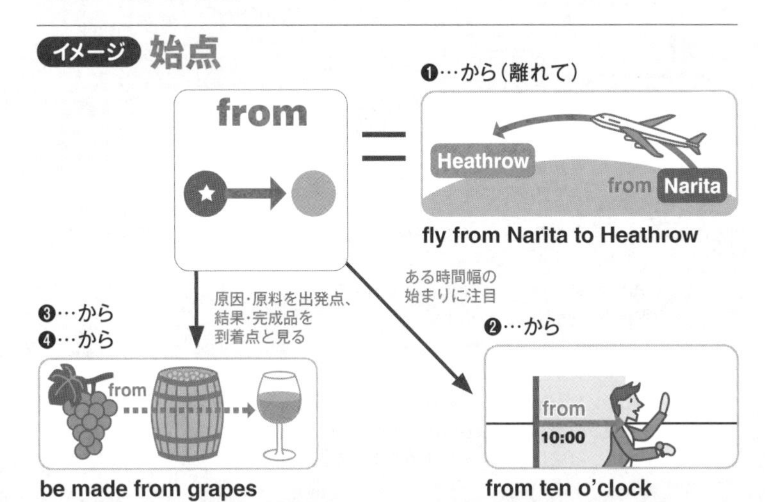

0651	彼の忠告を無視する	**ignore** his advice
0652	電車で行くことを主張する	**insist on** going by train
0653	色が異なる	**vary in** color
0654	世界に平和を訴える	**appeal to** the world for peace
0655	その小島に近づく	**approach** the small island
0656	互いに競争する	**compete with** each other
0657	車の数を減らす	**decrease** the number of cars
0658	芸術に彼の一生をささげる	**devote** his life **to** art
0659	子どもたちを教育する	**educate** children
0660	プロジェクトを開始する	**launch** a project

approach

approachは、「…に近づく」という意味の他動詞。approach to Aと前置詞toを付けないように注意。

The plane was approaching the airport.
「その飛行機は空港に近づいていた。」

devoteのイディオム

▶ **be devoted to A＝devote oneself to A「Aに専念する、(努力などを)捧げる」**
He was devoted to the experiment.（＝He devoted himself to the experiment.）「彼はその実験に専念していた。」

□□□ **ignore** [ignɔ́:r イグノー]	動 無視する、知らないふりをする ⇒ ígnorance 名 無知、知らないこと ⇒ ígnorant 形 無知な
□□□ **insist** [insíst インスィスト]	動 ❶（…を）（強く）主張する（on、that節） ❷（…を）（強く）要求する（on、that節）
□□□ **vary** [véəri ヴェアリ]	動 ❶（…の点で）異なる（in） ❷ 変わる ⇒ várious 形 さまざまな ⇒ variátion 名 変化
□□□ **appeal** [əpí:l アピール]	動 ❶（…に）訴える、懇願する（to） ❷（心を）引きつける 名 ❶ 懇願、訴え ❷ 魅力
□□□ **approach** [əpróutʃ アプロウチ]発	動 近づく 名（問題への）接近法、アプローチの方法
□□□ **compete** [kəmpí:t コンピート]	動（…と）競争する（with、against） ⇒ competítion 名 競争
□□□ **decrease** [dikrí:s ディクリース]ア	動 減らす、減る、下げる（⇔ incréase） 名 [díkri:s ディクリース] 減少、縮小
□□□ **devote** [divóut ディヴォウト]	動（時間などを）ささげる、あてる ★ devote A to B AをBにささげる ⇒ devótion 名 ❶ 献身 ❷ 愛情
□□□ **educate** [édʒəkèit エヂュケイト]	動 教育する ⇒ educátion 名 教育
□□□ **launch** [lɔ́:ntʃ ローンチ]	動 ❶ 始める、開始する ❷ 発射する 名 ❶ 開始、着手 ❷ 新発売

(1) 私たちの伝統について彼らを教育する
(educate) them about our tradition

(2) 一人で行くと主張する
(insist) on going alone

(3) 事実を無視する
(ignore) the facts

(4) 新しい店を始める
(launch) a new store

(5) 駅に近づく
(approach) the station

(6) 費用を減らす
(decrease) the cost

(7) 彼らと競争する
(compete) with them

(8) 日によって変わる
(vary) from day to day

(9) 彼女に助けを懇願する
(appeal) to her for help

(10) 休日をショッピングにあてる
(devote) the holiday to shopping

0661	論評をする	make a comment
0662	その文書に記入する	fill in the document
0663	幸せの本質	the essence of happiness
0664	基礎を築く	lay the foundation
0665	歯のすき間	a gap between the teeth
0666	人類に対する犯罪	a crime against humanity
0667	重要な出来事	an important incident
0668	最近の事例を挙げる	give a recent instance
0669	２つの文化の相互作用	interaction between two cultures
0670	地球温暖化の対策を取る	take measures against global warming

incidentとaccidentの違い

incidentはふつう、accidentよりは小規模だが、重大事件に発展しかねない出来事のことを指す。国際政治の分野では、「紛争」の意味でも用いられる。一方、an ordinary incident in school life「学校生活のありふれた出来事」のように、単なる「出来事」の意味で用いることも多い。
accidentは「予期しない出来事」の意味、通常は、被害をもたらしたり、身体的な危害をもたらすような大きな事故を意味するが、a happy accident「うれしい出来事［誤算］」のように、よい出来事のときに用いることもある。

□□□ **comment** [kάment カメント]	名 論評、コメント 動 論評する
□□□ **document** [dάkjəmənt ダキュメント]ア	名 文書
□□□ **essence** [ésəns エセンス]ア	名 本質 ⇒ esséntial 形 (…に)本質的な(to)
□□□ **foundation** [faundéiʃən ファウンデイション]	名 ❶ 基礎、土台 ❷ 財団、基金 ⇒ fóund 動 設立する
□□□ **gap** [gǽp ギャプ]	名 ❶ すき間、隔たり ❷ (考えなどの)相違
□□□ **humanity** [hjuːmǽnəti ヒューマニティ]	名 ❶ 人類 ❷ 人間性
□□□ **incident** [ínsədənt インスィデント]	名 出来事、事件
□□□ **instance** [ínstəns インスタンス]	名 事例 ★ for instance 例えば
□□□ **interaction** [ìntərǽkʃən インタラクション]	名 相互作用 ⇒ interáct 動 相互作用する
□□□ **measure** [méʒər メジャ]	名 ❶ (…に対する)対策、手段(against) ❷ 寸法 動 測定する

(1) 他人との相互作用
(interaction) between other people

(2) 否定的な論評
a negative (comment)

(3) 科学の本質
the (essence) of science

(4) 何の事件もなく帰宅する
come home without (incidents)

(5) 人類への愛
love for (humanity)

(6) 安全に関する効果的な対策
effective safety (measures)

(7) 建物の土台
the (foundation) of the building

(8) 史上最古の事例
the earliest (instance) in the history

(9) 世代間の隔たり
a generation (gap)

(10) 文書に署名する
sign a (document)

No.	日本語	English
0671 □□□	それが本当であることを証明する	**prove** that it is true
0672 □□□	勉強をやめて休む	**rest** from study
0673 □□□	やっかいな交渉を行う	**conduct** tough negotiations
0674 □□□	違うアプローチを採用する	**adopt** a different approach
0675 □□□	車を買う余裕がない	cannot **afford to** buy a car
0676 □□□	多くの写真を含む	**contain** a lot of photos
0677 □□□	自分が感じていることを伝える	**convey** my feelings
0678 □□□	彼の才能を確信している	be **convinced of** his talent
0679 □□□	彼からの謝罪を要求する	**demand** an apology from him
0680 □□□	人々が本当にほしいものへと進化する	**evolve** into what people really want

affordの使い方

affordは、主に否定文、疑問文で用いる。

cannot afford to buy a private plane「自家用機を買う余裕がない」

なお、afford to *do*のほかに、単に名詞を目的語に取ることもある。

cannot afford a house「家を買う余裕がない」

cannot afford the cost of medical care「医療費を払う余裕がない」

□□□ **prove** [prúːv プルーヴ]	動 ❶ (…を)証明する(that節、wh-節) ❷ (…であると)判明する(to be) ⇒ próof 名 証明
□□□ **rest** [rést レスト]	動 ❶ 休む ❷ (…に)ある、置く 名 ❶ 休息、安らぎ ❷ (the restで)残り
□□□ **conduct** [kəndʌ́kt コンダクト]ア	動 ❶ 行う、管理する ❷ 導く、案内する 名 [kɑ́ndəkt カンダクト] 行い、行為
□□□ **adopt** [ədɑ́pt アダプト]	動 ❶ 採用する ❷ 養子にする ⇒ adóption 名 ❶ 採用 ❷ 養子縁組
□□□ **afford** [əfɔ́ːrd アフォード]	動 (…する)余裕がある(to *do*) (※ 否定文･疑問文で用いる)
□□□ **contain** [kəntéin コンテイン]	動 含む、入れている ⇒ contáiner 名 容器
□□□ **convey** [kənvéi コンヴェイ]	動 ❶ (感情などを)伝える ❷ 運搬する
□□□ **convince** [kənvíns コンヴィンス]	動 (…を、…ということを)確信させる、納得させる(of、that節) ⇒ convíction 名 確信
□□□ **demand** [dimǽnd ディマンド]	動 要求する 名 ❶ 要求 ❷ 需要 ★ demand (that)… …ということを要求する
□□□ **evolve** [ivɑ́lv イヴァルヴ]	動 ❶ 進化する、発展する ❷ 進化させる、発展させる ⇒ evolútion 名 進化

STEP 14

(1) 家賃を支払う余裕がない
cannot (afford) to pay the rent

(2) 砂糖を含む
(contain) sugar

(3) 世界的なビジネスに進化する
(evolve) into global business

(4) 彼女に重要性を確信させる
(convince) her of the importance

(5) 彼の勇気を証明する
(prove) his courage

(6) 数日間休む
(rest) for several days

(7) 新しい戦略を採用する
(adopt) a new strategy

(8) 多額の金を要求する
(demand) a lot of money

(9) 自分の考えを伝える
(convey) my idea

(10) 研究を行う
(conduct) a study

No.	日本語	English
0681	軍隊に加わる	join the **army**
0682	決定する権限をもつ	have **authority** to make a decision
0683	敵を攻撃する	attack the **enemy**
0684	人類の歴史	the history of **mankind**
0685	裕福な商人	a wealthy **merchant**
0686	国際政治の教授	a **professor** of international politics
0687	日本の外国人居住者	foreign **residents** in Japan
0688	彼の魂を作品に込める	put his **soul** into his works
0689	犠牲者を支援する	support the **victims**
0690	事故の目撃者	a **witness** of the accident

「人類」を表す表現

「人類」を表す語には、human beings / humankind / the human race / the human species / manなど、さまざまなものがある。beingは「存在」、raceやspeciesは「種」という意味。
mankindは、「歴史や進化のプロセスにおける人類」というニュアンス。

Mankind made a lot of mistakes in the past.
「人類は過去に多くの過ちを犯した。」

victimのイディオム

▶**be a victim of A = fall victim to A「Aの犠牲となる」**
He fell victim to the accident.「彼は事故の犠牲となった。」

□□□ **army** [ɑ́ːrmi アーミ]	名 軍隊、陸軍(⇔ návy 海軍)
□□□ **authority** [əθɔ́ːrəti アソーリティ]	名 ❶ 権限、権威 ❷ (…に関する)権威者、専門家(on)
□□□ **enemy** [énəmi エネミ]	名 敵
□□□ **mankind** [mænkáind マンカインド]	名 人類
□□□ **merchant** [mə́ːrtʃənt マーチャント]	名 商人 ⇒ mérchandise 名 (集合的に)商品
□□□ **professor** [prəfésər プロフェサ]	名 教授
□□□ **resident** [rézədənt レズィデント]	名 居住者、住民 ⇒ résidence 名 住居
□□□ **soul** [sóul ソウル]	名 ❶ 魂、精神(⇔ bódy) ❷ 人
□□□ **victim** [víktəm ヴィクティム]	名 犠牲者
□□□ **witness** [wítnəs ウィトネス]	名 目撃者、証人 動 ❶ 目撃する ❷ 経験する

(1) 海外に軍隊を送る
send an (army) abroad

(2) 隠れた敵
a hidden (enemy)

(3) 裁判官の権限
the (authority) of a judge

(4) 東京在住の外国人居住者
a foreign (resident) in Tokyo

(5) 犯罪の犠牲者
a (victim) of the crime

(6) 証人として裁判所に出廷する
attend the court as a (witness)

(7) 人類の知恵を結集する
gather the wisdom of (mankind)

(8) 祖先の魂
the (soul) of an ancestor

(9) ハーバード大学の教授
a (professor) at Harvard University

(10) 米の商人
a rice (merchant)

No.	日本語	English
0691 □□□	私たちの目的地に到着する	arrive at our **destination**
0692 □□□	商業地区	a shopping **district**
0693 □□□	大正時代に	in the Taisho **era**
0694 □□□	医療施設	medical **facilities**
0695 □□□	化学実験室	the chemical **laboratory**
0696 □□□	その料理の主な材料	the main **ingredients** of the dish
0697 □□□	ある機会に彼に会う	meet him on one **occasion**
0698 □□□	５分間の小休止を取る	make a five-minute **pause**
0699 □□□	砂漠地帯に住む	live in the desert **region**
0700 □□□	アフリカにあるフランスの領土	a French **territory** in Africa

area、district、regionの違い

▶ **area**：地域一般(大きさを問わない)。
▶ **region**：地理的な特徴のある地域。地名や方角を表す語とともに使う。
▶ **district**：区域。**school**、**business**など、用途を表す語とともに使う。
a dangerous area「危険区域」 the Asia-Pacific region「アジア・太平洋地域」
a shopping district「商店街」

eraとperiod

eraとperiodはどちらも時代を意味するが、eraはある重要な出来事や人物で特徴づけられる期間を意味し、periodは歴史上の特定の時代名を意味する。
the Showa era「昭和（天皇の）時代」 the Nara period「奈良時代」

□□□ **destination** [dèstənéiʃən デスティネイション]	名 目的地、行き先
□□□ **district** [dístrikt ディストリクト]	名 地区、地域
□□□ **era** [íərə イアラ]	名 時代、年代
□□□ **facility** [fəsíləti ファスィリティ]	名 ❶(複数形で)施設、設備　❷器用さ
□□□ **laboratory** [lǽbərətɔ̀:ri ラボラトーリ]ア	名 実験室
□□□ **ingredient** [ingrí:diənt イングリーディエント]ア	名 (混合物の)成分、(料理の)材料
□□□ **occasion** [əkéiʒən オケイジョン]	名 ❶機会、場合　❷出来事、行事 ⇒ occásional 形 時折の、ときどきの
□□□ **pause** [pɔ́:z ポーズ]	名 小休止、途切れ 動 休止する
□□□ **region** [rí:dʒən リーヂョン]	名 地域、地方 ⇒ régional 形 地域の
□□□ **territory** [térətɔ̀:ri テリトーリ]	名 領土

STEP 14

(1) インターネット時代
the (era) of the Internet

(2) 日本の領土
Japanese (territory)

(3) よい機会
a good (occasion)

(4) 工業地域
an industrial (region)

(5) 商業地区
a business (district)

(6) 旅客用の設備
the (facilities) for passengers

(7) 人気のある休暇の目的地
a popular holiday (destination)

(8) 2つの材料を混ぜる
mix two (ingredients)

(9) 学校の実験室
the school (laboratory)

(10) 10分間の小休止
a 10-minute (pause)

例文でCHECK!!

/50

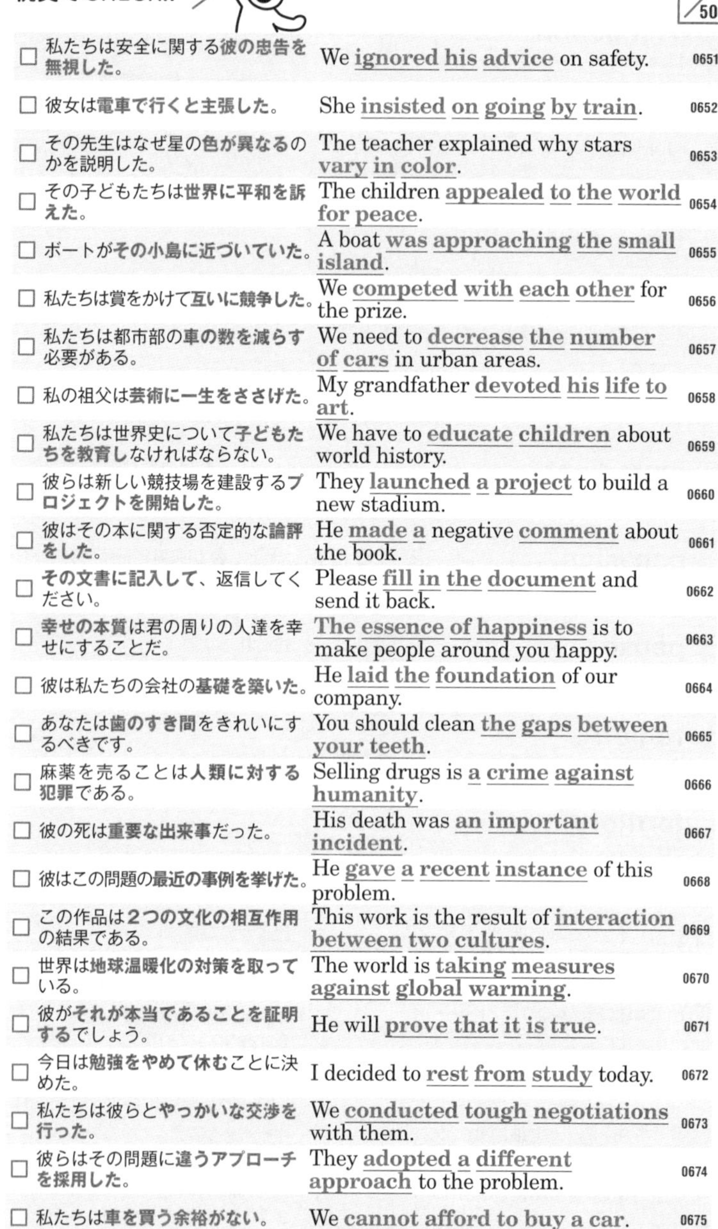

□	私たちは安全に関する彼の忠告を無視した。	We ignored his advice on safety.	0651
□	彼女は電車で行くと主張した。	She insisted on going by train.	0652
□	その先生はなぜ星の色が異なるのかを説明した。	The teacher explained why stars vary in color.	0653
□	その子どもたちは世界に平和を訴えた。	The children appealed to the world for peace.	0654
□	ボートがその小島に近づいていた。	A boat was approaching the small island.	0655
□	私たちは賞をかけて互いに競争した。	We competed with each other for the prize.	0656
□	私たちは都市部の車の数を減らす必要がある。	We need to decrease the number of cars in urban areas.	0657
□	私の祖父は芸術に一生をささげた。	My grandfather devoted his life to art.	0658
□	私たちは世界史について子どもたちを教育しなければならない。	We have to educate children about world history.	0659
□	彼らは新しい競技場を建設するプロジェクトを開始した。	They launched a project to build a new stadium.	0660
□	彼はその本に関する否定的な論評をした。	He made a negative comment about the book.	0661
□	その文書に記入して、返信してください。	Please fill in the document and send it back.	0662
□	幸せの本質は君の周りの人達を幸せにすることだ。	The essence of happiness is to make people around you happy.	0663
□	彼は私たちの会社の基礎を築いた。	He laid the foundation of our company.	0664
□	あなたは歯のすき間をきれいにするべきです。	You should clean the gaps between your teeth.	0665
□	麻薬を売ることは人類に対する犯罪である。	Selling drugs is a crime against humanity.	0666
□	彼の死は重要な出来事だった。	His death was an important incident.	0667
□	彼はこの問題の最近の事例を挙げた。	He gave a recent instance of this problem.	0668
□	この作品は2つの文化の相互作用の結果である。	This work is the result of interaction between two cultures.	0669
□	世界は地球温暖化の対策を取っている。	The world is taking measures against global warming.	0670
□	彼がそれが本当であることを証明するでしょう。	He will prove that it is true.	0671
□	今日は勉強をやめて休むことに決めた。	I decided to rest from study today.	0672
□	私たちは彼らとやっかいな交渉を行った。	We conducted tough negotiations with them.	0673
□	彼らはその問題に違うアプローチを採用した。	They adopted a different approach to the problem.	0674
□	私たちは車を買う余裕がない。	We cannot afford to buy a car.	0675

Round 1　月　日 | Round 2　月　日 | Round 3　月　日

STEP 14

□	この雑誌は多くの写真を含んでいる。	This magazine contains a lot of photos.	0676
□	私は音楽という形で自分が感じていることを伝えたい。	I want to convey my feelings in the form of music.	0677
□	私たちは彼の才能を瞬時に確信した。	We were immediately convinced of his talent.	0678
□	彼女は彼からの謝罪を要求した。	She demanded an apology from him.	0679
□	その商品は人々が本当にほしいものへと進化した。	The product evolved into what people really wanted.	0680
□	彼は16歳の時に軍隊に加わった。	He joined the army when he was 16.	0681
□	本当に決定する権限をもつのはだれか。	Who really has authority to make a decision?	0682
□	私たちは夜間に敵を攻撃することを決めた。	We decided to attack the enemy during the night.	0683
□	人類の歴史は戦争の歴史だ。	The history of mankind is a history of war.	0684
□	彼は裕福な商人の息子である。	He is a son of a wealthy merchant.	0685
□	彼の父は国際政治の教授だ。	His father is a professor of international politics.	0686
□	日本の外国人居住者が全員仕事を持てるわけではない。	Not all foreign residents in Japan can have a job there.	0687
□	彼は魂を作品に込めた。	He put his soul into his works.	0688
□	私たちは犠牲者を支援し続けるべきだ。	We should continue to support the victims.	0689
□	警察は事故の目撃者を探している。	The police are looking for a witness of the accident.	0690
□	私たちは夜遅くに目的地に到着した。	We arrived at our destination late at night.	0691
□	私たちの家はこの街の商業地区の近くにある。	Our house is near the shopping district of this city.	0692
□	私の祖父の両親は大正時代に生まれた。	The parents of our grandfather were born in the Taisho era.	0693
□	君の家の近くに医療施設はありますか。	Are there any medical facilities near your house?	0694
□	化学実験室では喫煙は許されていません。	Smoking is not allowed in the chemical laboratory.	0695
□	その料理の主な材料はじゃがいもと魚です。	The main ingredients of the dish are potatoes and fish.	0696
□	私はたぶんある機会に彼に会ったことがある。	I have probably met him on one occasion.	0697
□	私たちは練習の間に５分間の小休止を取った。	We made a five-minute pause during the practice.	0698
□	彼らはかつて砂漠地帯に住んでいた。	They lived in the desert region before.	0699
□	アフリカにはいくつかのフランスの領土がある。	There are some French territories in Africa.	0700

in

前❶(場所・状況)…(の中)に[で]、(乗り物)に乗って
❷(時間・時の経過)…に、…のうちに
❸(状態・方法・材料)…(の状態)で、(服装)…を着て

副❶中へ[に]
❷在宅して、到着して

前❶…の中に
副❷在宅して、到着して

play in the house

前❷…に

1996 1997 in 1998

in 1997

時間の流れの中のある範囲に注目

抽象的な範囲の中

範囲に入ることに注目

前❶…の中へ
副❶中へ

HIGHSCHOOL in

run in

前❸…の状態で

in good health

into

❶(内部への動き)…の中へ
❷(方向)…に向かって
❸(変化)…(の状態)に

イメージ あるものの内部に向かって

❶(内部への動き)…の中へ

come into the room

対象に向かう方向性に注目

ある状態への移行

❸(変化)…(の状態)に

into

be made into wine

❷(方向)…に向かって

look into my eyes

フォーカスワード 前置詞 11

of

❶(全体)…の(中の)
❷(所有者・所属先・範囲)…の
❸(部分・中身)…の(入った)
❹(同格関係)…という
❺(原材料・構成要素)…で(できている)
❻(起源・原因)…から(出た)

イメージ あるものの一部

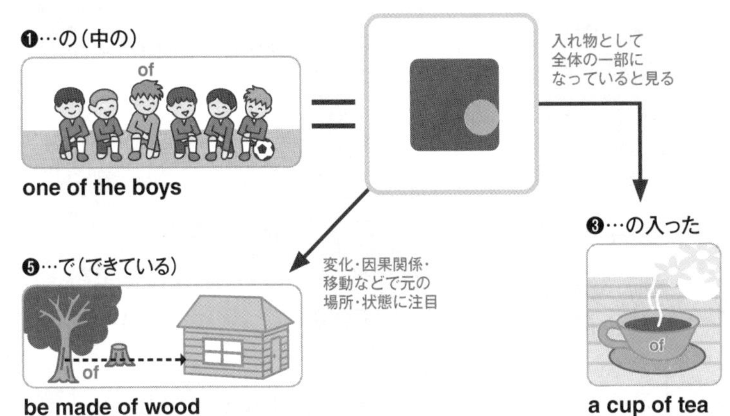

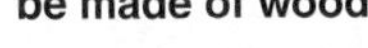

on

❶(接触・固定)…の上に
❷(期日)…(日)に
❸(基礎・根拠)…に基づいて
❹(近接・位置)…に(接して[面して])
❺(目的)…(のため)に、
(進行)…(の途中)で

イメージ 接している

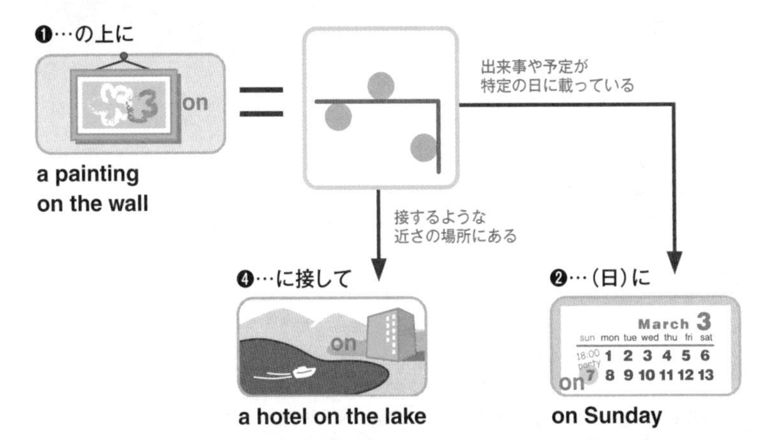

0701	犠牲者に食べ物を供給する	**supply** the victims **with** food
0702	クローン人間づくりを禁止する	**ban** human cloning
0703	若者を助けることを目指している	**aim at** helping young people
0704	大量のエネルギーを消費する	**consume** a lot of energy
0705	大統領を選出する	**elect** the president
0706	彼が大学へ行くことを可能にする	**enable** him **to** go to college
0707	私の話の邪魔をする	**interrupt** my speech
0708	彼の腕をつかむ	**seize** him **by the** arm
0709	彼を新しいメンバーに選ぶ	**select** him as a new member
0710	彼に危険を警告する	**warn** him **of** danger

supply A with B = supply B for A

supply A（人）**with B**（もの）＝**supply B**（もの）**for A**（人）
前置詞の違いに注意しよう。

supply children **with** food = supply food **for** children
「子どもに食料を与える」

banとforbid

▶**ban**：人の特定の行為が公式に禁止されるとき
▶**forbid**：事物や特定の行為を強く禁じるとき

ban the use of guns「銃の使用を禁止する」
Smoking is strictly forbidden.「喫煙は固く禁じられている。」

□□□ **supply** [səplái サプライ]	動 供給する、提供する ★ supply A with B [B for A] A(人)にBを供給する 名 供給
□□□ **ban** [bǽn バン]	動 禁止する 名 禁止
□□□ **aim** [éim エイム]	動 (…を)めざす、ねらう(at、for) 名 ❶ 目的、目標 ❷ ねらい、照準
□□□ **consume** [kənsúːm コンスーム] 発	動 消費する ⇒ consúmption [kənsʌ́mpʃən コンサンプション] 名 消費
□□□ **elect** [ilékt イレクト]	動 (投票によって)選出する、選挙する ⇒ eléction 名 選挙
□□□ **enable** [inéibl イネイブル]	動 可能にする ★ enable A to *do* Aが…することを可能にする
□□□ **interrupt** [ìntərʌ́pt インタラプト] ア	動 邪魔をする、妨げる ⇒ interrúption 名 邪魔、妨害
□□□ **seize** [síːz スィーズ] 発	動 (急に強く)つかむ、(機会を)とらえる ★ seize A by the B A(人)のB(体の部位)をつかむ ⇒ séizure 名 つかむこと
□□□ **select** [səlékt セレクト]	動 選ぶ 形 上質の、選び抜かれた ⇒ seléction 名 選択
□□□ **warn** [wɔ́ːrn ウォーン]	動 警告する ★ warn A of [against] B A(人)にBを警告する ⇒ wárning 名 警告

(1) 機会をとらえる
(seize) an opportunity

(2) 私たちに水を供給する
(supply) water for us

(3) 彼の眠りの邪魔をする
(interrupt) his sleep

(4) 彼らにそこに行かないよう警告する
(warn) them against going there

(5) 母への贈り物を選ぶ
(select) a gift for my mother

(6) 勝利をめざす
(aim) at winning

(7) 路上での喫煙を禁止する
(ban) smoking on the streets

(8) 私の時間の多くを消費する
(consume) a lot of my time

(9) 植物が生長することを可能にする
(enable) plants to grow

(10) 私たちの政治的指導者を選出する
(elect) our political leader

No.	日本語	English
0711	強盗で逮捕される	be **arrested for** robbery
0712	観衆を失望させる	**disappoint** the audience
0713	自由を得る	**gain** freedom
0714	暗闇の中で彼を見分ける	**identify** him in the dark
0715	一週間続く	**last** for a week
0716	星の動きを観察する	**observe** the movement of the stars
0717	彼が部屋を去るのに気づく	**observe** him leave the room
0718	免許を得る	**obtain** a license
0719	彼を子どものように扱う	**treat** him like a child
0720	野球の試合を放送する	**broadcast** a baseball game

gainとget

▶**gain**：(主に)努力や競争の末に手に入れ、その量がだんだんと増えること
▶**get**：いろいろな手段で手に入れること

なお、次のような表現もある。 gain weight by 1 kg「体重が1キロ増える」
My watch gains 4 minutes a day.「私の時計は1日4分進む。」

lasting

last（動詞）の派生語にlasting（形容詞）「永久の、耐久力のある」がある。
lasting peace「永久の平和」
また、long-lastingで「長持ちする」の意味。
a long-lasting battery「長持ちする電池」

□□□ **arrest** [ərést アレスト]	動 (…の容疑で)逮捕する(for) 名 逮捕
□□□ **disappoint** [dìsəpɔ́int ディサポイント]	動 失望させる ⇒ disappóintment 名 失望
□□□ **gain** [géin ゲイン]	動 ❶ 得る ❷ (体重などが)増える 名 ❶ 増加 ❷ もうけ高、利益
□□□ **identify** [aidéntəfài アイデンティファイ]	動 (だれ[何]であるかを)見分ける、認める ⇒ idéntity 名 同一であること、身元
□□□ **last** [lǽst ラスト]	動 続く、もつ ⇒ lásting 形 長く続く、永続する
□□□ **observe** [əbzə́:rv オブザーヴ]	動 ❶ 観察する
□□□ **observe**	動 ❷ 気づく ★ observe O *do* [*doing*] Oが…する[している]のに気づく ⇒ observátion 名 観察
□□□ **obtain** [əbtéin オブテイン]	動 (努力した結果として)得る
□□□ **treat** [trí:t トリート]	動 ❶ 扱う ❷ 治療する 名 楽しみ、うれしい出来事、おごり ⇒ tréatment 名 取扱い、治療
□□□ **broadcast** [brɔ́:dkæ̀st ブロードキャスト] 発 活用：broadcast-broadcast	動 放送する 名 放送

(1) 男を窃盗罪で逮捕する
(arrest) a man for stealing

(2) 新しい時計を得る
(gain) a new watch

(3) 被害者の身元を明らかにする
(identify) the victim

(4) 賞を得る
(obtain) an award

(5) 違いに気づく
(observe) the difference

(6) その問題を適切に扱う
(treat) the problem properly

(7) 長期間続く
(last) for a long time

(8) 猫の生活を観察する
(observe) the life of cats

(9) ニュース番組を放送する
(broadcast) a news program

(10) その結果に失望する
be (disappointed) at the result

STEP 15

Round 1 月 日	Round 2 月 日	Round 3 月 日

LEVEL 1 LEVEL 2

0721	国際貿易を促進する	promote international trade
0722	彼を部長に昇進させる	promote him to manager
0723	6時に目覚める	wake up at six
0724	仕事を見つけようともがく	struggle to find a job
0725	森の中を進む	advance through the forest
0726	グローバル経済に影響を与える	affect the global economy
0727	数百万人の旅行者をひきつける	attract millions of tourists
0728	日付を確認する	confirm the date
0729	勝利に貢献する	contribute to the winning
0730	よい成績を維持する	maintain good grades

wakeの類義語

▶**awake**：目が覚めている状態(形容詞)
▶**awaken**：人に悟らせる、感情を喚起する(他動詞)
stay awake「目覚めたままでいる（眠らない）」
awaken curiosity「好奇心を呼び起こす」

confirmとidentify

▶**confirm**：(証拠によって)正しいと確認する
▶**identify**：(同一の人、物であるか)身元の確認をする
confirm the reservation「予約を確かめる」
identify a stranger「見知らぬ人の身元を確認する」

□□□ **promote** [prəmóut プロモウト]	動 ❶ 促進する
□□□ **promote**	動 ❷ 昇進させる ⇒ promótion 名 促進、昇進
□□□ **wake** [wéik ウェイク] 活用 :woke-waken	動 ❶ 目覚める、起きる(up)　❷ 起こす
□□□ **struggle** [strʌ́gl ストラグル]発	動 (…しようと)もがく、努力する(to *do*) 名 闘争、努力
□□□ **advance** [ədvǽns アドヴァンス]	動 ❶ 進む、進める　❷ 発展する 名 発展、前進 ⇒ advánced 形 発展した、上級の
□□□ **affect** [əfékt アフェクト]	動 ❶ (特に悪い)影響を与える ❷ 心を動かす ⇒ efféct 名 影響、結果
□□□ **attract** [ətrǽkt アトラクト]	動 引きつける、魅了する ⇒ attráction 名 魅力、(人を引きつける)名物
□□□ **confirm** [kənfə́ːrm コンファーム]ア	動 確認する ⇒ confirmátion 名 確認
□□□ **contribute** [kəntríbjuːt コントリビュート]ア	動 ❶ (…に)貢献する、寄与する(to) ❷ 寄付する ⇒ contribútion 名 貢献
□□□ **maintain** [meintéin メインテイン]ア	動 持続する、維持する ⇒ máintenance [méintənəns メインテナンス] 名 維持、保全

(1) 聴衆を引きつける
(attract) the audience

(2) 彼が言ったことを確認する
(confirm) what he said

(3) 決勝に進む
(advance) to the finals

(4) 成功に貢献する
(contribute) to success

(5) 海外留学を促進する
(promote) overseas study

(6) 逃げようともがく
(struggle) to escape

(7) よい関係を維持する
(maintain) good relationship

(8) 夜に目覚める
(wake) up in the night

(9) リーダーに昇進する
be (promoted) to leader

(10) 環境に影響を与える
(affect) the environment

Round 1　　月　　日 | Round 2　　月　　日 | Round 3　　月　　日

LEVEL 1　LEVEL 2

0731 □□□	政治運動に加わる	join a political **campaign**
0732 □□□	慈善にお金を出す	give money to **charity**
0733 □□□	地域社会	the local **community**
0734 □□□	民主主義を促進する	promote **democracy**
0735 □□□	人種差別	racial **discrimination**
0736 □□□	自分の義務を果たす	do my **duty**
0737 □□□	個人の権利	the rights of **individuals**
0738 □□□	社会正義を実現する	achieve social **justice**
0739 □□□	秘密の任務に従事する	work on a secret **mission**
0740 □□□	もう一つの選択肢となる	be another **option**

duty

dutyには「関税」という意味もある。

a duty-free shop「免税店」（国際空港で出国審査を通った先にある、関税がかからないお店のこと）

justiceのイディオム

to do A justiceで「Aを公平に評価すれば」という意味。

To do her justice, she did her best.「彼女を公平に評価すれば、彼女は最善を尽くした。」

□□□	**campaign** [kæmpéin キャンペイン]	名 (組織的な)運動、キャンペーン
□□□	**charity** [tʃǽrəti チャリティ]	名 慈善
□□□	**community** [kəmjúːnəti コミューニティ]	名 (地域)社会、(生活)共同体
□□□	**democracy** [dimákrəsi ディマクラスィ] ア	名 民主主義、民主政治 ⇒ democrátic 形 民主主義の
□□□	**discrimination** [diskrìmənéiʃən ディスクリミネイション]	名 (…に対する)差別(against) ⇒ discríminate 動 差別する
□□□	**duty** [djúːti デューティ]	名 ❶ 義務、職務 ❷ 関税 ★ on duty 勤務中で、当番で ★ off duty 勤務時間外で
□□□	**individual** [ìndəvídʒuəl インディヴィヂュアル]	名 個人、人 形 個々の、個人の
□□□	**justice** [dʒʌ́stəs ヂャスティス]	名 ❶ 正義、公正 ❷ 裁判官
□□□	**mission** [míʃən ミション]	名 ❶ 任務、使命 ❷ 使節団
□□□	**option** [ápʃən アプション]	名 選択権、選択(肢) ⇒ óptional 形 選択の、任意の

(1) 自分の任務を実行する
carry out my (mission)

(2) 強い義務感
a strong sense of (duty)

(3) ふつうの一個人
an ordinary (individual)

(4) 直接民主制を採用する
adopt direct (democracy)

(5) 選択権がない
have no (option)

(6) 小社会
a small (community)

(7) 正義感
a sense of (justice)

(8) 薬物反対の運動
a (campaign) against drugs

(9) 女性に対する差別
(discrimination) against women

(10) 慈善コンサートを行う
give a (charity) concert

No.	日本語	English
0741	年1回のお祭り	an **annual** festival
0742	北極地方	the **Arctic** Region
0743	彼をわきへ押しのける	push him **aside**
0744	短い停止をする	make a **brief** stop
0745	その映画の中心人物	the **central** character of the movie
0746	うわさに反して	**contrary to** the rumor
0747	日本の現在の状況	the **current** situation in Japan
0748	私たちの学校の以前の校長	the **former** principal of our school
0749	浅瀬	the **shallow** water
0750	ずっと静かなままでいる	keep quiet **throughout**

anti-＝against

接頭辞anti-は「…の反対の」の意味を表す。日本語の「アンチ巨人」などと使い方が似ている。なお、母音の前ではiがとれて、ant-になることもある。

Antarctic「南極の」＝ant＋arctic「北極の」

他にも、次のようなものがある。

antisocial「反社会的な」＝anti＋social「社会的な」

anti-aging「老化防止の」＝anti＋aging「老化」

□□□ **annual** [ǽnjuəl アニュアル]	形 年1回の、毎年の
□□□ **arctic** [ɑ́ːrktik アークティク]	形 (しばしばArcticで)北極の(⇔ antárctic [æntɑ́ːrktik アンタークティク] 南極) 名 (the Arctic)北極地方
□□□ **aside** [əsáid アサイド]	副 わきへ、わきに ★ aside from A　Aは別として ★ put[set] aside　わきに置く、取っておく
□□□ **brief** [bríːf ブリーフ]	形 ❶ 短い、短時間の　❷ 簡潔な
□□□ **central** [séntrəl セントラル]	形 ❶ 中心の　❷ 主要な ⇒ cénter 名 中心
□□□ **contrary** [kɑ́ntreri カントレリ]	形 反対の、(…に)反して(to) 名 逆 ★ on the contrary　反対に、それどころか
□□□ **current** [kə́ːrənt カーレント]	形 現在の、一般に行われている 名 ❶ 流れ　❷ 電流
□□□ **former** [fɔ́ːrmər フォーマ]	形 ❶ 以前の　❷ (the former)前者の(⇔ the látter 後者の)(※ the formerは代名詞的に「前者」の意味でも用いられる)
□□□ **shallow** [ʃǽlou シャロウ]	形 浅い(⇔ déep)、浅はかな
□□□ **throughout** [θruːáut スルーアウト]	副 ❶ ずっと、終始　❷ 至る所 前 ❶ …の間ずっと　❷ …の至る所に

(1) わきに寄る
step (aside)

(2) ずっと話し続ける
keep talking (throughout)

(3) 私の現住所
my (current) address

(4) 彼の考えに反して
(contrary) to his thought

(5) 短い休息を取る
take a (brief) rest

(6) 浅い皿
a (shallow) dish

(7) 北極海
the (Arctic) Sea

(8) 市の中心地区
the (central) district of the city

(9) 以前の
in (former) days

(10) 毎年のイベント
an (annual) event

例文でCHECK!!

/50

□	その村の人々は犠牲者に食べ物を供給した。	People in the village **supplied the victims with food**.	0701
□	英国はクローン人間づくりを禁止した。	The UK has **banned human cloning**.	0702
□	このプログラムはインドの若者を助けることを目指している。	This program **aims at helping young people** in India.	0703
□	この冷蔵庫は大量のエネルギーを消費する。	This refrigerator **consumes a lot of energy**.	0704
□	アメリカでは４年ごとに大統領を選出する。	They **elect the president** every four years in the USA.	0705
□	その奨学金は彼が大学へ行くことを可能にした。	The scholarship **enabled him to go to college**.	0706
□	彼はばかげたコメントで私の話の邪魔をした。	He **interrupted my speech** with silly comments.	0707
□	その女性は彼の腕をつかんだ。	The woman **seized him by the arm**.	0708
□	私たちは彼をクラブの新しいメンバーに選んだ。	We **selected him as a new member** of the club.	0709
□	私は彼に起こりうる危険を警告した。	I have **warned him of** the potential **danger**.	0710
□	彼は強盗で逮捕された。	He **was arrested for robbery**.	0711
□	彼の下手な演技は観衆を失望させた。	His poor performance **disappointed the audience**.	0712
□	メキシコは1948年にスペインから自由を得た。	Mexico **gained freedom** from Spain in 1948.	0713
□	私は暗闇の中で彼を見分けられなかった。	I could not **identify him in the dark**.	0714
□	ひどい雨が一週間続いた。	The heavy rain **lasted for a week**.	0715
□	私たちは一晩中星の動きを観察した。	We **observed the movement of the stars** all night.	0716
□	私は彼が静かに部屋を去るのに気づいた。	I **observed him leave the room** quietly.	0717
□	彼女はバスを運転する免許を得た。	She **obtained a license** to drive a bus.	0718
□	彼を小さい子どものように扱わないで。	Don't **treat him like a** small **child**.	0719
□	この番組はすべての野球の試合を放送する。	This program **broadcasts** all **the baseball games**.	0720
□	政府は国際貿易を促進しようと試みている。	The government is trying to **promote international trade**.	0721
□	彼らは彼を部長に昇進させた。	They **promoted him to manager**.	0722
□	私はたいてい６時に目覚める。	I usually **wake up at six**.	0723
□	彼は仕事を見つけようともがいている。	He **is struggling to find a job**.	0724
□	兵士たちは森の中を進んだ。	The soldiers **advanced through the forest**.	0725

□	その政治問題は**グローバル経済に影響を与える**かもしれない。	The political problem may **affect the global economy**.	0726
□	京都は毎年**数百万人の旅行者をひきつける**。	Kyoto **attracts millions of tourists** every year.	0727
□	私は**日付を確認する**ために彼に電話をした。	I called him to **confirm the date**.	0728
□	皆が**勝利に貢献した**。	Everyone **contributed to the winning**.	0729
□	**よい成績を維持する**ことは容易ではない。	It is not easy to **maintain good grades**.	0730
□	私の両親は私に**政治運動に加わって**ほしくなかった。	My parents didn't want me to **join a political campaign**.	0731
□	私は**慈善に**多少の**お金を出した**。	I **gave** some **money to charity**.	0732
□	私たちは**地域社会**でお互いを助け合っている。	We help each other in **the local community**.	0733
□	彼らは**民主主義を促進し**ようともがいている。	They are struggling to **promote democracy**.	0734
□	**人種差別**はいまだに大きな問題だ。	**Racial discrimination** is still a big issue.	0735
□	私は**自分の義務を果たす**ことに集中します。	I will concentrate on **doing my duty**.	0736
□	政府は**個人の権利**を守らなくてはならない。	The government must protect **the rights of individuals**.	0737
□	私たちはよりよい教育を通して**社会正義を実現する**ことをめざします。	We aim to **achieve social justice** through better education.	0738
□	彼は第二次世界大戦で**秘密の任務に従事した**。	He **worked on a secret mission** in World War II.	0739
□	この新しい薬はがんと闘うための**もう一つの選択肢となる**だろう。	This new drug will **be another option** for fighting cancer.	0740
□	私たちは７月に**年１回のお祭り**をすることになっています。	We are going to have **an annual festival** in July.	0741
□	**北極地方**には８つの国がある。	There are eight countries in **the Arctic Region**.	0742
□	私は電車から出るために**彼をわきへ押しのけた**。	I **pushed him aside** to get out of the train.	0743
□	名古屋にて**短い停止をします**。	We will **make a brief stop** at Nagoya.	0744
□	**その映画の中心人物**はタクシー運転手だ。	**The central character of the movie** is a taxi driver.	0745
□	**うわさに反して**、隣人は親切だった。	**Contrary to the rumor**, the neighbor was kind.	0746
□	**日本の現在の状況**はとても難しい。	**The current situation in Japan** is very difficult.	0747
□	**私たちの学校の以前の校長**が先日受賞した。	**The former principal of our school** received an award the other day.	0748
□	この種の魚は**浅瀬**に生息している。	This kind of fish lives in **the shallow water**.	0749
□	彼は今日**ずっと静かなままでいた**。	He **kept quiet throughout** today.	0750

フォーカスワード 前置詞 13

over

❶(一面)…の一面に
❷(上の位置)(おおうように)…の上に
❸(反対側への動き・反対側の位置)…を越えて
❹(時間・距離)…にわたって

イメージ 上をおおう

❸(…を)越えて

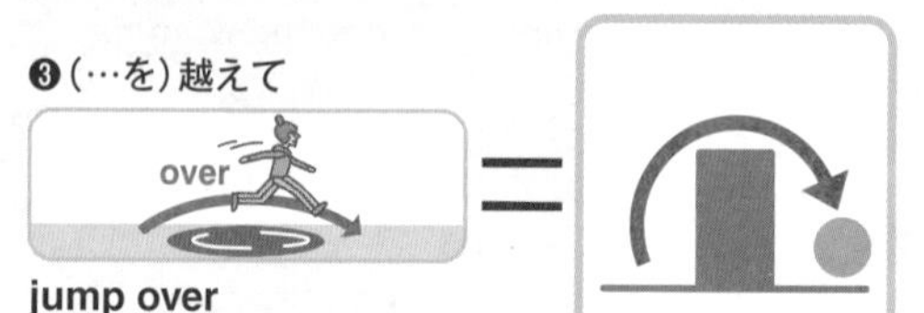

jump over

❶(…の)一面に
❹…にわたって

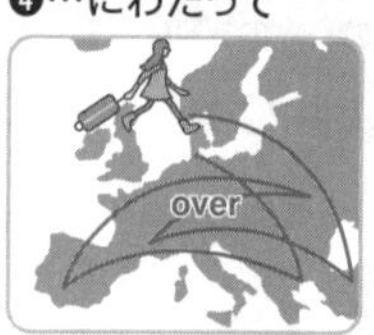

travel over Europe

(物理的な、または意識の上での)移動の結果に注目

(おおうように)上にあるという位置に注目

おおわれた部分に注目

❸(…の)向こう側に

countries over the sea

❷(…の)上に

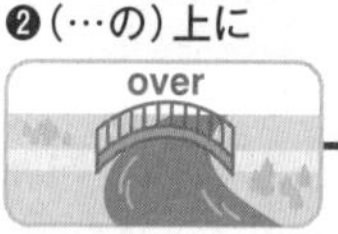

a bridge over the river

フォーカスワード 前置詞 14

to

❶(行き先・到着点・方向)…へ、…に
❷(相手・対象)…に対して
❸(結果・到着点)…に(なるまで)
❹(範囲の終わり側)…まで
❺(対比・比較)…に対して
❻(所属・付属・対応)…に(属する)

イメージ 到着点まで

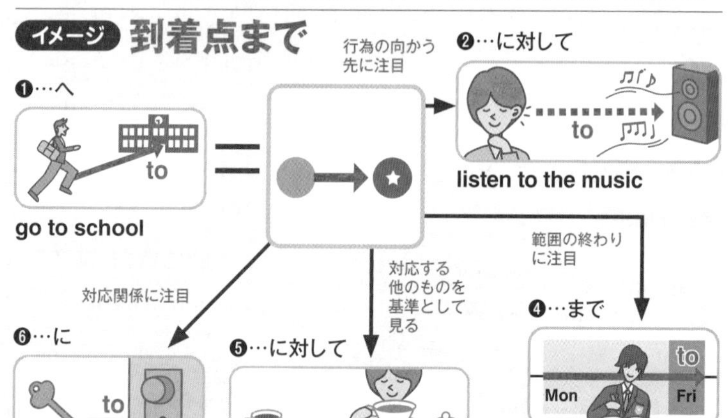

フォーカスワード　前置詞　15

under

❶…の下に
❷(条件・所属・分類)…のもとで
❸…未満で
❹…されていて

イメージ　あるものの一部

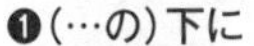

❶(…の)下に

have a book under his arm

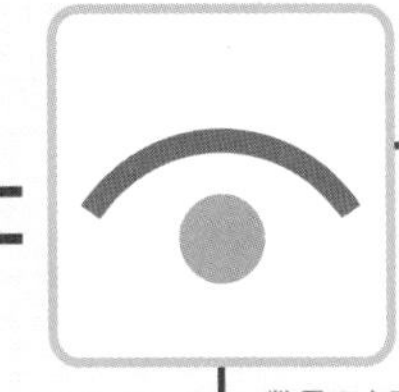

数量の上下を
空間の上下と見る

❸…未満で

children under six

❷…のもとで

under worries

フォーカスワード　前置詞　16

with

❶(共同)…と(いっしょに)
❷(所有・付属)…を持っている
❸(相手・対応)…と、…に(対して)
❹(手段・道具など)…を使って
❺(立場・関連)…にとって(は)、…について
❻(原因・理由)…(のせい)で

イメージ　同じ時間・場所で

❶❸…と(いっしょに)

be in love with her

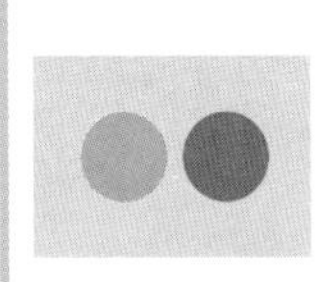

持っていること・
同時に成立して
いることに注目

一緒にある
ものに注目

原因を
一緒にある
ものと見る

❺…にとって、
…について

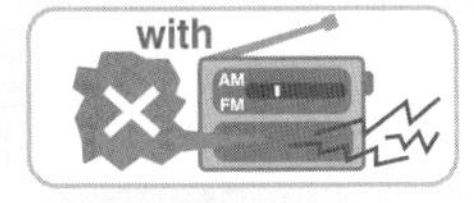

be wrong with this radio

❻…のせいで

be in bed with a cold

❷…を持っている
❹…を使って

a woman with her baby in her arms

LEVEL 1
LEVEL 2

よく使うイディオム❸

1	AのBを治す	cure A of B
2	Aに注意を払う	attend to A
3	突然Aになる	burst into A
4	A(人)のBを治す	heal A of B
5	定住する、落ち着く	settle down
6	Aに専念する	devote oneself to A
7	Aを片づける	put A aside
8	Aの埋め合わせをする	make up for A
9	Aを尊敬する	look up to A
10	Aを軽べつする	look down on A

その医者は彼の病気を治した。	The doctor **cured him of the disease**.
君は自分の仕事に注意を払うべきだ。	You should **attend to your work**.
彼は突然泣き始めた。	He **burst into tears**.
この薬は君の痛みを治すだろう。	This medicine will **heal you of the pain**.
彼らはその島に定住した。	They **settled down** in the island.
彼は勉強に専念した。	He **devoted himself to study**.
君のおもちゃを片づけなさい。	**Put your toys aside**.
私たちは遅れの埋め合わせをするためにタクシーに乗った。	We took a taxi to **make up for the delay**.
だれもが彼のことを尊敬した。	Everyone **looked up to him**.
貧しいからといって人を軽べつしてはいけない。	Don't **look down on someone** because he is poor.

0751	臨時の仕事	a **temporary** job
0752	抽象画	an **abstract** painting
0753	正確な計算	**accurate** calculation
0754	代わりの計画を提案する	suggest an **alternative** plan
0755	だれの目にも明らかである	be **apparent** to everyone
0756	穏やかな態度を保つ	keep a **calm** attitude
0757	複雑な議論	a **complex** argument
0758	壊れやすいガラスで作られている	be made of **delicate** glass
0759	英語を学ぶ効率的な方法	an **efficient** way of studying English
0760	狭い通り	a **narrow** street

calmとmild

calmとmildは同じく「穏やかな」と訳すが、わずかなニュアンスの違いがある。

▶**calm**

1.「(感情的ではなく) 冷静な、穏やかな」in a calm voice「冷静な声で」
2.「(風や波がなく) 穏やかな」the calm sea「穏やかな海」

▶**mild**

1.「(すぐ怒ったりせず) 温厚な」mild character「温厚な性格」
2.「(暑くも寒くもなく) 温暖な」mild weather「穏やかな気候」

□□□ **temporary** [témpərèri テンポレリ]	形 臨時の、一時的な
□□□ **abstract** [æbstrækt アブストラクト]	形 抽象的な ⇔ concréte [kɑnkríːt カンクリート] 形 具体的な 名 コンクリート
□□□ **accurate** [ǽkjərət アキュレト]ア	形 正確な ⇒ áccuracy 名 正確さ
□□□ **alternative** [ɔːltə́ːrnətiv オールターナティヴ]発	形 代わりの、どちらか1つを選ぶべき 名 代わりの手段、二者択一
□□□ **apparent** [əpǽrənt アパレント]ア	形 ❶明らかな ❷外見上の、見せかけの ⇒ appárently 副 一見、見たところでは ⇒ appéarance 名 ❶外見 ❷現れること
□□□ **calm** [kɑ́ːm カーム]発	形 穏やかな、落ち着いた 動 和らげる、和らぐ
□□□ **complex** [kəmpléks コンプレクス]ア	形 複雑な 名 [kɔ́mpleks コンプレクス] 複合体、複合ビル、(精神的)コンプレックス
□□□ **delicate** [délikət デリケト]ア	形 ❶壊れやすい、弱い ❷(問題などが)微妙で難しい
□□□ **efficient** [ifíʃənt イフィシェント]ア	形 効率的な、有能な ⇒ effíciency 名 効率
□□□ **narrow** [nǽrou ナロウ]	形 (幅が)狭い、細長い(⇔ wíde)

(1) とても複雑な機械
a very (complex) machine

(2) 代替エネルギー
(alternative) energy

(3) 壊れやすい皿
a (delicate) dish

(4) 臨時住宅
(temporary) houses

(5) 有能なホテルのスタッフ
(efficient) hotel staff

(6) 正確な方法
an (accurate) method

(7) 穏やかな海
the (calm) sea

(8) 抽象的な質問
an (abstract) question

(9) 狭き門
a (narrow) gate

(10) 明らかな理由もなく
for no (apparent) reason

0761	かろうじて事故を免れる	**barely** miss the accident
0762	一家全体	the **entire** family
0763	極端な例	an **extreme** example
0764	他人に非常に頼っている	**highly** dependent on others
0765	激しい痛みがする	have **intense** pain
0766	多数の友人がいる	have **numerous** friends
0767	めったに家にいない	be **seldom** at home
0768	売上のわずかな増加	**slight** increase in sales
0769	貯水槽の中の十分な水	**sufficient** water in the tank
0770	他の人よりも優れている	be **superior to** other people

seldom、rarely、hardly

▶**seldom、rarely**：「(頻度を表して)めったに…ない」
I seldom [rarely] go to the movies.「私はめったに映画に行かない。」
▶**hardly**：「(程度を表して)ほとんど…ない」
I can hardly hear you.「君の声はほとんど聞こえないよ。」

superiorの語法

superiorは「…より優れている」という比較の意味を表す形容詞だが、thanではなくtoを用いて、be superior to A「Aより優れている」という形で用いる。反意語のinferior [infíəriər インフィアリア]も、be inferior to Aで「Aより劣っている」という意味を表す。なお、superior、inferiorを強調するときには、veryではなくmuch、farを使う。

barely [béərli ベアリ]	副 かろうじて、やっと ⇒ báre 形 ❶むき出しの ❷最小限の
entire [intáiər インタイア]	形 全体の ⇒ entírely 副 完全に
extreme [ikstríːm イクストリーム]	形 極端な、極度の 名 極端 ⇒ extrémely 副 極端に
highly [háili ハイリ]	副 非常に、大いに
intense [inténs インテンス]	形 激しい、強烈な ⇒ inténsive 形 集中的な、激しい ⇒ inténsity 名 激しさ、強度
numerous [njúːmərəs ニューメラス]	形 多数の、たくさんの
seldom [séldəm セルダム]	副 めったに…ない(= rárely)
slight [sláit スライト]	形 わずかな ⇒ slíghtly 副 わずかに
sufficient [səfíʃənt サフィシェント]	形 十分な、必要なだけの
superior [səpíəriər スピアリア]ア	形 優れた、上位の(⇔ inférior) ★ superior to A Aより優れた

(1) わずかな違い
a (slight) difference

(2) めったに外出しない
(seldom) go out

(3) クラス全体
the (entire) class

(4) 極端な要求
an (extreme) demand

(5) 能力の点で彼より優れている
be (superior) to him in ability

(6) 強烈な暑さに苦しむ
suffer from (intense) heat

(7) 十分な睡眠を取る
have (sufficient) sleep

(8) かろうじて試合に勝つ
(barely) win the game

(9) 空に浮かぶ多数の星
(numerous) stars in the sky

(10) 大いに発達した科学
(highly) advanced science

0771	脚の手術をする	have an **operation** on my leg
0772	一等賞をとる	win first **prize**
0773	科学の急速な進歩	rapid **progress** in science
0774	決定に関する意見を述べる	make a **remark** about the decision
0775	その週の残り	the **rest** of the week
0776	悲劇に終わる	end in **tragedy**
0777	公共交通機関を使う	use public **transportation**
0778	市場の傾向	the market **trends**
0779	視力がよい	have good **vision**
0780	ひどい傷を負う	get a deep **wound**

シェイクスピアの4大悲劇

イギリス最大の劇作家シェイクスピアは38の戯曲を書いたが、そのうち『ハムレット』『オセロー』『マクベス』『リア王』という４作品が「４大悲劇」と呼ばれている。シェイクスピアの原作はやや難しいが、チャールズ・ラムとメアリー・ラムが読み物に書きなおした「シェイクスピア物語」は読みやすく平易。

operation [àpəréiʃən アパレイション]	名 ❶ 手術　❷ 操作 ⇒ óperate 動 ❶ 手術する(on)　❷ 操作する
prize [práiz プライズ]	名 賞、賞品
progress [prágres プラグレス] ア	名 進歩、前進(※ 不可算名詞) 動 [prəgrés プログレス] 前進する、進歩する
remark [rimáːrk リマーク]	名 意見、感想 動 言う、述べる ⇒ remárkable 形 著しい、注目すべき
rest [rést レスト]	名 ❶ (the restで)残り　❷ 休息 動 休む
tragedy [trǽdʒədi トラヂェディ]	名 悲劇(⇔ cómedy 喜劇)
transportation [trænspərtéiʃən トランスポテイション]	名 輸送[交通]機関、輸送 ⇒ transpórt 動 輸送する
trend [trénd トレンド]	名 傾向、流行 ⇒ tréndy 形 流行の
vision [víʒən ヴィジョン]	名 ❶ 視力　❷ 想像力、先見の明 ⇒ vísual 形 ❶ 視覚の　❷ 視覚に訴える
wound [wúːnd ウーンド] 発	名 (戦いなどの)傷、けが 動 (深い)傷を負わせる

(1) 多少の意見を述べる
make a few (remarks)

(2) 残りの人生
the (rest) of life

(3) 海上輸送
(transportation) by sea

(4) ゆっくり前進する
make slow (progress)

(5) 悲劇を防ぐ
prevent (tragedies)

(6) 彼女に賞を与える
give her a (prize)

(7) 今年のファッションの流行
this year's fashion (trend)

(8) 小さな傷
a slight (wound)

(9) がんの手術
an (operation) for cancer

(10) 視力を失う
lose my (vision)

No.	日本語	English
0781	物語の概要	the outline of the story
0782	速い速度で走る	run at a fast pace
0783	彼らの生活様式	their living pattern
0784	海水における塩の割合	the proportion of salt in sea water
0785	2対1の得点で勝利する	win by a score of 2 to 1
0786	助けを求めて信号を送る	send a signal for help
0787	新種の薬	a new sort of medicine
0788	基準を定める	set a standard
0789	海の表面	the surface of the ocean
0790	大量の水	a large volume of water

outline

outlineには「…の要点を述べる」（動詞）という意味もある。

outline a plan「計画の概要を述べる」

proportion

in proportion toで「…に応じて」という意味。

He got promoted in proportion to his success.
「彼は成功するにつれて昇進した。」

STEP 16

□□□ **outline** [áutlàin アウトライン]	名 概要、輪郭 動 要点を述べる、輪郭を描く
□□□ **pace** [péis ペイス]	名 ❶ 速度、歩調　❷ 一歩
□□□ **pattern** [pǽtərn パタン] ア	名 ❶ 様式、型　❷ 模様
□□□ **proportion** [prəpɔ́ːrʃən プロポーション]	名 ❶ 割合　❷ つり合い、バランス
□□□ **score** [skɔ́ːr スコー]	名 ❶ 得点　❷ 楽譜 動 点を取る、得点する
□□□ **signal** [sígnəl スィグナル]	名 信号、合図
□□□ **sort** [sɔ́ːrt ソート]	名 種類 ★ a sort of A 一種のA 動 分類する
□□□ **standard** [stǽndərd スタンダド]	名 基準、標準
□□□ **surface** [sə́ːrfəs サーフェス] 発	名 表面 形 表面の
□□□ **volume** [váljəm ヴァリュム] ア	名 ❶ 量、体積　❷ (全集物の) 1巻

(1) 箱の容積を量る
measure the (volume) of the box

(2) 交通信号
traffic (signals)

(3) 様々な種類のペン
various (sorts) of pens

(4) 新しい思考様式を得る
gain a new (pattern) of thought

(5) 国際基準
an international (standard)

(6) 試験で高い得点を取る
get a high (score) on the test

(7) 映画の概要
the (outline) of the movie

(8) 月の表面
the (surface) of the moon

(9) 少年と少女の割合
the (proportion) of boys and girls

(10) 一定の速度を保つ
maintain a steady (pace)

No.	日本語	English
0791 □□□	原子力発電所	a **nuclear** power plant
0792 □□□	客観的な視点から	from an **objective** point of view
0793 □□□	合理的な決定をする	make a **rational** decision
0794 □□□	筋の通った主張をする	make a **reasonable** argument
0795 □□□	妥当な値段で買う	buy at a **reasonable** price
0796 □□□	各国の相対的な富	**relative** wealth of countries
0797 □□□	かなりよい	**fairly** good
0798 □□□	技術的問題がある	have **technical** issues
0799 □□□	ティーンエイジャーに特有である	be **typical of** teenagers
0800 □□□	事実上の敗北	**virtual** loss

virtual

「事実上の」という言葉は一見わかりにくい。次の例文を見てみよう。

He was the virtual leader of the group.

「彼はその集団の事実上の指導者だった。」

この場合、名目的な指導者は別にいるけれども、陰のリーダーとして実際に集団を操っていたのは彼だった、という意味になる。「厳密に言うと違うが、実態としてはそういってもかまわない」といった意味がvirtualには込められている。

nuclear [njú:kliər ニュークリア] ア	形 原子力の、核の
objective [əbdʒéktiv オブヂェクティヴ]	形 客観的な(⇔ subjéctive 主観的な) 名 目的
rational [ræʃənəl ラショナル]	形 合理的な、理性的な(⇔ irrátional 不合理な)
reasonable [rí:zənəbl リーズナブル]	形 ❶ 筋の通った、道理をわきまえた
reasonable	形 ❷ 適当な、妥当な ⇒ réason 名 ❶ 理由 ❷ 理性 動 推理する、推論する
relative [rélətiv レラティヴ]	形 相対的な、比較上の 名 親類、親せき
fairly [féərli フェアリ]	副 ❶ かなり、まずまず ❷ 公平に、公正に
technical [téknikəl テクニカル]	形 ❶ 技術の、技術的な ❷ 専門的な ⇒ techníque [tekní:k テクニーク] 名 技術
typical [típikəl ティピカル] 発	形 (…に)特有の(of)、典型的な
virtual [vəːrtʃuəl ヴァーチュアル]	形 ❶ 事実上の ❷ 仮想の ⇒ vírtually 副 事実上、ほとんど

(1) 客観的な証拠を欠く
lack (objective) evidence

(2) アフリカに特有の
(typical) of Africa

(3) 事実上の指導者
a (virtual) leader

(4) 筋の通った人
a (reasonable) person

(5) 相対的な生活水準
the (relative) standard of living

(6) かなり簡単な
(fairly) easy

(7) 技術訓練を受ける
have (technical) training

(8) 妥当な値段のホテル
a (reasonable) hotel

(9) 核戦争を回避する
avoid a (nuclear) war

(10) 合理的な説明
a (rational) explanation

STEP 16

例文でCHECK!!

□	彼は臨時の仕事を探している。	He is looking for a temporary job.	0751
□	彼は壁に抽象画を飾った。	He put an abstract painting on the wall.	0752
□	家を建てるには正確な計算が必要である。	Accurate calculation is necessary to build a house.	0753
□	彼女は代わりの計画を提案した。	She suggested an alternative plan.	0754
□	彼の能力はだれの目にも明らかであった。	His ability was apparent to everyone.	0755
□	その医者は穏やかな態度を保った。	The doctor kept a calm attitude.	0756
□	彼の提案は複雑な議論へとつながった。	His suggestion led to a complex argument.	0757
□	このお皿は壊れやすいガラスで作られている。	This plate is made of delicate glass.	0758
□	その先生は私たちに英語を学ぶ効率的な方法を示した。	The teacher showed us an efficient way of studying English.	0759
□	たくさんの車が狭い通りに停められている。	A lot of cars are parked in a narrow street.	0760
□	今日運転中にかろうじて事故を免れた。	I barely missed the accident when driving today.	0761
□	一家全体が、小さな部屋に住んでいた。	The entire family lived in a small room.	0762
□	彼の家族は貧困の極端な例であった。	His family was an extreme example of poverty.	0763
□	私の弟は他人に非常に頼っている。	My brother is highly dependent on others.	0764
□	右腕に激しい痛みがした。	I had intense pain in my right arm.	0765
□	彼はニューヨークに多数の友人がいる。	He has numerous friends in New York.	0766
□	私の父はめったに家にいない。	My father is seldom at home.	0767
□	先月私たちは売上のわずかな増加を達成した。	Last month we achieved a slight increase in sales.	0768
□	貯水槽の中には十分な水がありますか。	Is there sufficient water in the tank?	0769
□	彼は強さでは他の人よりも優れている。	He is superior to other people in strength.	0770
□	私は脚の手術をした。	I had an operation on my leg.	0771
□	彼女は試合で一等賞をとった。	She won first prize in the game.	0772
□	20世紀の間に科学の急速な進歩があった。	There was rapid progress in science during the 20th century.	0773
□	彼は決定に関する意見を述べた。	He made a remark about the decision.	0774
□	私たちはその週の残りを東京で過ごした。	We spent the rest of the week in Tokyo.	0775

☐	彼の冒険は悲劇に終わった。	His adventure ended in tragedy.	0776
☐	私たちはエネルギーを節約するために公共交通機関を使うべきだ。	We should use public transportation to save energy.	0777
☐	私たちは市場の傾向を見直すべきだ。	We should review the market trends.	0778
☐	彼は彼の父親と同じく視力がよい。	He has good vision like his father.	0779
☐	私はその戦争でひどい傷を負った。	I got a deep wound in the war.	0780
☐	あなたに物語の概要を教えましょう。	I will tell you the outline of the story.	0781
☐	その子どもたちは速い速度で走った。	The children ran at a fast pace.	0782
☐	彼らは生活様式を変えなかった。	They didn't change their living pattern.	0783
☐	海水における塩の割合は約1：30だ。	The proportion of salt in sea water is about 1 : 30.	0784
☐	そのチームは２対１の得点で勝利した。	The team won by a score of 2 to 1.	0785
☐	海の真ん中にいる船は助けを求めて信号を送った。	The ship in the middle of the sea sent a signal for help.	0786
☐	新種の薬は危険かもしれない。	A new sort of medicine may be dangerous.	0787
☐	政府は環境保護のための新しい基準を定めた。	The government set a new standard for the protection of the environment.	0788
☐	ボートが海の表面に浮かんでいた。	A boat was floating on the surface of the ocean.	0789
☐	この工場は毎日大量の水を使用する。	This factory uses a large volume of water every day.	0790
☐	彼らは新しい原子力発電所を建てるべきではない。	They should not build a new nuclear power plant.	0791
☐	彼は客観的な視点からすべてを判断する。	He judges everything from an objective point of view.	0792
☐	合理的な決定をしたという自信がある。	I am confident that I made a rational decision.	0793
☐	彼は筋の通った主張をしなかった。	He did not make a reasonable argument.	0794
☐	私たちはこのコンピューターを妥当な値段で買った。	We bought this computer at a reasonable price.	0795
☐	この図表は各国の相対的な富を表す。	This chart shows the relative wealth of countries.	0796
☐	彼のスピーチはかなりよかったと思う。	I think his speech was fairly good.	0797
☐	この古いコンピューターには多くの技術的問題がある。	This old computer has a lot of technical issues.	0798
☐	そのような行動はティーンエイジャーに特有である。	Such behavior is typical of teenagers.	0799
☐	この合意は私たちの事実上の敗北だ。	This agreement is a virtual loss for us.	0800

英会話の決まり文句

ネイティブは、決まり文句を実によく使います。
とっさの一言を覚えておけば、英語でのコミュニケーションがとても楽になります。
まるごと覚えてしまうつもりで、気楽にチャレンジしましょう。

1□ ありがとう。	Thank you.
2□ 感謝します。	I appreciate it.
3□ どういたしまして。	You're welcome.
4□ すみません。	Excuse me.
5□ はじめまして。	Nice to meet you.
6□ 元気ですか。	How are you?
7□ 何か変わったことは？	What's up?
8□ お先にどうぞ。	After you.
9□ そうではないと思います。	I don't think so.
10□ 場合によりけりですね。	It depends.
11□ わかりません。	I have no idea.
12□ それは知りませんでした。	That's new to me.
13□ わかりました。	I got it.
14□ これをどうぞ。	This is for you.
15□ いま行きます。	I'm coming.
16□ はい、どうぞ。	Here you are.
17□ こちらにどうぞ。	This way, please.
18□ 気軽に電話してくださいね。	Please feel free to call me.
19□ 気をつけてね。	Take care.

20 □ よさそうですね。	Sounds good.
21 □ そりゃそうですね。	That makes sense.
22 □ 今何時ですか。	May I have the time?
23 □ 遅れてごめんなさい。	I'm sorry I'm late.
24 □ 気にしないで。	Never mind.
25 □ ほっといて。	Leave me alone.
26 □ うんざりです。	I'm fed up with it.
27 □ 5分で戻ります。	I'll be back in five minutes.
28 □ ないよりましでしょう。	Better than nothing.
29 □ うそでしょう。	Come on!
30 □ ゆっくりどうぞ。	Take your time.
31 □ その通り！	That's it!
32 □ 残念ですね。	That's too bad.
33 □ またね。	See you.
34 □ 車で迎えに行きます。	I'll pick you up.
35 □ もうちょっと。	Almost there.
36 □ がんばれ。	Cheer up!
37 □ ちょっと休みましょう。	Why don't we have a break?
38 □ まさか。	You don't say!
39 □ 会えてよかった。	It was nice meeting you.
40 □ よい一日を。	Have a good day.

No.	日本語	English
0801	都市農業を奨励する	encourage urban **agriculture**
0802	楽しい雰囲気	the pleasant **atmosphere**
0803	地球規模の気候変動	global **climate** change
0804	畑で農作物を育てる	grow **crops** in the field
0805	大きな損害を与える	do great **damage**
0806	夜明けに目覚める	wake up at **dawn**
0807	災害を予防する	prevent a **disaster**
0808	絶滅の危機にある	face **extinction**
0809	燃料が切れる	run out of **fuel**
0810	穀物を収穫する	harvest **grain**

climateとweather

▶**climate**：「気候」ある地域で典型的に見られる天候状態
▶**weather**：「天気」短期的な天候状態（不可算名詞であることに注意）
The climate of Tokyo is mild, but today's weather is very cold.
「東京の（ふだんの）気候は温暖だが、今日の天気はとても寒い。」

□□□	**agriculture** [ǽgrikʌ̀ltʃər アグリカルチャ]ア	名 農業 ⇒ agricúltural 形 農業の
□□□	**atmosphere** [ǽtməsfiər アトモスフィア]ア	名 ❶ 雰囲気 ❷（地球の）大気、（ある場所の）空気
□□□	**climate** [kláimət クライメト]発	名 ❶ 気候 ❷（社会、経済的な）雰囲気、状況
□□□	**crop** [kráp クラプ]	名 ❶（農）作物　❷ 収穫（高）
□□□	**damage** [dǽmidʒ ダミヂ]ア	名 損害、被害 動 損害を与える
□□□	**dawn** [dɔ́:n ドーン]発	名 ❶ 夜明け（⇔ dúsk 夕暮れ）　❷ 始まり
□□□	**disaster** [dizǽstər ディザスタ]	名 災害、災難
□□□	**extinction** [ikstíŋkʃən イクスティンクション]	名 絶滅 ⇒ extínct 形 絶滅した
□□□	**fuel** [fjú:əl フューエル]	名 燃料
□□□	**grain** [gréin グレイン]	名 ❶（集合的に）穀物（※ 不可算名詞） ❷ 少量、粒

(1) 若干の被害を受ける
suffer a little (damage)

(2) 家庭的な雰囲気を生み出す
create a family (atmosphere)

(3) 火に燃料を加える
add (fuel) to the fire

(4) 自然災害
natural (disaster)

(5) 農業用の道具
tools for (agriculture)

(6) 乾燥した気候である
have a dry (climate)

(7) 畑で穀物を栽培する
grow (grain) in the field

(8) この地域の主要作物
the main (crop) in this region

(9) 絶滅の危機
the danger of (extinction)

(10) 夜明けから夕暮れまで
from (dawn) till dark

STEP 17

0811 □□□	大量の仕事	a large **amount** of work
0812 □□□	直角になる	make a right **angle**
0813 □□□	二十億円	2 **billion** yen
0814 □□□	直径を測る	measure the **diameter**
0815 □□□	ここから駅までの距離	the **distance** from here to the station
0816 □□□	1ダースの鉛筆	a **dozen** pencils
0817 □□□	海岸のふちに立つ	stand on the coast **edge**
0818 □□□	生産過剰	an **excess** of production
0819 □□□	ある程度まで	to some **extent**
0820 □□□	身長160cmである	be 160 cm in **height**

edgeのイディオム

▶**at [on] the edge of *doing***「まさに…しようとして」
He was at the edge of leaving Japan.
「彼はまさに日本を離れようとしていた。」

▶**on edge**「いらいらして」
Everyone was on edge about the news.
「そのニュースについて全員がいらだっていた。」

□□□ **amount** [əmáunt アマウント]	名 量、額 動 (総計で…に)なる(to)
□□□ **angle** [ǽŋgl アングル]	名 角度、角
□□□ **billion** [bíljən ビリョン]	名 十億　★ billions of A　何十億ものA
□□□ **diameter** [daiǽmətər ダイアメタ]ア	名 直径 ⇒ redius [réidiəs レイディアス] 名 半径
□□□ **distance** [dístəns ディスタンス]	名 距離 ★ at a distance　少し離れて ⇒ dístant 形 遠い
□□□ **dozen** [dʌ́zən ダズン]発	名 ダース、12個 ★ a dozen(of)A　1ダースのA
□□□ **edge** [édʒ エヂ]	名 ❶ ふち、端　❷ 刃
□□□ **excess** [iksés イクセス]	名 過剰、超過(量) ⇒ excéssive 形 過度の
□□□ **extent** [ikstént イクステント]	名 程度、範囲 ⇒ exténd 動 延長する、広げる ⇒ exténsive 形 広範囲な
□□□ **height** [háit ハイト]発	名 高さ、身長 ⇒ hígh 形 高い

STEP 17

(1) その建物の高さ
the (height) of the building

(2) 木の直径
the (diameter) of a tree

(3) 三十億人
three (billion) people

(4) 被害の程度
the (extent) of the damage

(5) 町の端に住む
live on the (edge) of town

(6) 少量の食料
a small (amount) of food

(7) 輸出過剰
an (excess) of export

(8) 2ダースの卵
two (dozen) eggs

(9) 60度の角度
an (angle) of 60 degrees

(10) 少し離れた所で彼を見かける
see him at a (distance)

Round 1 月 日 | Round 2 月 日 | Round 3 月 日

LEVEL 1 LEVEL 2

0821 □□□	学校を休む	be **absent** from school
0822 □□□	声を出してその本を読む	read the book **aloud**
0823 □□□	右目の見えない	**blind** in the right eye
0824 □□□	有能なリーダー	a **capable** leader
0825 □□□	利己的な男	a **selfish** man
0826 □□□	政府に批判的である	be **critical of** the government
0827 □□□	重大な問題	a **critical** problem
0828 □□□	動物に対して残酷である	be **cruel to** animals
0829 □□□	退屈な一時を過ごす	have a **dull** time
0830 □□□	つらい経験	a **bitter** experience

capableとpossible

いずれも「可能な、できる」という意味だが、使い方が異なる。

▶**capable**：人･物事を主語に取る。

be capable of *do*ingの構文が多い。

▶**possible**：物事を主語に取る(人は不可)。

It is possible...to *do*の構文が多い。

○He is capable of playing tennis.「彼はテニスをすることができる。」

×He is possible to play tennis.

○It is possible for him to play tennis.

□□□	**absent** [ǽbsənt アブセント]	形 欠席している、欠勤している ⇒ ábsence 名 欠席
□□□	**aloud** [əláud アラウド]	副 声を出して ⇒ lóudly 形 大声で
□□□	**blind** [bláind ブラインド]	形 (目の)見えない
□□□	**capable** [kéipəbl ケイパブル]	形 有能な ★ be capable of *doing* …する能力がある ⇒ capabílity 名 能力
□□□	**selfish** [sélfiʃ セルフィシュ]	形 利己的な、自分本位の
□□□	**critical** [krítikəl クリティカル]	形 ❶ (…に対して)批判的な(of、about) ⇒ críticize 動 批判する、非難する ⇒ crític 名 批評家
□□□	**critical**	形 ❷ 重大な、危機的な ⇒ crítically 副 非常に、危険なほどに
□□□	**cruel** [krú:əl クルーエル]発	形 ❶ (…に対して)残酷な(to) ❷ つらい、悲惨な ⇒ crúelty 名 残酷さ
□□□	**dull** [dʌ́l ダル]	形 ❶ 退屈な(= bóring) ❷ 切れ味の鈍い、(痛みなどが)鈍い
□□□	**bitter** [bítə*r* ビタ]	形 ❶ つらい、苦しい ❷ にがい

(1) 歴史上の重大な瞬間
a (critical) moment in history

(2) 残酷な仕打ち
(cruel) treatment

(3) 会議を欠席する
be (absent) from the meeting

(4) 目が見えなくなる
go (blind)

(5) 退屈な本
a (dull) book

(6) 声を出して英語を読む
read English (aloud)

(7) 批判的な意見を表明する
express a (critical) opinion

(8) 有能な教師
a (capable) teacher

(9) 利己的な心
(selfish) mind

(10) つらい痛み
a (bitter) pain

No.	日本語	English
0831	彼の助言から利益を得る	get **benefit** from his advice
0832	無料で	free of **charge**
0833	50ドルの借金を払う	pay a **debt** of 50 dollars
0834	私自身の費用で	at my own **expense**
0835	彼の年収	his annual **income**
0836	子を失うこと	**loss** of a child
0837	100ドルの利益を出す	make a **profit** of 100 dollars
0838	報酬を受け取る	receive a **reward**
0839	所得税を上げる	raise income **tax**
0840	よい賃金を受け取る	get a good **wage**

benefitとexpenseのイディオム

▶**for the benefit of A「Aの（利益の）ために」**（for Aを強めた言い方）
He decided to move for the benefit of his family.
「彼は家族のために引っ越すことを決めた。」

▶**at the expense of A「Aを犠牲にして」**
He kept on working at the expense of his family.
「彼は家族を犠牲にして働き続けた。」

benefit [bénəfit ベネフィト] ア	名 利益、恩恵 動 利益になる ★ benefit from A Aから利益を得る ⇒ benefícial 形 有益な
charge [tʃɑ́ːrdʒ チャーヂ]	名 ❶ 料金 ❷ 責任、監督 ❸ 非難 動 ❶ 請求する ❷ (責任などを)負わせる(with)
debt [dét デト] 発	名 借金、負債
expense [ikspéns イクスペンス]	名 費用、経費 ⇒ expénsive 形 高価な
income [ínkʌm インカム]	名 収入、所得
loss [lɔ́ːs ロース]	名 ❶ 失うこと ❷ 損失 ⇒ lóse 動 失う
profit [prɑ́fət プラフィト]	名 利益、もうけ
reward [riwɔ́ːrd リウォード]	名 (…に対する)報酬、報い(for) 動 報いる
tax [tǽks タクス]	名 税、税金
wage [wéidʒ ウェイヂ]	名 (しばしば複数形で)賃金

STEP 17

(1) 収入の増加
increase in (income)

(2) 一日50ドルの賃金
a (wage) of 50 dollars a day

(3) 500ドルの料金で
at a (charge) of 500 dollars

(4) 彼の支援に対する報酬
(reward) for his support

(5) 彼に借金をしている
be in (debt) to him

(6) 多くのもうけを生む
gain a lot of (profit)

(7) 早起きの恩恵
the (benefit) of getting up early

(8) 医療費を払う
pay medical (expenses)

(9) 石油の税金を上げる
increase the (tax) on oil

(10) 視力を失うこと
(loss) of sight

0841 □□□	とても小さい家に住む	live in a **tiny** house
0842 □□□	息子の無知を恥じている	be **ashamed of** my son's ignorance
0843 □□□	その危険に気づいている	be **aware of** the danger
0844 □□□	チャンスを意識する	be **conscious of** the chance
0845 □□□	自分の持っているものに満足する	be **content with** what I have
0846 □□□	必死の努力をする	make **desperate** efforts
0847 □□□	しきりに彼女に会いたいと思う	be **eager to** see her
0848 □□□	生徒に対して心が広い	be **generous** to students
0849 □□□	殺人で有罪になる	be **guilty** of murder
0850 □□□	みじめな生活を送る	lead a **miserable** life

ashamed、aware、content

いずれも補語としてのみ用いる。

×an ashamed boy
○The boy is ashamed of what he did.「少年は自分の行動を恥じている。」
×an aware cat
○The cat was aware of the danger.「その猫は危険に気づいていた。」
×a content girl
○She was content with the result.「彼女は結果に満足した。」

□□□ **tiny** [táini タイニ]	形 とても小さい
□□□ **ashamed** [əʃéimd アシェイムド]	形 (…を)恥じて(of) ★ be ashamed to *do* 恥ずかしくて…できない ⇒ sháme 名 ❶ 恥 ❷ 残念な事
□□□ **aware** [əwéə*r* アウェア]	形 (…に)気づいて(of、that節) ⇒ awáreness 名 意識
□□□ **conscious** [kánʃəs カンシャス]	形 (…を)意識している(of)、意識的な
□□□ **content** [kəntént コンテント]ア	形 (…に)満足して(with) 名 [kántent カンテント] 中身、内容
□□□ **desperate** [déspərət デスパレト]	形 ❶ 必死の ❷ 絶望的な ★ be desperate for A Aを必死に求める
□□□ **eager** [í:gə*r* イーガ]	形 しきりに…したいと思う(to *do*)、(…を)熱望している(for)
□□□ **generous** [dʒénərəs ヂェネラス]	形 心の広い、気前のよい ⇒ generósity 名 気前のよさ
□□□ **guilty** [gílti ギルティ]発	形 ❶ 有罪の(⇔ ínnocent) ❷ 罪の意識のある ⇒ gúilt 名 罪
□□□ **miserable** [mízərəbl ミゼラブル]	形 みじめな、みすぼらしい ⇒ mísery 名 悲惨さ、みじめ

STEP 17

(1) みじめな環境に住む
live in (miserable) conditions

(2) 自分自身を恥じる
be (ashamed) of myself

(3) その車に気づいている
be (aware) of the car

(4) 広い心の持ち主である
have a (generous) heart

(5) 意識的な努力
(conscious) efforts

(6) 助けを必死に求める
be (desperate) for help

(7) しきりにパリを訪れたいと思う
(eager) to visit Paris

(8) とても小さい昆虫を見つける
find a (tiny) insect

(9) 彼を有罪とする
find him (guilty)

(10) ここでの生活に満足する
be (content) with life here

例文でCHECK!!

/50

□	政府は**都市農業を奨励した**。	The government **encouraged urban agriculture**.	0801
□	私たちは行事の**楽しい雰囲気**を楽しんだ。	We enjoyed **the pleasant atmosphere** of the event.	0802
□	**地球規模の気候変動**は私たちの日常生活に影響する。	**Global climate change** affects our daily lives.	0803
□	私にとって**畑で農作物を育てる**ことは喜びであった。	It was a pleasure for me to **grow crops in the field**.	0804
□	洪水は私たちの町に**大きな損害を与えた**。	The flood **did great damage** to our town.	0805
□	あの鳥たちは**夜明けに目覚める**。	Those birds **wake up at dawn**.	0806
□	私たちはいつも**災害を予防できる**わけではない。	We cannot always **prevent a disaster**.	0807
□	この動物は**絶滅の危機にある**。	This animal **is facing extinction**.	0808
□	私たちは旅の最中に**燃料が切れた**。	We **ran out of fuel** in the middle of the journey.	0809
□	秋は**穀物を収穫する**季節だ。	Autumn is the season to **harvest grain**.	0810
□	来週私は**大量の仕事**がある。	I have **a large amount of work** next week.	0811
□	２本の棒が**直角になっていた**。	The two bars **made a right angle**.	0812
□	彼の家族は**二十億円**の財産を持っている。	His family has a fortune of **2 billion yen**.	0813
□	私たちは湖の**直径を測った**。	We **measured the diameter** of the lake.	0814
□	**ここから駅まで**どのくらいの**距離**ですか。	What is **the distance from here to the station**?	0815
□	私は絵を描くために**1ダースの鉛筆**を買った。	I bought **a dozen pencils** to draw pictures.	0816
□	その男の子は**海岸のふちに立っていた**。	The boy **was standing on the coast edge**.	0817
□	**生産過剰**は価格の下落につながるだろう。	**An excess of production** will lead to a fall in price.	0818
□	私は彼の言うことが**ある程度まで**分かる。	I understand what he says **to some extent**.	0819
□	私の姉は**身長160cmである**。	My sister **is 160 cm in height**.	0820
□	私は熱で**学校を休んだ**。	I **was absent from school** because of a fever.	0821
□	その先生は私たちに**声に出してその本を読む**ようにと言った。	The teacher told us to **read the book aloud**.	0822
□	その男性は**右目が見えな**かった。	The man was **blind in the right eye**.	0823
□	皆が彼は**有能なリーダー**になると考えている。	Everyone considers him to be **a capable leader**.	0824
□	ジムは**利己的な男**には見えなかった。	Jim did not look like **a selfish man**.	0825

□	その記事は政府に批判的であった。	The article was critical of the government.	0826
□	汚染は私たちの健康にとって重大な問題だ。	Pollution is a critical problem for our health.	0827
□	小さな男の子たちはときどき動物に対して残酷である。	Little boys are sometimes cruel to animals.	0828
□	私たちは電車で退屈な一時を過ごした。	We had a dull time on the train.	0829
□	つらい経験は君を強くするだろう。	A bitter experience will make you stronger.	0830
□	私たちは彼の助言から多くの利益を得た。	We got a lot of benefit from his advice.	0831
□	12歳以下の子どもたちは無料で入場できる。	Children under the age of 12 can enter free of charge.	0832
□	彼女に50ドルの借金を払った。	I paid my debt of 50 dollars to her.	0833
□	私自身の費用でその機械を直します。	I will repair the machine at my own expense.	0834
□	彼の年収は300万ドルだ。	His annual income is three million dollars.	0835
□	子を失うことは世界で最も悲しいことだ。	Loss of a child is the saddest thing in the world.	0836
□	私たちはその製品を売って100ドルの利益を出した。	We made a profit of 100 dollars by selling the products.	0837
□	私は目標を達成したことへの報酬を受け取った。	I received a reward for achieving the goal.	0838
□	政府は来年所得税を上げることを計画している。	The government plans to raise income tax next year.	0839
□	彼女は会社からよい賃金を受け取っている。	She gets a good wage from the company.	0840
□	その家族はとても小さな家に住んでいる。	The family lives in a tiny house.	0841
□	私は息子の無知を恥ずかしく思った。	I was ashamed of my son's ignorance.	0842
□	彼らはその危険に気づいていなかった。	They were not aware of the danger.	0843
□	私たちはつかんでいるチャンスを意識しなければならない。	We must be conscious of the chance we have.	0844
□	私は自分の持っているものに満足している。	I am content with what I have.	0845
□	彼は逃げようと必死の努力をした。	He made desperate efforts to run away.	0846
□	私はしきりにもう一度彼女に会いたいと思っている。	I am eager to see her once again.	0847
□	私たちの先生は生徒に対して心が広い。	Our teachers are generous to students.	0848
□	彼は殺人で有罪になった。	He was guilty of murder.	0849
□	彼は晩年にみじめな生活を送った。	He led a miserable life in his last years.	0850

英語のことわざ

次の⑴〜⒁の意味を表す英語のことわざを選び、記号で答えよう。

⑴	かわいい子には旅をさせよ
⑵	よく学び、よく遊べ
⑶	悪銭身につかず
⑷	一を聞いて十を知る
⑸	噂をすれば陰
⑹	郷に入っては郷に従え
⑺	虎穴に入らずんば虎児を得ず
⑻	弘法にも筆の誤り
⑼	習うより慣れよ
⑽	早起きは三文の得
⑾	転ばぬ先の杖
⑿	百聞は一見にしかず
⒀	蓼食う虫も好きずき

A	Look before you leap.
B	When in Rome, do as the Romans do.
C	All work and no play makes Jack a dull boy.
D	Easy come, easy go.
E	Talk of the devil and he is sure to appear.
F	A word is enough to a wise man.
G	The early bird catches the worm.
H	Nothing ventured, nothing gained.
I	Even Homer sometimes nods.
J	Spare the rod and spoil the child.
K	There is no accounting for tastes.
L	To see is to believe.
M	Practice makes perfect.

解答　⑴ J　⑵ C　⑶ D　⑷ F　⑸ E　⑹ B　⑺ H
⑻ I　⑼ M　⑽ G　⑾ A　⑿ L　⒀ K

アメリカ英語とイギリス英語

①単語そのものが異なる語

日本語	アメリカ英語	イギリス英語
アパート	□ apartment	□ flat
秋	□ fall	□ autumn
1階	□ first floor	□ ground floor
2階	□ second floor	□ first floor
エレベーター	□ elevator	□ lift
ゴミ	□ garbage	□ rubbish
郵便	□ mail	□ post
映画	□ movie	□ film
映画館	□ movie theater	□ cinema
ズボン	□ pants	□ trousers
祝日	□ public holiday	□ bank holiday
休暇	□ vacation	□ holiday
地下鉄	□ subway	□ tube
サッカー	□ soccer	□ football
往復	□ round trip	□ return
駐車場	□ parking lot	□ car park
トラック	□ truck	□ lorry
中庭	□ yard	□ garden
小包	□ package	□ parcel
ガソリン	□ gas	□ petrol
電話する	□ call	□ ring

②つづりが異なる語

日本語	アメリカ英語	イギリス英語
色	□ color	□ colour
中心	□ center	□ centre
劇場	□ theater	□ theatre
免許	□ license	□ licence
実現する	□ realize	□ realise
旅行者	□ traveler	□ traveller
カタログ	□ catalog	□ catalogue
タイヤ	□ tire	□ tyre
プログラム	□ program	□ programme
(建物の)階	□ story	□ storey

0851	彼に対する私の第一印象	my first **impression** of him
0852	白い粉のついたかばん	a bag with white **powder**
0853	やる気にあふれている	be full of **motivation**
0854	背中に痛みを感じる	feel **pain** in the back
0855	大きな情熱をもって話す	speak with great **passion**
0856	恥を知らない	have no **shame**
0857	彼女の死に深い悲しみを感じる	feel deep **sorrow** for her death
0858	強いストレスを感じる	feel a lot of **stress**
0859	貧しい人々に同情する	have **sympathy for** poor people
0860	彼を脅す	make a **threat against** him

shameの用法

shameには「残念」という意味がある。

It's a shame to eat it!「それを食べてしまうなんてもったいない！」

It's a shame that you lost the game. というと、「君が試合に負けたのは恥ずかしいね。」という意味ではなく、「君が試合に負けて残念だね。」という意味。

□□□ **impression** [impréʃən インプレション]	名 印象、感銘 ⇒ impréss 動 印象[感銘]を与える ⇒ impréssive 形 印象的な
□□□ **powder** [páudər パウダ]	名 粉、粉末
□□□ **motivation** [mòutəvéiʃən モウティヴェイション]	名 やる気(を起こさせるもの)、動機づけ ⇒ mótivate 動 動機を与える、刺激する ⇒ mótive 名 動機
□□□ **pain** [péin ペイン]	名 ❶ 痛み ❷ 苦心 ⇒ páinful 形 痛い
□□□ **passion** [pǽʃən パション]	名 情熱、(強く激しい)感情 ⇒ pássionate 形 情熱的な
□□□ **shame** [ʃéim シェイム]	名 ❶ 恥、恥ずかしさ ❷ ひどいこと、残念なこと
□□□ **sorrow** [sárou サロウ]	名 (深い)悲しみ
□□□ **stress** [strés ストレス]	名 ❶ (精神的)ストレス ❷ 強調 動 強調する ⇒ stréssful 形 ストレスの多い
□□□ **sympathy** [símpəθi スィンパスィ]	名 ❶ (…への)同情、思いやり(for) ❷ 共感、共鳴 ⇒ sýmpathize 動 同情する
□□□ **threat** [θrét スレト] 発	名 (…への)脅し、脅迫(against) ⇒ thréaten 動 おびやかす、(…するよう)脅す (to *do*)

(1) 粉ミルク
(powder) milk

(2) 脅しに屈する
give in to (threats)

(3) 彼に同情を感じない
have no (sympathy) for him

(4) 私たちを悲しみで満たす
fill us with (sorrow)

(5) やる気を欠く
lack (motivation)

(6) よい印象を与える
make a good (impression)

(7) 情熱をコントロールする
control my (passion)

(8) ストレスで苦しむ
suffer from (stress)

(9) 胃に痛みを感じる
feel (pain) in the stomach

(10) 誤りを恥ずかしく感じる
feel (shame) at the mistake

No.	日本語	English
0861 □□□	生物学の権威	an authority on **biology**
0862 □□□	炭素で作られている	be made of **carbon**
0863 □□□	脳細胞	brain **cells**
0864 □□□	化学を専攻する	major in **chemistry**
0865 □□□	世界最古の文明	the earliest **civilization** in the world
0866 □□□	季節の循環	the **cycle** of the seasons
0867 □□□	よい俳優の要素	the **elements** of a good actor
0868 □□□	エンジンをかける	start an **engine**
0869 □□□	ヒト遺伝子の研究	a study of human **genes**
0870 □□□	薄い氷の層	a thin **layer** of ice

cell

アメリカ英語では「携帯電話」をcell phoneまたはcell、cell-phoneと言う。mobile phoneは主にイギリス英語で用いられるが、cell phoneが次第に広まりつつある。
cell phoneという名前は、現在の携帯電話が、セルラー（cellular[cellの形容詞]）方式と呼ばれる、エリアを小区画（cell）に分割して、セルごとに基地局を設置するやり方をとっていることに由来する。なお、「スマートフォン」は、英語ではsmartphoneと1語でつづるのがふつう。

□□□	**biology** [baiɑ́lədʒi バイアロヂ]	名 生物学 ⇒ biológical 形 生物学的な
□□□	**carbon** [kɑ́ːrbən カーボン]	名 炭素
□□□	**cell** [sél セル]	名 ❶ 細胞　❷ 独房 ❷ セル(表計算の 1 マス)
□□□	**chemistry** [kéməstri ケミストリ]ア	名 化学、化学的作用 ⇒ chémical 形 化学的な
□□□	**civilization** [sìvələzéiʃən スィヴィリゼイション]	名 文明 ⇒ cívilized 形 文明化した
□□□	**cycle** [sáikl サイクル]	名 循環、周期
□□□	**element** [éləmənt エレメント]	名 ❶ 要素　❷ 元素 ⇒ eleméntary 形 初歩の
□□□	**engine** [éndʒən エンヂン]	名 エンジン
□□□	**gene** [dʒíːn ヂーン]発	名 遺伝子 ⇒ genétic 形 遺伝子の
□□□	**layer** [léiər レイア]	名 層、重なり

(1) 嘘の積み重なり
(layers) of lies

(2) 古代文明
an ancient (civilization)

(3) エンジンを修理する
repair the (engine)

(4) 遺伝子バンク
a (gene) bank

(5) がん細胞
cancer (cells)

(6) 化学が苦手である
be poor at (chemistry)

(7) 大量の炭素
a large amount of (carbon)

(8) 人生の重要な要素
an important (element) of life

(9) 生物学の新しい分野
a new field of (biology)

(10) 水の循環
water (cycle)

0871	この近隣で	in this **neighborhood**
0872	最古の日本文学	the oldest Japanese **literature**
0873	数学でよい点を取る	get good grades in **mathematics**
0874	まったく根拠のない話	a pure **myth**
0875	酸素不足で死ぬ	die from lack of **oxygen**
0876	日本の伝統的な哲学	Japanese traditional **philosophy**
0877	物理学の教授	a **physics** professor
0878	気象衛星	a weather **satellite**
0879	未知の生物種	unknown **species**
0880	宇宙の中心	the center of the **universe**

literatureの関連語

- ▶**literary**：文学の(形容詞)
- ▶**literate**：読み書きができる(形容詞)、読み書きができる人(名詞)
- ▶**literacy**：識字能力、読み書きの能力(名詞)

a literary work「文学作品」
He is literate in three languages.「彼は3か国語が読み書きできる。」
The literacy rate in this country is 60%.「この国の識字率は60%だ。」

neighborhood [néibərhùd ネイバフド]発	名 近隣、近所 ⇒ néighbor 名 近所の人
literature [lítərətʃər リタラチャ]	名 文学、文芸 ⇒ líterary 形 文学の
mathematics [mæθəmǽtiks マセマティクス]	名 数学(= máth) ⇒ mathemátical 形 数学の
myth [míθ ミス]	名 ❶ 根拠のない話[事柄]、作り話 ❷ 神話
oxygen [ɑ́ksidʒən アクスィヂェン]	名 酸素
philosophy [fəlɑ́səfi フィラソフィ]ア	名 哲学
physics [fíziks フィズィクス]	名 物理(学)(※ 単数扱い) ⇒ phýsical 形 物理的な、身体の
satellite [sǽtəlàit サテライト]	名 (人工)衛星
species [spíːʃiːz スピーシーズ]発	名 (生物学上の)種(※ 複数形もspecies)
universe [júːnəvə̀ːrs ユーニヴァース]	名 宇宙 ⇒ univérsal 形 普遍的な

STEP 18

(1) 宇宙の中のすべてのもの
all the things in the (universe)

(2) 酸素の供給
(oxygen) supply

(3) 数学が苦手である
be weak in (mathematics)

(4) 根拠のない話を作り上げる
make up a (myth)

(5) 衛星テレビ
(satellite) television

(6) 先生の近所に住む
live in my teacher's (neighborhood)

(7) 珍しい種類の魚
a rare (species) of fish

(8) 生物より物理を好む
prefer (physics) to biology

(9) ソクラテスの哲学
the (philosophy) of Socrates

(10) 近代文学を研究する
study modern (literature)

Round 1　　月　　日 | Round 2　　月　　日 | Round 3　　月　　日

LEVEL 1
LEVEL 2

0881	魚が豊富である	be **abundant** in fish
0882	1日24時間利用できる	be **available** 24 hours a day
0883	略式の服装をする	wear **casual** clothes
0884	民間空港	a **civil** airport
0885	商業地域	a **commercial** area
0886	急速な経済発展	rapid **economic** development
0887	絶滅種	an **extinct** species
0888	正式な合意	a **formal** agreement
0889	一般大衆	the **general** public
0890	法律上の助言を求める	seek **legal** advice

availableのさまざまな表現

"Is Mr. Yamanishi available?" 「(電話で)山西さんはいらっしゃいますか。」
"Is this seat available?" 「この席は空いていますか。」
Only available for today 「本日限り有効」
I'm not available right now. 「いま手が離せません。」

□□□ **abundant** [əbʌ́ndənt アバンダント]	形 豊富な ⇒ abóund 動 (…に)富む(in) ⇒ abúndance 名 豊富
□□□ **available** [əvéiləbl アヴェイラブル]	形 (…にとって)利用できる、入手できる(to)
□□□ **casual** [kǽʒuəl キャジュアル]	形 略式の、打ち解けた(⇔ fórmal)
□□□ **civil** [sívəl スィヴィル]	形 民間の、市民の (※ civil war 内戦)
□□□ **commercial** [kəmə́ːrʃəl コマーシャル]	形 商業(上)の 名 コマーシャル
□□□ **economic** [ìːkənάmik イーコナミク]ア	形 経済の ⇒ ecónomy 名 経済、節約 ⇒ económics 名 経済学
□□□ **extinct** [ikstíŋkt イクスティンクト]	形 絶滅した ⇒ extínction 名 絶滅
□□□ **formal** [fɔ́ːrməl フォーマル]	形 正式の、形式ばった(⇔ cásual)
□□□ **general** [dʒénərəl ヂェネラル]	形 一般の、全体の 名 大将、将軍 ⇒ génerally 副 通例、たいてい
□□□ **legal** [líːgəl リーガル]	形 法律(上)の、合法の(⇔ illégal)

(1) 打ち解けた会話を楽しむ
enjoy a (casual) conversation

(2) 一般に
as a (general) rule

(3) 高い経済成長
high (economic) growth

(4) 世界中で利用できる
be (available) all over the world

(5) 法的行為に出る[訴える]
take (legal) action

(6) 歴史に関する豊富な知識
(abundant) knowledge of history

(7) 絶滅する
become (extinct)

(8) 商業的な成功をおさめる
achieve (commercial) success

(9) 市民運動
(civil) movement

(10) 正式な服装を着る
wear (formal) clothes

No.	日本語	English
0891	何が起こったか知りたがる	be **curious about** what happened
0892	よい友だちがいて幸運である	be **fortunate** to have good friends
0893	君の正直な意見	your **honest** opinion
0894	両親から独立している	be **independent of** our parents
0895	無罪だと証明される	be proven **innocent**
0896	絵の収集に熱心である	**be keen on** collecting paintings
0897	刃が鋭いナイフ	a knife with a **keen** edge
0898	恐怖で顔が青白くなる	turn **pale** with fear
0899	勉強に対して本気になる	be **serious** about my studies
0900	重大なミスをする	make a **serious** mistake

接頭辞 in-

independentの接頭辞in-は、形容詞について否定の意味を表すことがある。

independent = in-(= not) + dependent(依存した) = 「独立した」

接頭辞inを含む語には、以下のものがある。

inefficient「非効率な」= in-(= not) + efficient「効率的な」

insecure「不安な」= in-(= not) + secure「安心な」

□□□	**curious** [kjúəriəs キュアリアス]	形 ❶ (…について)知りたがる、好奇心の強い(about) ❷ 奇妙な ⇒ curiósity 名 好奇心
□□□	**fortunate** [fɔ́ːrtʃənət フォーチュネト]	形 (…することで)幸運な(to *do*、in *doing*) ⇒ fórtune 名 ❶ 運命 ❷ 財産
□□□	**honest** [ánəst アネスト]発	形 正直な ⇒ hónesty 名 正直
□□□	**independent** [ìndəpéndənt インディペンデント]	形 (…から)独立した(of) ⇒ indepéndence 名 独立
□□□	**innocent** [ínəsənt イノセント]	形 無罪の、罪のない ⇒ ínnocence 名 無罪
□□□	**keen** [kíːn キーン]	形 ❶ 熱心な ★ be keen on A　Aに熱心である、Aに夢中である
□□□	**keen**	形 ❷ 鋭い、鋭敏な
□□□	**pale** [péil ペイル]	形 ❶ (顔色などが)青白い ❷ (色などが)淡い、薄い
□□□	**serious** [síəriəs スィアリアス]	形 ❶ 本気の、まじめな
□□□	**serious**	形 ❷ 重大な、危険な

(1) 待たずにすんで幸運である
be (fortunate) in not having to wait

(2) 正直な少女
an (honest) girl

(3) 熱心な英語学習者
a (keen) student of English

(4) 独立国家
an (independent) nation

(5) 青白く見える
look (pale)

(6) 重大な問題に直面する
be faced with a (serious) issue

(7) 音楽に対する鋭い耳がある
have a (keen) ear for music

(8) 罪のない嘘をつく
tell (innocent) lies

(9) なんでも知りたがる
be (curious) about everything

(10) まじめな本を読む
read a (serious) book

例文でCHECK!!

/50

LEVEL 1 LEVEL 2

□	彼に対する私の第一印象はひどかった。	My first impression of him was terrible.	0851
□	警察は白い粉のついたかばんを見つけた。	The police found a bag with white powder.	0852
□	彼がやる気にあふれていて私は嬉しい。	I am glad that he is full of motivation.	0853
□	私はときどき背中に痛みを感じる。	I sometimes feel pain in the back.	0854
□	社長は彼の計画について大きな情熱をもって話した。	The president spoke with great passion about his plan.	0855
□	彼は約束を破っても恥を知らない。	He has no shame when he breaks his promise.	0856
□	私たちは彼女の突然の死に深い悲しみを感じた。	We felt deep sorrow for her sudden death.	0857
□	彼女は新しい環境で強いストレスを感じた。	She felt a lot of stress in the new environment.	0858
□	彼女は貧しい人々に深く同情した。	She had deep sympathy for poor people.	0859
□	彼女は彼を何度も脅した。	She made a threat against him many times.	0860
□	その博士は生物学の権威だ。	The doctor is an authority on biology.	0861
□	石油は炭素で作られている。	Oil is made of carbon.	0862
□	飲酒は脳細胞を傷つける。	Drinking damages the brain cells.	0863
□	私の父は大学で化学を専攻した。	My father majored in chemistry at college.	0864
□	世界最古の文明はインドにあったかもしれない。	The earliest civilization in the world may have been in India.	0865
□	日本では季節の循環を楽しめます。	We can enjoy the cycle of the seasons in Japan.	0866
□	彼はよい俳優のすべての要素をもち合わせている。	He has all the elements of a good actor.	0867
□	私は車のエンジンをかけた。	I started the engine of the car.	0868
□	ヒト遺伝子の研究は多くの注目を引きつけてきた。	The study of human genes has attracted a lot of attention.	0869
□	道路の上に薄い氷の層がある。	There is a thin layer of ice on the road.	0870
□	彼はこの近隣で生まれた。	He was born in this neighborhood.	0871
□	最古の日本文学は竹取物語である。	The oldest Japanese literature is *Taketori-Monogatari*.	0872
□	私の娘が初めて数学でよい点を取った。	My daughter got good grades in mathematics for the first time.	0873
□	地球温暖化はまったく根拠のない話だと信じている人々もいる。	Some people believe that global warming is a pure myth.	0874
□	その魚は酸素不足で死んだ。	The fish died from lack of oxygen.	0875

□	日本の伝統的な哲学についての議論に参加した。	I joined a discussion about Japanese traditional philosophy.	0876
□	私の物理学の教授は興味深い実験を行った。	My physics professor did an interesting experiment.	0877
□	地球の周りには10以上の気象衛星がある。	There are more than 10 weather satellites around the earth.	0878
□	世界には未知の生物種がまだたくさんいる。	There are still so many unknown species in the world.	0879
□	地球は宇宙の中心ではない。	The earth is not the center of the universe.	0880
□	その湖は魚が豊富である。	The lake is abundant in fish.	0881
□	この図書館は1日24時間利用できる。	This library is available 24 hours a day.	0882
□	パーティーではみな略式の服装をしていた。	Everyone wore casual clothes at the party.	0883
□	この国には一つしか民間空港がない。	There is only one civil airport in this country.	0884
□	そのホテルは商業地域にある。	The hotel is in a commercial area.	0885
□	中国は今世紀に急速な経済発展を遂げた。	China has achieved rapid economic development in this century.	0886
□	その鳥は絶滅種である。	The bird is an extinct species.	0887
□	その二国は正式な合意に達した。	The two countries reached a formal agreement.	0888
□	一般大衆は何を信じるべきか分からなかった。	The general public didn't know what to believe.	0889
□	私たちはその弁護士に法律上の助言を求めた。	We sought legal advice from the lawyer.	0890
□	彼らは昨日何が起こったか知りたがった。	They were curious about what happened yesterday.	0891
□	よい友だちがいて私は幸運である。	I am fortunate to have good friends.	0892
□	君の正直な意見に感謝しています。	I appreciate your honest opinion.	0893
□	私の姉は両親から独立している。	My sister is independent of our parents.	0894
□	彼はその犯罪について無罪だと証明された。	He was proven innocent of the crime.	0895
□	私のおじは絵の収集に熱心である。	My uncle is keen on collecting paintings.	0896
□	彼は刃が鋭いナイフを購入した。	He bought a knife with a keen edge.	0897
□	彼女はクマを見たとき、恐怖で顔が青白くなった。	She turned pale with fear when she saw the bear.	0898
□	明日から勉強に対して本気になります。	I will be serious about my studies from tomorrow.	0899
□	彼は仕事で重大なミスをした。	He made a serious mistake at work.	0900

接頭辞・接尾辞

■接頭辞

接頭辞	意味	例
ab-	分離	absent（欠席して）
auto-	自動の	automatic（自動の）
bi-	2	bicycle（自転車）
co-/com-/con-	共に	company（会社、仲間）
de-	下降	decrease（減少する）
dis-	否定	dislike（嫌う）
en-	…にする	encourage（励ます）
ex-	外へ	export（輸出する）
extra-	範囲外の	extraordinary（並外れた）
fore-	前に	forecast（予報する）
im-/in-	中へ	inside（内側）
im-/in-/il-	否定	inevitable（避けられない）
inter-	…間の	international（国際的な）
out-	外へ	outside（外側）
over-	…を越えて	overseas（海外へ）
pre-	前の	prepare（準備する）
pro-	前へ	promise（約束する）
re-	再び	recycle（再生する）
sub-	下	subway（地下鉄）
sur-	…を越えて	surface（表面）

tele-	遠く	telephone（電話）
trans-	別の場所へ	transport（輸送する）
uni-	単一の	unite（結合させる）
vis-	見る	vision（視界）

■接尾辞

接尾辞	意味	例
-able	…できる	available（利用可能な）
-er/-or	…する人	driver（運転手）
-ful	…に満ちた	forceful（強力な）
-hood	「集団・時期」を表す	neighborhood（近隣）
-ic/-ical	…に関する	classical（古典の）
-ion	「動作」を表す	education（教育）
-ism	「行動・主義」を表す	criticism（批判）
-ist	…の専門家	artist（芸術家）
-ive	性質	creative（創造的な）
-less	…がない	careless（不注意な）
-logy	…学	biology（生物学）
-ly	（形容詞について）副詞をつくる	deeply（深く）
-ment	動作	development（発達）
-ness	状態	darkness（暗さ）

No.	日本語	English
0901	2つのグループを結合させる	unite the two groups
0902	彼らの結婚を発表する	announce their marriage
0903	申込用紙に写真を添付する	attach a photo to the application form
0904	紙を半分に折る	fold paper in half
0905	多くの移動をふくむ	involve a lot of traveling
0906	トラブルに巻き込まれる	be involved in trouble
0907	結婚を登録する	register our marriage
0908	彼の意見を信頼する	rely on his opinion
0909	かなりの集中力を必要とする	require great concentration
0910	彼らに静かにするよう要求する	require them to be silent

“United” States of America

アメリカ合衆国の正式名称は、the United States of Americaだが、これはstate「州」がunited「結合されて」成り立っている国家だからである。アメリカでは州ごとに法律や規則や免許などが違う。
州は自律性が高く、通貨と外交以外は独自の権限を持っており、「主権を共有しながらも独立した主体」とされている。また州ごとに固有の憲法と州兵があり、州は教育、福祉、警察、民法等を原則として管轄している。
アメリカ合衆国の州数は独立宣言を発した際には13であったが、その後割譲などを経て現在は50である。プエルトリコが51番目の州になる準備を進めている。

□□□ **unite** [ju:náit ユーナイト]発	動 結合させる、団結させる ⇒ únity 名 結合、統一
□□□ **announce** [ənáuns アナウンス]	動 (…ということを)発表する(that節) ⇒ annóuncement 名 発表
□□□ **attach** [ətǽtʃ アタチ]	動 (…に)添付する、取り付ける(to) ⇒ attáchment 名 愛着、付属[添付]物
□□□ **fold** [fóuld フォウルド]	動 ❶ 折りたたむ　❷ (腕などを)組む
□□□ **involve** [inválv インヴァルヴ]	動 ❶ ふくむ、伴う
□□□ **involve**	動 ❷ (人を)巻き込む ★ be involved in A　A(事件など)に巻き込まれる、かかわる
□□□ **register** [rédʒəstər レヂスタ]	動 登録する、記録する 名 記録簿 ⇒ registrátion 名 登録
□□□ **rely** [rilái リライ]	動 (…を)信頼する、頼る(on、upon) ⇒ relíance 名 信頼
□□□ **require** [rikwáiər リクワイア]	動 ❶ (…を)必要とする(*do*ing、that節)
□□□ **require**	動 ❷ 要求する　★ require A to *do*[that A *do*]　Aが…するよう要求する ⇒ requírement 名 要求

(1) 犯罪に巻き込まれる
be (involved) in a crime

(2) さらなる改善を必要とする
(require) further improvement

(3) 他人を頼る
(rely) on other people

(4) 国中を団結させる
(unite) the whole country

(5) 手紙を折りたたむ
(fold) a letter

(6) 彼の名前で登録される
be (registered) under his name

(7) 多くの出費を伴う
(involve) a lot of expenses

(8) 税金を払うように要求される
be (required) to pay tax

(9) 電子メールに文書を添付する
(attach) a document to the email

(10) 彼の突然の引退を発表する
(announce) his sudden retirement

0911 □□□	貧しい人々を救う	**rescue** poor people
0912 □□□	彼は有罪だと思う	**suppose** he is guilty
0913 □□□	製品を船で輸送する	**transport** the products by ship
0914 □□□	彼女と意見が異なる	**differ from** her in opinion
0915 □□□	熱で溶ける	**melt** with heat
0916 □□□	同意してうなずく	**nod** in agreement
0917 □□□	全員の目の前で起こる	**occur** in front of everyone
0918 □□□	突然私の頭に浮かぶ	suddenly **occur to** me
0919 □□□	鼻を窓に押しつける	**press** my nose on the window
0920 □□□	ただちに彼の見分けがつく	immediately **recognize** him

suppose「仮に…としたら」

supposeは、命令形で使うことで「…としたら」というifと同じ働きをする。

Suppose that it is true, what should we do?
「それが本当だとしたら、私たちは何をすればよいのだろうか。」

似たような表現に、providing／provided (that)... がある。

Providing it doesn't rain tomorrow, let's go to the beach.
「明日雨が降らなかったら、ビーチに行こう。」

□□□ **rescue** [réskjuː レスキュー]	動 救う、救出する 名 救助
□□□ **suppose** [səpóuz サポウズ]	動 ❶ (…ということを)思う(that節) ❷ (命令文で)…するのはどうだろうか、仮に…としたら
□□□ **transport** [trænspɔ́ːrt トランスポート]ア	動 輸送する、運送する 名 [trǽnspɔːrt]輸送、交通機関 ⇒ transportátion 名 輸送
□□□ **differ** [dífər ディファ]	動 (…と)異なる、相違する(from、with) ⇒ dífferent 形 違った、異なる ⇒ dífference 名 違い、相違
□□□ **melt** [mélt メルト]	動 溶ける、溶かす
□□□ **nod** [nád ナド]	動 うなずく、会釈する
□□□ **occur** [əkə́ːr オカー]ア	動 ❶ 起こる、生じる
□□□ **occur**	動 ❷ (…の)頭に浮かぶ(to) ★ It occurs to A that節 …ということがAの頭に浮かぶ ⇒ occúrrence 名 出来事
□□□ **press** [prés プレス]	動 押す、押しつける 名 報道機関、マスコミ ⇒ préssure 名 圧力
□□□ **recognize** [rékəgnàiz レコグナイズ]ア	動 ❶ 見分けがつく、認識する ❷ (…ということを)認める(that節) ⇒ recognítion 名 認識、承認

(1) 自然に生じる
(occur) naturally

(2) 彼の頭に浮かぶ
(occur) to him

(3) 乗客を運送する
(transport) passengers

(4) 色と大きさが異なる
(differ) in color and size

(5) 自分の旧友だと見分けがつく
(recognize) an old friend of mine

(6) 火事から救出される
be (rescued) from fire

(7) お互いにうなずき合う
(nod) at each other

(8) 水の中で溶ける
(melt) in water

(9) 雨が降るだろうと思う
(suppose) it will rain

(10) 「エンター」キーを押す
(press) the “Enter” key

0921	彼女が病気ではないかと思う	suspect that she is ill
0922	難しい状況を切り抜ける	cope with a difficult situation
0923	環境問題に対処する	deal with the environmental problems
0924	ここに滞在するつもりである	intend to stay here
0925	そう言ったことを否定する	deny having said so
0926	結婚式の日を決める	determine the date for the wedding
0927	おもちゃで子どもを楽しませる	entertain the child with a toy
0928	アメリカ合衆国から牛肉を輸入する	import beef from the USA
0929	その古い記念碑を保存する	preserve the old monument
0930	犯罪の増加をテレビ番組と関連づける	relate the rise in crime to TV programs

cope

cope with Aは「Aをうまく処理する」という意味。
deal with Aと比べると、特に問題や課題を困難な状況の中でうまく対処し、成功する、という意味合いがある。

dealの決まり文句

(a) big dealで「大したこと」という意味がある。
　It's not a big deal.「大したことじゃないよ。」(お礼や謝罪の返事)
また、It's a deal.「それで話は決まりだね。」という表現もある。いずれも口語表現。

□□□ **suspect** [səspékt サスペクト]	動 ❶ 思う ★ suspect that節 …かと思う ❷ 疑う、怪しいと思う 名 容疑者 ⇒ suspícion 名 疑い
□□□ **cope** [kóup コウプ]	動 (…を)切り抜ける、(うまく)処理する(with)
□□□ **deal** [díːl ディール] 活用：dealt-dealt	動 ❶ (…に)対処する、(…を)扱う(with) ❷ 配る、分ける 名 ❶ 取引 ❷ 量
□□□ **intend** [inténd インテンド]	動 つもりである、意図する ★ intend to *do*[*do*ing] …するつもりである ⇒ inténtion 名 意図
□□□ **deny** [dinái ディナイ]	動 ❶ (…することを)否定する(*do*ing) ❷ 拒む ⇒ deníal 名 否定
□□□ **determine** [ditə́ːrmən ディターミン]	動 (…しようと)決める、決定する(to *do*) ⇒ determinátion 名 決定、決意
□□□ **entertain** [èntərtéin エンタテイン]	動 楽しませる、もてなす ⇒ entertáinment 名 娯楽
□□□ **import** [impɔ́ːrt インポート] ア	動 輸入する 名 [ímpɔːrt インポート] 輸入
□□□ **preserve** [prizə́ːrv プリザーヴ]	動 保存する、維持する ⇒ preservátion 名 保持、保存
□□□ **relate** [riléit リレイト]	動 (…と)関連づける(to、with) ⇒ relátion 名 関係

(1) 材料を輸入する
(import) the materials

(2) 研究を実世界と関連づける
(relate) a study to the real world

(3) 困難をなんとか切り抜ける
(cope) with difficulties

(4) 何を食べるかを決める
(determine) what to eat

(5) 彼が嘘をついているのではないかと思う
(suspect) he is lying

(6) 地域の伝統を保存する
(preserve) the local tradition

(7) お金を盗んだことを否定する
(deny) stealing the money

(8) 東京に行くつもりである
(intend) to go to Tokyo

(9) 個人情報を扱う
(deal) with personal information

(10) お客様を楽しませる
(entertain) the guests

Round 1 月 日	Round 2 月 日	Round 3 月 日

LEVEL 1

LEVEL 2

0931 □□□	珍しい鳥の生息地	a **habitat** of rare birds
0932 □□□	天国に眠る	rest in **heaven**
0933 □□□	水平線の下に沈む	sink below the **horizon**
0934 □□□	野生動物を狩る	go on a **hunt** for wild animals
0935 □□□	金鉱山で働く	work in a gold **mine**
0936 □□□	多くの鉱物を含む	contain a lot of **minerals**
0937 □□□	豊かな天然資源	rich natural **resources**
0938 □□□	乾いた土壌	dry **soil**
0939 □□□	猫のしっぽ	the cat's **tail**
0940 □□□	ニューヨークへの航海	a sea **voyage** to New York

イギリスの伝統のhunting

イギリスには上流階級の人々の伝統的な享楽に乗馬、ポロ、クリケットと並んでフォックスハンティング（キツネ狩り）があり、1000年以上の歴史を有している。この伝統から、現在愛玩犬となっているフォックステリアやフォックスハウンドといった犬種が開発されてきた。何十頭という猟犬がキツネを追いつめて殺す、というのが伝統的な狩猟方法であったが、犬を使用しての狩りは2004年に法律で禁止され、キツネを追いつめる猟犬の数は大幅に減ってきている。

□□□ **habitat** [hǽbətæ̀t ハビタト]	名 生息地
□□□ **heaven** [hévən ヘヴン]	名 ❶ 天国　❷ 空
□□□ **horizon** [həráizən ホライズン] 発	名 水平線、地平線 ⇒ horizóntal 形 水平線の、水平な
□□□ **hunt** [hʌ́nt ハント]	名 狩り (= húnting) 動 狩る
□□□ **mine** [máin マイン]	名 ❶ 鉱山　❷ 地雷
□□□ **mineral** [mínərəl ミネラル]	名 鉱物
□□□ **resource** [ríːsɔːrs リーソース] ア	名 (ふつう複数形) 資源、源
□□□ **soil** [sɔ́il ソイル]	名 土壌、土
□□□ **tail** [téil テイル]	名 しっぽ (※ tale (物語) と同じ発音)
□□□ **voyage** [vɔ́iidʒ ヴォイイヂ] 発	名 航海、宇宙旅行

(1) 太いしっぽがある
have a thick (tail)

(2) さまざまな昆虫の生息地
a (habitat) of various insects

(3) 地上の天国
the (heaven) on earth

(4) 地平線を越えて
beyond the (horizon)

(5) 鉱物を収集する
collect (minerals)

(6) 狩りに行く
go on a (hunt)

(7) 古い鉱山
an old (mine)

(8) 豊かな土壌
rich (soil)

(9) 人生という航海
the (voyage) of life

(10) さまざまなエネルギー資源
various energy (resources)

0941 □□□	そのサービスを利用する権利がある	have **access** to the service
0942 □□□	医師としての職業を始める	begin my **career** as a doctor
0943 □□□	卒業式に出席する	attend a graduation **ceremony**
0944 □□□	あなたのかばんの中身	the **contents** of your bag
0945 □□□	彼女をちらっと見る	give her a **glance**
0946 □□□	大家族	a large **household**
0947 □□□	彼の本当の身元を隠す	hide his true **identity**
0948 □□□	札を取り付ける	attach a **label**
0949 □□□	経済に関する講演を行う	give a **lecture on** economics
0950 □□□	片手を持ち上げて	with a **lift** of my hand

career

careerは一生涯続く専門的職業という意味。専門性を身につけたり高いポジションへ転職することを「キャリアアップ」と言うが、これは和製英語。英語ではcareer developmentなどと言う。

householdとfamily

householdは家族以外も含め一般にひとつの家の中でともに暮らしている集団のことを指す。familyは集団内の人々に血縁関係や婚姻関係があることを意味し、必ずしも同じひとつの家に住んでいるわけではない。

□□□ **access** [ǽkses アクセス]発	名 ❶ 利用する権利[方法]、アクセス ❷ 接近、入り口 動 (データなどに)アクセスする
□□□ **career** [kəríər カリア]ア	名 ❶ 職業　❷ 経歴
□□□ **ceremony** [sérəmòuni セレモウニ]	名 式、儀式
□□□ **content** [kántent カンテント]ア	名 ❶ (容器などの)中身　❷ (本などの)内容 形 [kəntént コンテント] (…に)満足して(with)
□□□ **glance** [glǽns グランス]	名 (…を)ちらっと見ること(at) 動 ちらっと見る
□□□ **household** [háushòuld ハウスホウルド]	名 家族、世帯
□□□ **identity** [aidéntəti アイデンティティ]	名 ❶ 身元、特定の人物であること ❷ アイデンティティ ⇒ idéntify 動 (身元を)特定する
□□□ **label** [léibəl レイベル]発	名 札、ラベル 動 ラベルをはる
□□□ **lecture** [léktʃər レクチャ]	名 (…に関する)講演(on) 動 講義をする
□□□ **lift** [líft リフト]	名 持ち上げること、(英)エレベーター 動 持ち上げる

(1) 自分の身元を明らかにする
reveal my (identity)

(2) 3メートルの持ち上げ
a (lift) of three meters

(3) その手紙をちらっと見る
take a (glance) at the letter

(4) 家族の長
the head of the (household)

(5) びんの中身
the (content) of the bottle

(6) 宗教的な儀式
a religious (ceremony)

(7) シャツにつけられた札
a (label) on the shirt

(8) 職業を変える
change my (career)

(9) 退屈な講演
a boring (lecture)

(10) インターネットへのアクセスを拒否する
deny (access) to the Internet

□ 私たちは2つのグループを結合させることに成功した。	We succeeded in uniting the two groups.	0901
□ 彼らは9月に結婚することを発表した。	They announced their marriage in September.	0902
□ 彼は申込用紙に写真を添付した。	He attached a photo to the application form.	0903
□ 私はその紙を半分に折った。	I fold the paper in half.	0904
□ 私の仕事は多くの移動をふくむ。	My work involves a lot of traveling.	0905
□ 彼女はトラブルに巻き込まれたかもしれない。	She may have been involved in trouble.	0906
□ 私たちは市役所で結婚を登録した。	We registered our marriage at the city hall.	0907
□ 私たちは彼の意見を信頼することを決心した。	We decided to rely on his opinion.	0908
□ この課題はかなりの集中力を必要とする。	This task requires great concentration.	0909
□ 彼女は彼らに静かにするよう要求した。	She required them to be silent.	0910
□ 彼は貧しい人々を救うことをためらわなかった。	He didn't hesitate to rescue poor people.	0911
□ 私は彼は有罪だと思っている。	I suppose he is guilty.	0912
□ 私たちは製品を船で輸送した。	We transported the products by ship.	0913
□ 私はいつも彼女と意見が異なる。	I always differ from her in opinion.	0914
□ 山の雪は太陽の熱で溶けた。	The snow on the mountain melted with heat of the sun.	0915
□ 皆がその申し出に同意してうなずいた。	Everyone nodded in agreement to the offer.	0916
□ 事故が全員の目の前で起こった。	The accident occurred in front of everyone.	0917
□ その考えが突然私の頭に浮かんだ。	The idea suddenly occurred to me.	0918
□ 私は星を見るために鼻を窓に押しつけた。	I pressed my nose on the window to see the star.	0919
□ 私は人混みの中でただちに彼の見分けがついた。	I immediately recognized him in the crowd.	0920
□ 彼らの中には彼女が病気ではないかと思う人もいる。	Some of them suspect that she is ill.	0921
□ 私たちはなんとか難しい状況を切り抜けた。	We managed to cope with a difficult situation.	0922
□ 私たちは日常生活の中で環境問題に対処すべきだ。	We should deal with the environmental problems in our daily life.	0923
□ 私はあと3日ここに滞在するつもりである。	I intend to stay here for another three days.	0924
□ 彼は先週そう言ったことを否定した。	He denied having said so last week.	0925

□	彼らは結婚式の日を決めた。	They determined the date for the wedding.	0926
□	私の妻はおもちゃで子どもを楽しませた。	My wife entertained the child with a toy.	0927
□	日本はアメリカ合衆国から大量の牛肉を輸入している。	Japan imports a lot of beef from the USA.	0928
□	地域社会がその古い記念碑を保存している。	The local community preserves the old monument.	0929
□	その編集者は犯罪の増加を暴力的なテレビ番組と関係づけた。	The editor related the rise in crime to violent TV programs.	0930
□	その小さな島は珍しい鳥の生息地である。	The small island is a habitat of rare birds.	0931
□	私は亡くなった祖父が天国に眠っていることを願う。	I hope my dead grandfather is resting in heaven.	0932
□	太陽が水平線の下に沈んだ。	The sun sank below the horizon.	0933
□	私たちは山で野生動物を狩った。	We went on a hunt for wild animals in the mountain.	0934
□	彼は若かったときに金鉱山で働いた。	He worked in a gold mine when he was young.	0935
□	この水は多くの鉱物を含んでいる。	This water contains a lot of minerals.	0936
□	オーストラリアは豊かな天然資源がある。	Australia has rich natural resources.	0937
□	私は乾いた土壌で育つ植物を探している。	I am looking for plants that grow in dry soil.	0938
□	その赤ん坊は猫のしっぽをつかんだ。	The baby held the cat's tail.	0939
□	彼はニューヨークへの航海の最中に亡くなった。	He died during a sea voyage to New York.	0940
□	すべての学生はそのサービスを利用する権利がある。	Every student has access to the service.	0941
□	私は10年前に医師としての職業を始めた。	I began my career as a doctor 10 years ago.	0942
□	私は息子の卒業式に出席した。	I attended my son's graduation ceremony.	0943
□	あなたのかばんの中身を確認してもよいですか。	May I check the contents of your bag?	0944
□	彼は彼女をちらっと見たが何も言わなかった。	He gave her a glance but said nothing.	0945
□	大家族は日本ではかなり珍しい。	A large household is quite rare in Japan.	0946
□	彼は日本に入国したときに彼の本当の身元を隠した。	He hid his true identity when he entered Japan.	0947
□	あなたのかばんに札を取り付けてください。	Please attach a label to your bag.	0948
□	その教授は経済に関する講演を行った。	The professor gave a lecture on economics.	0949
□	私は片手を上げて、おはようと言った。	I said good morning with a lift of my hand.	0950

No.	日本語	English
0951	彼の力の**限界**を知っている	know the **limit** of his power
0952	彼の考えの背後にある**論理**を知る	see the **logic** behind his idea
0953	宇宙の**起源**	the **origin** of the universe
0954	子どもの**観点**から	from a child's **perspective**
0955	奇妙な**現象**	a strange **phenomenon**
0956	彼女が無実であるという**証拠**	**proof** that she is innocent
0957	新しいクローン**技術**を開発する	develop a new cloning **technique**
0958	専門**用語**の使用を避ける	avoid using technical **terms**
0959	彼の新しい小説の**主題**	the **theme** of his new novel
0960	進化**論**	the **theory** of evolution

perspective

perspectiveには「釣り合いのとれた、総体的な見方」という意味がある。

He sees everything in perspective.
「彼はすべてに釣り合いのとれた見方をする。」

terms

termは「対人関係」「(料金などの) 条件」という意味がある。これらの意味ではtermsと複数形になる。

be on good terms「よい関係にある」
terms of contract「契約の条件」

STEP 20

limit [límət リミト]	名 限界、**制限** 動 制限する
logic [ládʒik ラヂク]	名 論理 ⇒ lógical 形 論理的な
origin [ɔ́:rədʒən オーリヂン] ア	名 起源、**源** ⇒ oríginal 形 ❶ 最初の ❷ 独創的な
perspective [pərspéktiv パスペクティヴ]	名 (…についての)観点、**見方**(on)
phenomenon [finámənàn フィナメナン] ア 複数形：phenomena	名 ❶ 現象 ❷ 驚異、不思議なもの ⇒ phenómenal 形 ❶ 自然現象の ❷ 驚異的な
proof [prú:f プルーフ]	名 証拠 ⇒ próve 動 証明する
technique [tekní:k テクニーク] ア	名 (専門)技術
term [tə́:rm ターム]	名 ❶ (専門)用語 ❷ **期間、学期**
theme [θí:m スィーム] 発	名 主題、テーマ
theory [θí:əri スィーアリ]	名 理論、**学説**(⇔ práctice 実践)

(1) その講義の主題
the (theme) of the lecture

(2) 年齢制限
the age (limit)

(3) 彼の論理に従う
follow his (logic)

(4) 理論と実践
(theory) and practice

(5) その川の源
the (origin) of the river

(6) 彼の見方に賛成する
agree with his (perspective)

(7) ピアノ演奏の技術
the (technique) for playing the piano

(8) 医学の専門用語
medical (terms)

(9) 彼に証拠を求める
ask him for (proof)

(10) 自然現象
a natural (phenomenon)

0961	貧困との戦い	the **battle** against poverty
0962	メキシコとアメリカ合衆国との国境	the **border** between Mexico and the USA
0963	意見の衝突	a **conflict** of opinion
0964	食料危機に直面する	face a food **crisis**
0965	国の防御	national **defense**
0966	警備上の理由で	for **security** reasons
0967	二国間の緊張を高める	increase **tensions** between the two countries
0968	彼らを相手に勝利を収める	gain a **victory** over them
0969	子どもに暴力をふるうこと	use of **violence** against children
0970	武器を携帯する	carry a **weapon**

war、battle、fight

war、battle、fightはすべて「戦い」を意味するが、以下のように使いわける。

▶**war**：国家や企業などの集団間での大規模かつ長期的な戦い。

▶**battle**：warの中で行われる個々の短期間の戦い。あるいは、個人間での口論など。

▶**fight**：個人間の暴力も伴うような口論、スポーツでの戦い。

□□□ **battle** [bǽtl バトル]	名 戦い、戦闘
□□□ **border** [bɔ́ːrdər ボーダ]	名 ❶ 国境、境 ❷ ふち
□□□ **conflict** [kɑ́nflikt カンフリクト]	名 ❶ (意見などの)衝突 ❷ 争い、紛争 動 衝突する、矛盾する
□□□ **crisis** [kráisəs クライスィス] 複数形 : crises	名 危機
□□□ **defense** [diféns ディフェンス]	名 防御、守ること ⇒ defénd 動 防御する、守る
□□□ **security** [sikjúərəti スィキュアリティ]	名 警備、安全 ⇒ secúre 形 安全な、しっかりした 動 安全にする、保管する
□□□ **tension** [ténʃən テンション]	名 緊張 ⇒ ténse 形 緊張した
□□□ **victory** [víktəri ヴィクトリ]	名 勝利
□□□ **violence** [váiələns ヴァイオレンス]	名 ❶ 暴力 ❷ 激しさ ⇒ víolent 形 暴力的な、激しい
□□□ **weapon** [wépən ウェポン]	名 武器、兵器

(1) 防御を強化する
build up (defense)

(2) 核兵器
nuclear (weapons)

(3) 戦いで死ぬ
die in a (battle)

(4) 暴力が大きらいだ
hate (violence)

(5) 警備を保つ
maintain (security)

(6) チームを勝利に導く
lead our team to (victory)

(7) その問題に関する意見の衝突
a (conflict) over the matter

(8) 緊張の原因を特定する
identify the cause of (tension)

(9) 飛行機で国境を越える
fly across the (border)

(10) 経済危機に直面する
face an economic (crisis)

0971	かぜを引きがちである	tend to catch a cold
0972	英語の小説を日本語に翻訳する	translate English novels into Japanese
0973	私たちが成功すると仮定する	assume that we will succeed
0974	仕事と趣味を結合させる	combine work with hobby
0975	地図上でその住所を突き止める	locate the address on the map
0976	東京の下町に位置している	be located in downtown Tokyo
0977	困難を克服する	overcome difficulties
0978	討論に参加する	participate in the debate
0979	その少年の勇気をほめる	praise the boy's courage
0980	私の好奇心を刺激する	stimulate my curiosity

assumeのもう一つの意味

assumeには「…を引き受ける」「…のふりをする」という意味もある。

　assume a responsibility「責任を引き受ける」

　assume to be innocent「潔白なふりをする」

なお、名詞形のassumptionにも「引き受けること」「就任」という意味がある。

　assumption of office as the President of the USA

　「アメリカ大統領への就任」

□□□ **tend** [ténd テンド]	動 (…)しがちである(to *do*) ⇒ téndency 名 傾向
□□□ **translate** [trænslèit トランスレイト]	動 (…に)翻訳する、訳す(into) ⇒ translátion 名 翻訳
□□□ **assume** [əsjúːm アスューム]	動 ❶ (…ということを)仮定する(that節) ❷ (職務などを)引き受ける ⇒ assúmption 名 仮定
□□□ **combine** [kəmbáin コンバイン]	動 (…と)結合させる、結合する(with) ⇒ combinátion 名 結合、組み合わせ
□□□ **locate** [lóukeit ロウケイト]ア	動 ❶ (位置を)突き止める、探し出す
□□□ **locate**	動 ❷ 位置する ★ be located in[at] A　Aに位置する
□□□ **overcome** [òuvərkʌ́m オウヴァカム] 活用 : overcame-overcome	動 克服する、打ち勝つ
□□□ **participate** [pɑːrtísəpèit パーティスィペイト]	動 (…に)参加する(in) ⇒ participátion 名 参加 ⇒ partícipant 名 参加者
□□□ **praise** [préiz プレイズ]	動 ほめる、称賛する 名 称賛、ほめること
□□□ **stimulate** [stímjəlèit スティミュレイト]	動 刺激する ⇒ stimulátion 名 刺激

STEP 20

(1) 美術と音楽を結合させる
(combine) art with music

(2) 彼が正直だと仮定する
(assume) he is honest

(3) 病院の横に位置する
be (located) next to the hospital

(4) 彼女の業績を称賛する
(praise) her achievement

(5) 怒りがちである
(tend) to be angry

(6) そのイベントに参加する
(participate) in the event

(7) 壊れた箇所を探し出す
(locate) the broken part

(8) 敵に打ち勝つ
(overcome) the enemy

(9) 彼らの心を刺激する
(stimulate) their minds

(10) フランス語の言語に翻訳される
be (translated) into French

Round 1 月 日 | Round 2 月 日 | Round 3 月 日

LEVEL 1 LEVEL 2

0981	発展途上国に援助を与える	give **aid** to developing countries
0982	費用と品質とのバランス	**balance** between cost and quality
0983	彼の政治的意見の基礎	**basis** of his political opinion
0984	家族のきずな	the family **bond**
0985	その山の頂上	the **summit** of the mountain
0986	その弁護士を信頼する	have **confidence in** the lawyer
0987	自由を盲目的に信用する	have blind **faith in** freedom
0988	喫煙とガンとの関連性	**link** between smoking and cancer
0989	奇跡を起こす	work a **miracle**
0990	惑星の動き	the **motion** of the planets

confidenceとfaith

confidenceもfaithも信頼という意味であるが、confidenceは他人と自分自身の能力や知識への信頼であるのに対して、faithは宗教の信仰の意味合いが強く、他人に対する信頼のみを表す。

She lost confidence when she made a mistake.
「彼女は失敗をして自信を失った。」
He has blind faith in his doctor.「彼は医者を盲目的に信頼している。」

aid [éid エイド]	名 援助、助け 動 援助する、手伝う
balance [bǽləns バランス]ア	名 バランス、つり合い 動 つり合う、つり合わせる
basis [béisəs ベイスィス]	名 基礎、基準
bond [bánd バンド]	名 きずな、結びつき 動 結合する、接着する
summit [sʌ́mət サミト]	名 ❶ (山の)頂上 ❷ 最高級 ❸ 首脳会談
confidence [kánfədəns カンフィデンス]	名 (…への)信頼、自信(in) ⇒ cónfident 形 自信のある、確信している
faith [féiθ フェイス]	名 (…への)信用、信頼(in)
link [líŋk リンク]	名 関連(性)、つながり 動 つなぐ
miracle [mírəkl ミラクル]	名 奇跡
motion [móuʃən モウション]	名 動き、運動

STEP 20

(1) 自分の能力への自信
(confidence) in my abilities

(2) 私たちの強いきずな
a strong (bond) between us

(3) 奇跡を望む
hope for a (miracle)

(4) ニュートーンの運動の法則
Newton's laws of (motion)

(5) 未来へのつながり
the (link) to the future

(6) 彼を助けにやって来る
come to his (aid)

(7) 政府への信頼を失う
lose (faith) in the government

(8) 週一回の基準で
on a weekly (basis)

(9) 心身のバランス
the (balance) of mind and body

(10) 頂上へと登る
climb to the (summit)

Round 1	月	日	Round 2	月	日	Round 3	月	日

0991 □□□	本当によく似ている	look very much **alike**
0992 □□□	むき出しの背中	**bare** back
0993 □□□	肩幅が広い	have **broad** shoulders
0994 □□□	岩のように固い	be as **firm** as a rock
0995 □□□	平らな表面	a **flat** surface
0996 □□□	ばく大な借金に苦しむ	suffer from a **huge** debt
0997 □□□	でこぼこの道を運転する	drive on **rough** roads
0998 □□□	とがった歯をしている	have **sharp** teeth
0999 □□□	固体の状態の	in a **solid** state
1000 □□□	液体の薬	**liquid** medicine

broadとwide

▶**broad**：①さえぎるものがなく広い　②非常に広い

▶**wide**：広い(端から端まで、正確に測定できる)

the broad [×wide] sky「広々とした空」

The river is 5 meters wide [×broad].「その川は幅5メートルだ。」

なお、a broad way「大通り」は、非常に広い通りで、たいてい街で一番の大通りを指す。ニューヨークのブロードウェイ（Broadway）は劇場街で、毎日ミュージカルが上演される。

□□□ **alike** [əláik アライク]	形 (よく)似て 副 同じように
□□□ **bare** [béər ベア]	形 (体の一部分が)むき出しの、はだかの
□□□ **broad** [brɔ́:d ブロード] 発	形 幅の広い(⇔ nárrow)
□□□ **firm** [fə́:rm ファーム]	形 固い 名 企業
□□□ **flat** [flǽt フラト]	形 ❶ 平らな　❷ パンクした 名 アパート
□□□ **huge** [hjú:dʒ ヒューヂ]	形 ばく大な、非常に大きな
□□□ **rough** [rʌ́f ラフ]	形 ❶ (表面が)でこぼこの、あらい ❷ 荒々しい、乱暴な
□□□ **sharp** [ʃá:rp シャープ]	形 ❶ (刃が)とがった、よく切れる ❷ (変化などが)急激な ❸ はっきりした
□□□ **solid** [sáləd サリド]	形 固体の、堅い 名 固体、固形物
□□□ **liquid** [líkwəd リクウィド] 発	形 液体の、液状の 名 液体

STEP 20

(1) 固形燃料
(solid) fuel

(2) むき出しの手で
with (bare) hands

(3) 固い地面
(firm) ground

(4) でこぼこの地面
the (rough) ground

(5) 平らな屋根
a (flat) roof

(6) 幅の広い通り
a (broad) street

(7) どこから見てもよく似ている
be (alike) in every way

(8) 非常に大きな成功
a (huge) success

(9) 液体酸素
(liquid) oxygen

(10) よく切れるナイフ
a (sharp) knife

例文でCHECK!!

	日本語	English	No.
□	彼は**自分の力の限界を知っている**。	He **knows the limit of his power**.	0951
□	私たちは**彼の考えの背後にある論理を知ろう**と試みた。	We tried to **see the logic behind his idea**.	0952
□	彼らは**宇宙の起源**についての議論をした。	They had a discussion about **the origin of the universe**.	0953
□	その小説は**子どもの観点から**現代社会を記述している。	The novel describes modern society **from a child's perspective**.	0954
□	**奇妙な現象**が夜空に現れた。	**A strange phenomenon** appeared in the night sky.	0955
□	これが**彼女が無実であるという**明らかな**証拠**である。	This is clear **proof that she is innocent**.	0956
□	その教授は**新しいクローン技術を開発した**。	The professor **developed a new cloning technique**.	0957
□	**専門用語**の過剰な**使用を避ける**べきです。	You should **avoid using technical terms** too much.	0958
□	**彼の新しい小説の主題**は再会だ。	**The theme of his new novel** is reunion.	0959
□	**進化論**は広く受け入れられている。	**The theory of evolution** is widely accepted.	0960
□	**貧困との闘い**は永遠に続くでしょう。	**The battle against poverty** will last forever.	0961
□	**メキシコとアメリカ合衆国との国境**は約3,100kmである。	**The border between Mexico and the USA** is about 3,100 km long.	0962
□	彼は**意見の衝突**が原因で仕事を辞めた。	He quit his job because of **a conflict of opinion**.	0963
□	日本は近い将来に**食料危機に直面する**かもしれない。	Japan may **face a food crisis** in the near future.	0964
□	**国の防御**は政府にとって一番重要なことである。	**National defense** is the top priority for the government.	0965
□	このドアは**警備上の理由で**午後10時に閉まる。	This door is closed at 10 p.m. **for security reasons**.	0966
□	彼の決断は**二国間の緊張を高めた**。	His decision **increased tensions between the two countries**.	0967
□	私たちのチームは**彼らを相手に勝利を収めた**。	Our team **gained a victory over them**.	0968
□	**子どもに暴力をふるうこと**は絶対に許されない。	**The use of violence against children** is never allowed.	0969
□	私たちは空港で**武器を携帯しては**いけない。	We must not **carry a weapon** at the airport.	0970
□	私は冬の初めに**かぜを引きがちである**。	I **tend to catch a cold** in early winter.	0971
□	彼女の仕事は**英語の小説を日本語に翻訳すること**だ。	Her job is to **translate English novels into Japanese**.	0972
□	私たちはこの任務に**成功すると仮定している**。	We **assume that we will succeed** in this task.	0973
□	歌手として、彼女は**仕事と趣味を結合させている**。	As a singer, she **combines work with her hobby**.	0974
□	私たちは**地図上で**その店の**住所を突き止めた**。	We **located the address** of the shop **on the map**.	0975

□	その工場は**東京の下町に位置している。**	The factory **is located in downtown Tokyo**.	0976
□	私たちは何回も**困難を克服してきた。**	We have **overcome difficulties** many times.	0977
□	私は農業の将来についての**討論に参加した。**	I **participated in the debate** on the future of agriculture.	0978
□	目撃者は**その少年の勇気をほめた。**	The witnesses **praised the boy's courage**.	0979
□	その映画は宇宙に関しての**私の好奇心を刺激した。**	The movie **stimulated my curiosity** about the universe.	0980
□	日本は**発展途上国に援助を与えて**きている。	Japan has been **giving aid to developing countries**.	0981
□	企業にとって、**費用と品質のバランス**は難しい問題である。	**The balance between cost and quality** is a difficult problem for companies.	0982
□	**彼の政治的意見の基礎**は彼の父親の言葉であった。	**The basis of his political opinion** was his father's words.	0983
□	インドでは**家族のきずな**がとても強い。	**The family bond** is very strong in India.	0984
□	私たちは**その山の頂上**に到達した。	We reached **the summit of the mountain**.	0985
□	私たちは**その弁護士を信頼している。**	We **have confidence in the lawyer**.	0986
□	多くの人々は**自由を盲目的に信用している。**	Many people **have blind faith in freedom**.	0987
□	**喫煙とガンとの関連性**は明らかである。	**The link between smoking and cancer** is obvious.	0988
□	私たちの祈りがついに**奇跡を起こした。**	Our prayer finally **worked a miracle**.	0989
□	**惑星の動き**は地球からは一定に見えない。	**The motion of the planets** doesn't seem regular from the earth.	0990
□	その二人の姉妹は**本当によく似ている。**	The two sisters **look very much alike**.	0991
□	彼は**むき出しの背中**で重い袋を運んだ。	He carried a heavy bag on his **bare back**.	0992
□	そのサッカー選手は**肩幅が広い。**	The soccer player **has broad shoulders**.	0993
□	彼の意志は**岩のように固い。**	His will **is as firm as a rock**.	0994
□	この鏡は**平らな表面**をしている。	This mirror has **a flat surface**.	0995
□	その国はいまだに**ばく大な借金に苦しんでいる。**	The country **is** still **suffering from a huge debt**.	0996
□	私たちは**でこぼこの道を運転し**続けた。	We continued to **drive on rough roads**.	0997
□	その犬は**とがった歯をしている。**	The dog **has sharp teeth**.	0998
□	**固体の状態の**水は氷と呼ばれている。	Water **in a solid state** is called ice.	0999
□	その医師は私に**液体の薬**をくれた。	The doctor gave me **liquid medicine**.	1000

LEVEL 1 LEVEL 2

よく使うイディオム④

1 □□□	(総計)Aになる	amount to A
2 □□□	何十億ものA	billions of A
3 □□□	Aを担当して	in charge of A
4 □□□	Aを犠牲にして	at the expense of A
5 □□□	途方に暮れて	at a loss
6 □□□	熱心に…したがる	be keen to *do*
7 □□□	Aを商う	deal in A
8 □□□	一目見て	at a glance
9 □□□	Aにもとづいて	on the basis of A
10 □□□	…し続ける	go on *doing*

運賃は総計2,000円になった。	The fare **amounted to 2,000 yen**.
政府はそのプロジェクトに数十億ドルを費やした。	The government spent **billions of dollars** on the project.
彼女はウェブデザインを担当している。	She is **in charge of web design**.
彼は自分の健康を犠牲にして働いた。	He worked **at the expense of his health**.
私たちは次に何をすべきか途方に暮れていた。	We were **at a loss** what to do next.
彼は熱心にフランス語を学びたがっている。	He **is keen to learn** French.
彼らは家具を商っている。	They **deal in furniture**.
一目見て彼女だとわかった。	I recognized her **at a glance**.
私たちは事実にもとづいて話をすべきだ。	We should talk **on the basis of facts**.
物価は上がり続けた。	Price **went on rising**.

行ってみたい国

1 チャンクを確認しよう

これまでに学んだチャンクを使って、次のカッコ内に一語ずつ英単語を入れてみよう。
確認したら、チャンクを繰り返し言ってみよう。

①イギリスに魅了されている　be (fascinated) (with) the U.K.
②ロックで有名だ　be (famous) (for) rock music
③サッカーが生まれた　soccer (was) (born)
④私の大学時代に　in (my) (university) (days)

2 言ってみよう

次の日本語の内容を、英語の部分を隠して英語にしてみよう。
日本語を見て英語がすぐに出てくるように繰り返し練習してみよう。

私にとって魅力的なのはイギリスです。そこ［イギリス］はロックで有名です。私の好きなスポーツであるサッカーはこの国で生まれました。訪れるべきたくさんの美術館［博物館］もあります。私は大学時代にイギリスに行きたいと思います。

▶私にとって魅力的なのはイギリスです。(I am fascinated with the U.K.)
▶そこ［イギリス］はロックで有名です。(It is famous for rock music.)
▶私の好きなスポーツであるサッカーはこの国で生まれました。
(Soccer, my favorite sport, was born in this country.)
▶訪れるべきたくさんの美術館［博物館］もあります。
(There are also many museums to visit.)
▶私は大学時代にイギリスに行きたいと思います。
(I want to visit the U.K. in my university days.)

上の文を参考にして、自分自身の将来の夢について、短いスピーチをしてみよう。

I am fascinated with …（自分にとって魅力的な国）................................
It is …（その国の紹介）..
I want to visit…（行きたいという思い）..

CROWN Chunk Builder

Standard

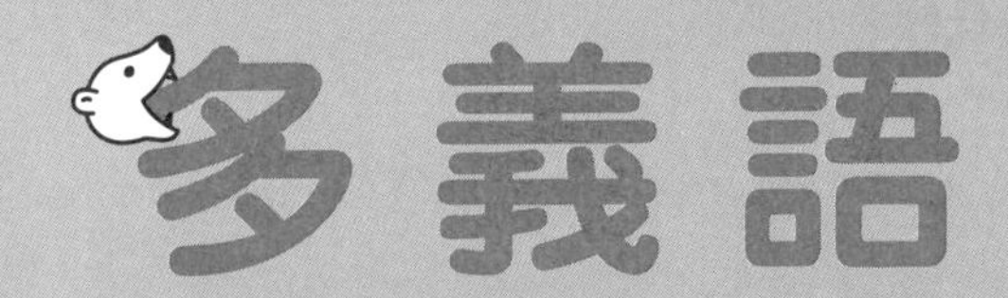

多義語

最後に、複数の意味をおさえておきたい
単語をまとめて学びます。
日本語を見て、チャンクや文がすらすら
言えるようになるまで、何度も繰り返し
口に出して練習しましょう。

1001
work [wə́:rk ワーク]
❶動 作動する ❷名 作品 ※❷の意味では可算名詞。

この時計は**作動**しない。	This watch doesn't **work**.
彼の芸術**作品**	his art **works**

1002
feature [fíːtʃər フィーチャ]
❶名 特徴 ❷動 呼び物にする

そのデザインの重要な**特徴**	the important **feature** of the design
新しいロボットを**呼び物にする**	**feature** a new robot

1003
room [rúːm ルーム]
❶名 部屋 ❷名 余地

大きな**部屋**	a large **room**
間違いの**余地**はない。	There is no **room** for mistakes.

1004
shape [ʃéip シェイプ]
❶名 形 ❷名 調子

星の**形**	the **shape** of a star
身体の**調子**が悪い	be in bad **shape**

1005
apply [əplái アプライ]
❶動 申し込む ❷動 適用する、応用する

その仕事に**応募する**	**apply** for a job
その規則を全員に**適用する**	**apply** the rule to everyone

1006
□□□
park [pá:rk パーク]
❶名 公園　❷動 駐車する

大きな公園	a big **park**
家の前に駐車する	**park** in front of the house

1007
□□□
book [búk ブク]
❶名 本　❷動 予約する

面白い本を読む	read an interesting **book**
ホテルの部屋を予約する	**book** a room at the hotel

1008
□□□
allow [əláu アラウ]
❶動 許す　❷動 (allow for A) Aを考慮に入れる

彼が外国に行くのを許す	**allow** him to go abroad
物価上昇を考慮に入れる	**allow for** price increase

1009
□□□
busy [bízi ビズィ]
❶形 忙しい　❷形 (通りなどが) にぎやかな

忙しい人	a **busy** person
にぎやかな通り	a **busy** street

1010
□□□
long [lɔ́:ŋ ローング]
❶形 長い　❷動 (long for A) Aを切望する

今日は長い一日だった。	Today was a **long** day.
世界平和を切望する	**long for** world peace

1011
free [fríː フリー]
❶形 自由な ❷形 無料の

自由な選択	**free** choice
(一杯の)無料の飲み物	a **free** drink

1012
cost [kɔ́ːst コースト]
❶動 (金などが)かかる ❷動 (時間・労力を)要する

2ドルかかる	**cost** two dollars
私たちにとって時間がかかりすぎる	**cost** us too much time

1013
address [ədrés アドレス]
※「住所」以外の意味。
❶名 演説、あいさつ ❷動 取り組む ❸動 呼びかける

新年の演説	a new year's **address**
その問題に取り組む	**address** the problem
中国の人々に呼びかける	**address** the people of China

1014
range [réindʒ レインヂ]
❶名 範囲 ❷動 及んでいる、範囲に渡る

広範囲の知識	a wide **range** of knowledge
子どもから高齢者まで及んでいる	**range** from children to the elderly

1015
time [táim タイム]

❶名 時間　❷名 …回、倍

今の時間がわかりますか。	Do you have the time now?
この木はあの木より３倍高い。	This tree is three times as tall as that.

1016
state [stéit ステイト]

❶名 状態　❷名 国家、州　❸動 述べる

彼女の心の状態	her state of mind
ワシントン州	the State of Washington
彼の見解を述べる	state his views

1017
ground [gráund グラウンド]

❶名 地面　❷名 根拠、理由

地面に寝ころぶ	lie on the ground
疲れていることを理由にして	on the ground of being tired

1018
challenge [tʃǽləndʒ チャレンヂ]

❶名 課題　❷動 異議を唱える　❸動 (challenge A to B) AにBを挑む

世界最大の課題	the biggest challenge in the world
決定に異議を唱える	challenge the decision
彼に試合を挑む	challenge him to a match

Round 1 月 日 | Round 2 月 日 | Round 3 月 日

LEVEL 1
LEVEL 2

1019
major [méidʒər メイヂャ]

❶形大きな、より重要な ❷動(…を)専攻する(in)

大きな問題	a **major** problem
化学を専攻する	**major in** chemistry

1020
change [tʃéindʒ チェインヂ]

※「変える」以外。

❶名変更 ❷名お釣り

計画の変更	a **change** to the plan
お釣りは取っておいてください。	Please keep the **change**.

1021
last [lǽst ラスト]

❶名 形最後(の) ❷動続く

最後までその映画を見る	see the movie to the **last**
6カ月間続く	**last** for six months

1022
associate [əsóuʃièit アソウシエイト]

※一般にassociate A with Bの形で用いる。

❶動結びつける ❷動連想する ❸名仲間

喫煙とがんを結びつける	**associate** smoking **with** cancer
青は海を連想させる。	Blue is **associated with** the sea.
私の仕事仲間	my business **associate**

1023
□□□ **anxious** [ǽŋkʃəs アン(ク)シャス]

❶形 (…を)**心配して**(about)　❷形 (…を)**切望して**(to *do*、for)

将来のことを**心配している**	be **anxious about** the future
彼女に会う**ことを切望している**	be **anxious to** meet her

1024
□□□ **matter** [mǽtər マタ]

❶名 **こと、事がら**　❷動 **重要である**

重要な**事がら**	an important **matter**
彼女が来ても来なくても**重要ではない**。	It doesn't **matter** if she comes or not.

1025
□□□ **succeed** [səksíːd サクスィード]

❶動 (…に)**成功する**(in)　❷動 (…を)**引き継ぐ**、後を継ぐ(to)

仕事を得るの**に成功する**	**succeed in** getting a job
彼の父親の財産**を引き継ぐ**	**succeed to** his father's property

1026
□□□ **face** [féis フェイス]

❶動 **立ち向かう**　❷動 (be faced with A) A**に直面する**

問題に**立ち向かう**	**face** the problem
困難**に直面する**	**be faced with** difficulties

1027
□□□ **attend** [əténd アテンド]

❶動 **出席する**、通う　❷動 (…に)**注意を払う**、(…の)世話をする(to)

会議に**出席する**	**attend** a meeting
彼女が言うこと**に注意を払う**	**attend to** what she says

1028
run [rʌ́n ラン]
❶動走る ❷動経営する

駅へ走る	run to the station
ホテルを経営する	run a hotel

1029
firm [fə́ːrm ファーム]
❶名会社 ❷形固い、しっかりした

会社を設立する	establish a firm
固い地面	firm ground

1030
head [héd ヘド]
❶名頭 ❷動(head for A) Aに向かう

頭を使いなさい。	Use your head.
私たちの車は東京に向かった。	Our car headed for Tokyo.

1031
close [klóus クロウス]
❶形親しい ❷形接近した、(be close to A)もう少しでAする

彼女は私の妹と親しい。	She is close to my sister.
私たちはもう少しでその仕事を終える。	We are close to finishing the job.

1032
late [léit レイト]
❶形(…に)遅れて(for) ❷形故…、亡くなった

会議に遅れてはならない。	Don't be late for the meeting.
故ホワイト氏	the late Mr. White

1033
glass [glǽs グラス]

※「ガラス」以外。

❶名 **コップ、グラス**　❷名（glassesで）**めがね**

コップ1杯の水	a **glass** of water
めがねをかける	wear a pair of **glasses**

1034
fine [fáin ファイン]

※「すばらしい」、「健康な」以外。

❶形（天気が）**晴れの**　❷名 **罰金**

今日は**晴れ**ている。	It is a **fine** day today.
罰金100ドル	a **fine** of $100

1035
regard [rigɑ́ːrd リガード]

❶動 **みなす、考える**　❷名 **点**　❸名 **配慮**、心づかい

彼女をよい指導者だと**みなす**	**regard** her as a good leader
この**点**については	in **regard** to this
彼らの忙しいスケジュールを**配慮**する	have **regard** to their busy schedule

1036
sound [sáund サウンド]

※「聞こえる」「音」以外。

❶形（眠りが）**ぐっすりと**　❷形 **しっかりした**、堅固な

ぐっすりと眠る	have a **sound** sleep
しっかりした考え	a **sound** opinion

1037
even [íːvən イーヴン]

※「…でさえ」「平らな」以外。

❶形 **偶数の** ❷副 (比較級と用いて) **さらに**、いっそう

偶数	an **even** number
彼は賢いが、彼の兄は**さらに**賢い。	He is smart, but his brother is **even** smarter.

1038
order [ɔ́ːrdər オーダ]

※「注文(する)」以外。

❶動 **命令する** ❷名 **順番** ❸名 **秩序**、体制

彼に来るよう**命令する**	**order** him to come
それらを正しい**順番**で置く	place them in the right **order**
新しい世界**秩序**	a new world **order**

1039
mean [míːn ミーン]

※「意味する」以外

❶動 (mean to *do*)…する**つもりである**
❷形 **平均の** ❸名 (meansで) **手段**

君を傷つける**つもり**ではなかった。	I didn't **mean to** hurt you.
平均の数字	a **mean** number
川を渡る**手段**がない	have no **means** to cross the river

1040
branch [brǽntʃ ブランチ]

❶名 **枝** ❷名 **支店**、部門

長い**枝**	a long **branch**
当社の東京**支店**	our Tokyo **branch**

1041
produce [prədjúːs プロデュース]

❶動 **生産する**、生み出す　❷名（集合的に）**農作物**

車を**生産する**	**produce** cars
よい**農作物**を買う	buy good **produce**

1042
row [róu ロウ]

❶名 **列**　❷動（ボートを）**こぐ**

二**列**に並んで待つ	wait in two **rows**
ボートを**こぐ**	**row** a boat

1043
circle [sə́ːrkl サークル]

❶名 **円**　❷名 **仲間、人たち**、グループ　❸名 **範囲**

円の中心	the center of the **circle**
家族の**人たち**	the family **circle**
広**範囲**の友人	a large **circle** of friends

1044
sentence [séntəns センテンス]

❶名 **判決**、宣言　❷動（…に）**判決を下す**（to）

死刑**判決**	the death **sentence**
禁錮10年の**判決を下される**	be **sentenced to** 10 years in prison

例文でCHECK!! 

☐	私は彼の芸術作品を美術館で見た。	I saw **his art works** at the museum.	1001
☐	その展示会は新しいロボットを呼び物にした。	The exhibition **featured a new robot**.	1002
☐	間違いの余地はない。	**There is no room for mistakes.**	1003
☐	私は今日身体の調子が悪い。	I **am in bad shape** today.	1004
☐	私たちの先生はその規則を全員に適用した。	Our teacher **applied the rule to everyone**.	1005
☐	家の前に駐車するな。	Don't **park in front of the house**.	1006
☐	私は先週そのホテルの部屋を予約した。	I **booked a room at the hotel** last week.	1007
☐	その計画は物価上昇を考慮に入れていなかった。	The plan did not **allow for price increase**.	1008
☐	この道は東京で最もにぎやかな通りの一つだ。	This is one of **the busiest streets** in Tokyo.	1009
☐	皆が世界平和を切望している。	Everyone **is longing for world peace**.	1010
☐	その店の前で無料の飲み物がもらえるよ。	You can get **a free drink** in front of the store.	1011
☐	そのトラブルは私たちにとって時間がかかりすぎた。	The trouble **cost us too much time**.	1012
☐	大統領は新年の演説を行った。	The President made **a new year's address**.	1013
☐	私たち一人ひとりがその問題に取り組まなければならない。	Each of us has to **address the problem**.	1013
☐	訪問者は子どもから高齢者まで及んでいた。	The visitors **ranged from children to the elderly**.	1014
☐	この木はあの木より3倍高い。	**This tree is three times as tall as that.**	1015
☐	その少年は皆の前で自分の見解を述べた。	The boy **stated his views** in front of everyone.	1016
☐	彼女は疲れていることを理由にして休んだ。	She took a day off **on the ground of being tired**.	1017
☐	彼は裁判所の決定に異議を唱えた。	He **challenged the decision** of the court.	1018
☐	私は彼にテニスの試合を挑んだ。	I **challenged him to a** tennis **match**.	1018
☐	私の兄は大学で化学を専攻している。	My brother **majors in chemistry** at college.	1019
☐	お釣りは取っておいてください。	**Please keep the change.**	1020
☐	この訓練は6か月間続く。	This training **lasts for six months**.	1021
☐	医者たちは喫煙とがんを結びつけた。	The doctors **associated smoking with cancer**.	1022
☐	青は海を連想させる。	**Blue is associated with the sea.**	1022

□ 彼は彼女に会うことを切望している。	He **is anxious to meet her**.	1023
□ 彼女が来ても来なくても重要ではない。	**It doesn't matter if she comes or not.**	1024
□ 彼は去年父親の財産を引き継いだ。	He **succeeded to his father's property** last year.	1025
□ われわれは砂漠で数々の困難に直面した。	We **were faced with** a lot of **difficulties** in the desert.	1026
□ 君は彼女の言うことに注意を払うべきだ。	You should **attend to what she says**.	1027
□ おじはホテルを50年以上経営している。	My uncle has been **running the hotel** for more than fifty years.	1028
□ その建物は固い地面に立っている。	The building stands on **firm ground**.	1029
□ 私たちの車は東京に向かった。	**Our car headed for Tokyo.**	1030
□ 私たちはもう少しでその仕事を終える。	**We are close to finishing the job.**	1031
□ 私は故ホワイト氏に特別な感謝の意を表したい。	I would like to express special thanks to **the late Mr. White**.	1032
□ うちの息子はめがねをかけ始めた。	My son started to **wear a pair of glasses**.	1033
□ 今日は晴れている。	**It is a fine day today.**	1034
□ 父は罰金100ドルを支払った。	My father paid **a fine of $100**.	1034
□ この点については、後で君にメールを送ります。	I will send you an email later **in regard to this**.	1035
□ きみはぐっすりと眠ることが必要だ。	You need to **have a sound sleep**.	1036
□ 彼は賢いが、彼の兄はさらに賢い。	**He is smart, but his brother is even smarter.**	1037
□ それらを正しい順番で置きなさい、ジョン。	**Place them in the right order**, John.	1038
□ 彼は新しい世界秩序を築くことを計画している。	He is planning to build **a new world order**.	1038
□ 君を傷つけるつもりではなかった。	**I didn't mean to hurt you.**	1039
□ 私たちには、その川を渡る手段がなかった。	We **had no means to cross the river**.	1039
□ 当社の東京支店は丸の内にあります。	**Our Tokyo branch** is located in Marunouchi.	1040
□ 彼はどこでよい農産物が買えるか知っている。	He knows where to **buy good produce**.	1041
□ 父はボートをこぐ方法を教えてくれた。	Father told me how to **row a boat**.	1042
□ 彼女にはアジアに広範囲の友人がいる。	She has **a large circle of friends** in Asia.	1043
□ その犯人は禁錮10年の判決を下された。	The criminal **was sentenced to 10 years in prison**.	1044

不規則動詞活用表

原形	過去形	過去分詞	現在分詞
become	became	(become)	becoming
begin	began	(begun)	(beginning)
break	(broke)	broken	breaking
bring	brought	(brought)	bringing
build	built	built	building
buy	(bought)	(bought)	buying
catch	(caught)	caught	catching
choose	chose	(chosen)	choosing
come	came	(come)	coming
cut	(cut)	(cut)	cutting
do	did	(done)	doing
draw	(drew)	drawn	drawing
drink	(drank)	drunk	drinking
drive	drove	(driven)	driving
eat	(ate)	eaten	eating
fall	(fell)	fallen	falling
feel	(felt)	(felt)	feeling
find	(found)	found	finding
fly	(flew)	flown	flying

原形	過去形	過去分詞	現在分詞
forget	forgot	forgot[forgotten]	(forgetting)
get	got	got[gotten]	(getting)
give	(gave)	given	giving
go	went	(gone)	going
grow	(grew)	(grown)	growing
have	had	had	having
hear	(heard)	(heard)	hearing
hit	(hit)	(hit)	(hitting)
hold	held	held	holding
keep	(kept)	(kept)	keeping
know	(knew)	known	knowing
leave	left	(left)	leaving
lie	(lay)	(lain)	(lying)
lose	(lost)	(lost)	losing
make	made	made	making
mean	(meant)	(meant)	meaning
meet	met	met	meeting
put	(put)	(put)	putting
ride	(rode)	(ridden)	riding
rise	(rose)	risen	rising
run	ran	(run)	(running)

原形	過去形	過去分詞	現在分詞
say	said	said	saying
see	saw	(seen)	seeing
send	sent	sent	sending
set	(set)	(set)	setting
shake	(shook)	(shaken)	shaking
show	(showed)	shown	showing
sing	(sang)	sung	singing
sit	sat	sat	(sitting)
sleep	slept	(slept)	sleeping
speak	(spoke)	(spoken)	speaking
spend	spent	spent	spending
stand	(stood)	(stood)	standing
swim	(swam)	(swum)	(swimming)
take	(took)	taken	taking
teach	(taught)	(taught)	teaching
tell	told	told	telling
think	thought	(thought)	thinking
throw	(threw)	(thrown)	throwing
wear	(wore)	(worn)	wearing
win	(won)	(won)	(winning)
write	(wrote)	(written)	writing

CROWN Chunk Builder

Standard

さくいん

単語

見出し語は太字で示してあります。

B

C

D

G

H

I

N

O

P

S

U

V

W

Z

イディオム

編者紹介

投野由紀夫

東京外国語大学大学院教授。専門はコーパス言語学、第二言語語彙習得、辞書学。コーパス分析からわかる英語の基本語彙の重要性を説き、英語教材に幅広く応用、『エースクラウン英和辞典』(三省堂)、『プログレッシブ英和中辞典』(小学館)などの辞書の編者であるほか、「コーパス練習帳」シリーズ(NHK出版)、『NHK基礎英語データベース Mr.コーパス 投野由紀夫のよりぬき表現360』(NHK出版)などの語学書を開発してきた。さらに CEFR という新しい外国語能力の参照枠を日本に導入、CEFR-J という枠組みとしてシラバス、教材作成、評価などの土台作りをコーパス分析をからめて行っている。趣味は古辞書収集とクラシック鑑賞、珈琲、講演の後の温泉巡り。

編集協力

石井和宏　和泉爾　一井亮人　上田道浩　加藤美津子　鎌田雄二
木嶋勇一　島田匡康　下田和男　宿口信子　杉山潤　田野雅人
友田哲平　中西健介　長谷部聖　樋口博一　平井正朗　福﨑穣司
藤田泰典　三原伸剛　向井透　谷田部仁　結城正雄(五十音順)

クラウン　チャンクで英単語 Standard

2015年2月25日　第1刷発行
2017年3月10日　第8刷発行

編　者　投野由紀夫
発行者　株式会社　三省堂　代表者　北口克彦
印刷者　三省堂印刷株式会社
発行所　株式会社　三省堂
〒101-8371
東京都千代田区三崎町二丁目22番14号
電話　編集 (03)3230-9411
　　　営業 (03)3230-9412
振替口座　00160-5-54300
商標登録番号　663092
http://www.sanseido.co.jp/

<チャンクスタンダード・336pp.>
落丁本・乱丁本はお取り替えいたします。
ISBN978-4-385-26107-2